DRESDNER THEATER
1933–1945

Hansjörg Schneider

DRESDNER THEATER
1933–1945

»Spiel war die Lust
und Spiel die Gefahr«

HENSCHEL

Sie können uns 24 Stunden am Tag erreichen unter:

http://www.dornier-verlage.de
http://www.henschel-verlag.de

Vom selben Autor ist im Henschel Verlag bereits erschienen:

Erich Ponto. Ein Schauspielerleben.
Berlin 2001
ISBN 389487-364-7

Bibliografische Information Der Deutschen Bibliothek
Die Deutsche Bibliothek verzeichnet diese Publikation in der
Deutschen Nationalbibliografie; detaillierte bibliografische Daten
sind im Internet über
http://dnb.ddb.de abrufbar.

ISBN 3-89487-456-2

Lektorat: Sibylle Wenzel
Umschlaggestaltung: P. Agentur für Markengestaltung
Titelbild: Archiv Henschel Verlag
Gestaltung und Satz: Typografik & Design – Ingeburg Zoschke
Druck und Bindung: Wiener Verlag, Himberg
Printed in Austria

Gedruckt auf alterungsbeständigem Papier mit chlorfrei gebleichtem Zellstoff

Meinen Kindern Kathrin und Dirx

Inhalt

Ein Gespräch mit Folgen

Mein Besuch Anfang der achtziger Jahre im Seebach-Stift, dem Altersheim für Bühnenkünstler in Weimar, galt Charlotte Küter und Paul Lewitt, die ihren Lebensabend hier verbrachten. Ich kannte beide schon mehrere Jahre, den in Prag geborenen Schauspieler und Regisseur, der Deutschland 1933 aus »rassischen Gründen« verlassen musste, und seine in Berlin geborene Ehefrau, die ihm – obwohl »Arierin« – in die Ungewissheit des Exils folgte. Beide waren 1946 aus der Emigration zurückgekehrt und hatten in Dresden das Volksbühnentheater in Cotta mit aufgebaut, und beide waren mir wichtige Zeitzeugen bei meinen Recherchen zum Exiltheater gewesen. Nun wollte ich Näheres über ihre künstlerische Tätigkeit in den zwanziger Jahren in Dresden in Erfahrung bringen. Ich wusste, dass Charlotte Küter nach dem Ersten Weltkrieg am Albert-Theater engagiert war und Paul Lewitt Mitte der zwanziger Jahre an der Komödie gespielt hatte. Doch darüber teilten sie mir zu meiner Verwunderung wenig mit. Vielleicht fanden sie ihre damalige Tätigkeit nicht wichtig genug, vielleicht gab es auch Erinnerungslücken. Sie wollten vielmehr von mir wissen, wie das Theater unter dem Hitler-Regime auf mich gewirkt habe, das ja wohl im Vergleich zu dem Bühnengeschehen außerhalb Deutschlands kaum Nennenswertes hervorgebracht habe. »Konnte Ihnen dieses Theater etwas geben?«, fragte Charlotte Küter.

Ich sehe noch heute die verblüfften Gesichter beider auf meine Antwort: »Ich hatte doch kein anderes. Und gottlob bin ich in Dresden groß geworden und nicht in Nordhausen oder Ingolstadt, wo es mit Sicherheit keinen Ponto, keinen Hoffmann, keine Antonia Dietrich und keine Margarete Teschemacher gab.«

»Das leuchtet ein«, erwiderte Paul Lewitt, »und über diese Ahnengalerie können Sie sich glücklich schätzen. Doch ich muss noch einmal nachhaken: Was bedeutete Ihnen Theater damals?«

»Fast alles. Es war die Welt, in der ich lebte. Ich wusste nicht, wie ich mit der realen Welt allein hätte zurechtkommen sollen.«

»So wichtig?«

»Ja. Sooft ich konnte, habe ich mir Vorstellungen angesehen, seit 1940 etwa und fast immer im III. Rang. Zu mehr reichte das Taschengeld nicht.«

»Erzählen Sie weiter.«

Ich berichtete von meiner Kindheit und Jugend, die ich unter dem Hakenkreuz verbrachte, und von dem Platz, den das Theater darin einnahm. Als ich geendet hatte, sagte Lewitt zu meiner Überraschung: »Schreiben Sie doch darüber – vor allem über das Theater.«

Nun war die Verblüffung auf meiner Seite. »Meinen Sie wirklich, dass das heute noch jemanden interessiert – nach so langer Zeit?«

»Diese Frage sollten gerade Sie nicht stellen. Oder hatten Sie diese Bedenken auch, als Sie unsere Exil-Existenz erforschten?«

»Das ist doch ganz etwas anderes. Das Exiltheater war die Antithese zum Theater im Dritten Reich. Oft genug auch Alternative.«

»Politisch sicher. Künstlerisch auch? Ich bin da im Zweifel«, bemerkte Charlotte Küter. »Wie oft habe ich nach 1945 zu hören bekommen: Ja damals, die *Iphigenie* mit der Dietrich, das war Kunst. Die Leute hatten diese Eindrücke nicht vergessen.«

»Ich auch nicht. Und sicher auch andere nicht.«

»Dann schreiben Sie darüber.«

»Aber ich bitte Sie, so ein Thema ist bestenfalls von einem Team zu bewältigen!«

»Und wenn dafür kein Team zur Verfügung steht und die

10

Zeit davonläuft, dann ist es besser, von vier oder fünf Zeitzeugen Berichte zu haben. Auch die können ein Bild ergeben.«

»Sie wissen doch, dass viele Zeitzeugen bei diesem Thema sehr wortkarg sind«, warf ich ein.

»Wundert Sie das? Schließlich waren sie verstrickt in die Vorgänge damals, lebten zwischen Überzeugung und Distanz, Bewunderung vielleicht und Ablehnung. Doch sie haben Erinnerungen ...«

»... die bestimmt – und das nach fünfzig Jahren schon ganz und gar – sehr subjektiv sind«, erklärte ich, doch Paul Lewitt ließ sich nicht irritieren. »Natürlich, wie auch anders? Doch es liegt ja bei Ihnen, Ihre persönlichen Erlebnisse durch sachliche Darstellungen oder Recherchen zu ergänzen und gewissermaßen abzuschattieren.« Und nach einer Pause fügte er hinzu: »Schauen Sie, wir haben nach 1945 die Nazizeit in Bausch und Bogen in die Mülltonne geworfen, mitsamt Theater, Film und Literatur. Und das war ganz sicher falsch. Man kann aus der Geschichte – auch der einer Bühne – nicht einfach Jahre herausschneiden oder weglassen, denn es hat ja etwas stattgefunden, was anderen Leuten wichtig war. Zumindest habe ich das Ihren Worten entnommen. Wir sind nach dem Krieg mit den Erinnerungen der Menschen nicht immer sehr behutsam umgegangen. Wenn ein System zusammenbricht, bleiben eben nicht nur Trümmer zurück. Und das sollten Sie festhalten.«

Dieses Gespräch fand 1981 statt, zwei Jahre vor dem Tod von Charlotte Küter und Paul Lewitt. Ich habe es damals, weil es mir wesentlich erschien, kurz skizziert, und es hat mich in der Folgezeit immer wieder beschäftigt.

Nach zwanzig Jahren versuche ich nun, eine Antwort auf die damals gestellten Fragen zu geben.

Sächsische Staatstheater
Opernhaus

Montag, am 24. Juni 1935

Anfang **6** Uhr

Außer Anrecht

Uraufführung

Die schweigsame Frau

Komische Oper in drei Aufzügen

Frei nach Ben Jonson von Stefan Zweig

Musik von Richard Strauß

Musikalische Leitung: Karl Böhm   Inszenierung: Josef Gielen

Personen:

Sir Morosus	....	Friedrich Plaschke
Seine Haushälterin	....	Helene Jung
Der Barbier	....	Matthieu Ahlersmeyer
Henry Morosus		Martin Kremer
Aminta, seine Frau		Maria Cebotari
Isotta		Erna Sack
Carlotta	Komödianten	Marion Hundt
Vanuzzi		Kurt Böhme
Farfallo		Ludwig Ermold
Morbio		Rudolf Schmalnauer

Chor der Komödianten und Nachbarn

Ort der Handlung:

Zimmer des Sir Morosus in einem Vorort Londons

Zeit: etwa 1780

Chöre: Karl Maria Pembaur / Tanz im dritten Akt: Werner Stammer

Bühnenbild: Adolf Mahnke   Einrichtung: Georg Brandt   Trachten: Leonhard Fanto

Pausen nach dem ersten und zweiten Akt

Krank: Liesel von Schuch, Hermann Kunzschbach, Horst Falke

Sämtliche Plätze müssen vor Beginn der Vorstellung eingenommen werden

Textbücher sind für 1,00 R.K vormittags an der Kasse und abends bei den Türschließern zu haben

Gekaufte Karten werden nur bei Änderung der Vorstellung zurückgenommen

Einlaß 5¼ Uhr   Anfang 6 Uhr   Ende geg. 9¾ Uhr

In Dresden mit großem Erfolg uraufgeführt –
nach der vierten Vorstellung für das gesamte Reichsgebiet verboten

Vorbemerkung

Ein »Gespräch mit Folgen« hatten auch wir – Hansjörg Schneider und ich –, als wir uns Anfang 1996 in Berlin-Grünau zum ersten Mal gegenübersaßen und Erlebnisse aus unserer Vergangenheit austauschten. Während der folgenden Jahre ließen wir unsere Erinnerung in diversen Projekten erneut Gestalt annehmen – in der sehr schönen Biografie über meinen Vater – und nun in dem vorliegenden Buch, das ich für ganz besonders wichtig halte! Es versucht, eine Lücke zu schließen, die in der Literatur über das Dresdner Theater immer noch zwischen den zwanziger Jahren und der Zeit nach dem Zusammenbruch des Hitler-Staates klafft. All die Jahre, die er packend beschreibt, habe ich selbst miterlebt und finde es gerade heute dringend notwendig, Eindrücke und Auswirkungen der »braunen Jahre« auf die Dresdner Theaterwelt aufzuzeigen.

Der Autor hat gut daran getan, das Spektrum seiner Ermittlungen auf alle Dresdner Bühnen auszudehnen, auch den künstlerischen »Vorort« Böhmen mit einzubeziehen und den »Abstecher« Zoppot. Diese Exkurse runden das Bild der Dresdner Theater unter dem Hakenkreuz-Regime ebenso ab wie die beigefügten Porträts der Darsteller des Schauspielhauses, die zu seiner und auch zu meiner Ahnengalerie gehören.

Alle drei Kapitel scheinen mir in der Summe ein Ganzes zu ergeben und machen deutlich, dass Theater selbst in finsterer Zeit *Leben* bedeutete.

Eva Doering-Ponto

Erinnerungen

Niemand kann bestreiten, dass das Gedächtnis am tiefsten die Eindrücke bewahrt, die unsere Jugend empfangen und geprägt hat (...) Die ersten Begegnungen mit bedeutenden Künstlern auf der Szene bleiben im Gedächtnis tief eingeschnitten und eingehöhlt, wie die Linien und Formen einer Gemme den funkelnden Blutstein beleben. Alles Folgende und sich im Laufe eines langen Lebens immer neu Hinzudrängende findet nicht mehr die unbefleckte, jungfräulichspröde Glätte des noch unverletzten Minerals.

Georg Kiesau,
Schauspieldirektor, 1931

Mit Kinderschuhen ins Theater

Wann mich meine Eltern das erste Mal der bunten, verführerischen Welt des Theaters aussetzten, weiß ich nicht mehr; ich kann aber kaum älter als sieben gewesen sein, als ich im Gasthof des Nachbarortes die Vorstellung eines Marionettentheaters sah, das den Zuschauern die Geschichte vom *Freischütz* nahe zu bringen suchte. Dicht gedrängt saßen auf Stühlen und einfachen Holzbänken Erwachsene und Kinder vor der kleinen Bühne, auf der das Theaterchen stand, und verfolgten die aufregend-gruselige Geschichte von Kaspar und Max, der sich dem Teufel verschreibt, um Agathe und die Erbförsterei zu gewinnen. Natürlich ging alles so aus, wie man den Stoff aus der Oper kennt, doch daran hatte, wenn ich mich recht erinnere, eine Art »Lustige Person« Anteil. Sie karikierte Kaspars beschwörendes »Samiel! Hilf!« und »Samiel herbei!« und führte den Übeltäter, der den redlichen Max verleitet hatte, seiner gerechten Strafe zu.

Beeindruckender als dieses grobschlächtige Spektakel waren die Märchenvorstellungen, die im Winter auf fast allen Dresdner Bühnen Weihnachtsstimmung verbreiteten und sie mitunter bis in die Vor-Osterzeit trugen. Mit der Eröffnung des Striezelmarktes oder kurz danach hielt auch die Märchenzeit in den Theatern Einzug, und der Besuch dieser Aufführungen gehört wohl für alle, die sie erlebten, zu den schönsten Kindheitserinnerungen. Solche Tage waren Feiertage. Bedeutete es schon etwas Besonderes, wenn die Eltern mit uns Kindern vom Schönfelder Hochland aus in die Stadt fuhren, um Einkäufe zu machen oder – ein beliebtes Familienspiel – gekaufte Gegenstände und Kleidungsstücke wieder umzutauschen, und diese Ausflüge mit Mittagessen in der Bärenschenke auf der Webergasse oder Kaffeetrinken im Fischelcafé, wie das Café Prüfer in der Schlossstraße wegen seiner zahlreichen Aquarien genannt wurde, zu verbinden – um wie viel höher war ein Theaterbesuch zu veranschlagen. Er gehörte zu den herausragenden Ereignissen und rangierte noch vor verwandtschaftlichen Festen wie Silberhochzeit oder einem runden Geburtstag. Schon die Tage davor waren voller Aufregung und Neugier, was sich wohl hinter Titeln wie *Knurks hat doch ein Herz* oder *Hampelmann und Hampelfrau* verbergen werde, dann die freudige Erwartung, wenn man endlich inmitten festlich gekleideter Menschen im Zuschauerraum saß. Und dann der lang ersehnte Augenblick, wenn nach der Ouvertüre der Vorhang den Blick freigab auf jene Welt, in die man für die nächsten zwei Stunden eintauchen durfte und deren oft beschriebener Zauber einen ein Leben lang nicht mehr loslassen sollte. Alles, was mit Theater zu tun hatte, wurde fortan wichtig für mich; ich versuchte Theaterstücke, Titel und Verfasser zu behalten, merkte mir Darsteller und hatte bald herausgefunden, dass im Theater des Volkes als Märchen-Inszenator der rundliche Max Jähnig fungierte wie im Schauspielhaus Direktor Rudolf Schröder.

Und wenn im Central-Theater die Tanzeinlagen von Gertrude Baum-Gründig stammten, so im Schauspielhaus von Walter Kreideweis, denn zum Märchen gehörten selbstverständlich Musik und Ballett.

Auch hatte ich unter den Darstellern meine Lieblinge, denen im kommenden Jahr wieder zu begegnen schon Vorfreude bereitete: die burschikose Lotte Gruner als Lausbub, der unbekümmerte Peter Hamel und der vielgesichtige Alfons Mühlhofer, und natürlich Erich Ponto, Stella David und Walther Kottenkamp. Im Theater des Volkes war es Ille Bork, die in Hosenrollen steckte, und wenn der lustige Kurt Wildersinn mitspielte, gab es immer etwas zu lachen.

Die damals empfangenen Eindrücke waren so nachhaltig, dass ich verschiedene Stücke bis heute nicht vergessen habe. Eines hieß *Die Wunderblume*, stammte von Heinrich XLV. Erbprinz von Reuß und handelte von fünf Geschwistern, die sich auf den Weg machen, um die Wunderblume zu suchen, mit deren Hilfe sie die vom Wurzelkönig verzauberten Kinder erlösen können, was ihnen schließlich auch gelingt. Die sieben Bilder endeten wieder daheim, bei Vater, Mutter und Großmutter, die Weihnachtsfee trat auf und natürlich Knecht Ruprecht, den Albert Willi spielte. Die Moral von dieser Geschichte stand im Programmheft:

»Was unsere fünf da durchgemacht,
das hat sie zu braven Kindern gemacht.
Drum müsst ihr immer hübsch folgsam sein,
sonst kommt in den Zauberwald ihr hinein.«

Doch wer von den kleinen Zuschauern, die erlebt hatten, wie es den fünf Geschwistern im Zauberwald und beim Wurzelkönig ergangen war, wollte das schon.

Die Abenteuer, die Hansei, der Sohn der Spielzeugmacherin in Friedrich Forsters *Hampelmann und Hampelfrau* zu bestehen hatte, waren auch nicht von Pappe. Da hat sich Frau Tandl bemüht, Hampelmänner herzustellen, einen schöner als den anderen, und dann nimmt sie ihr der Spielwarenhändler Bunterlei nicht ab, weil er der Meinung ist, einen Hampelmann besitze schon jedes Kind. Was er brauche, seien Hampelfrauen. Hansei, der nicht weiß, wie eine Hampelfrau aussieht, macht sich mit Hilfe des Sandmanns auf den Weg zum Nikolaus, um sich Rat zu holen. Dort trifft er auf einen sehr traurigen Hampelmann, dem der Nebelriese die Frau geraubt hat. Es gelingt ihm, den Riesen zu besiegen und die Hampelfrau zurückzugewinnen.

So bunt und schwungvoll die Vorstellungen am Albertplatz auch waren, die größten Aufführungserlebnisse vermittelte mir das Schauspielhaus. Hier wurden »Prospekte nicht und nicht Maschinen« gescheut, und der Besetzungszettel war oft so umfangreich wie bei *Wilhelm Tell*. Bei *Knurks hat doch ein Herz* überraschte der Bühnenbildner die Zuschauer mit einem Rahmen von erzgebirgischen Weihnachtsfiguren vor dem Vorhang, so dass Adventsstimmung bereits vor dem Spiel aufkam. Es ging um einen Nussknacker, der bei einer Kissenschlacht vom Tisch gefallen war und Schaden genommen hatte. Ein Zahn war abgebrochen, das Herz hatte einen Riss bekommen. Das Geschwisterpaar machte sich auf den Weg zum Zahnarzt, dann zum Puppendoktor, schließlich zu den Schnitzern im Erzgebirge, die dem Knurks zu einem neuen Herzen verhelfen, denn – so die Ansicht des Autors Joachim Malberg – »das Herz wird dort gesund, wo es zu Hause ist«.

Es war nicht schwer, diese Botschaft an den Mann zu bringen bei einem Spieler-Ensemble mit Walther Kottenkamp (Knurks), Edna Vihrog und Lotte Gruner (Geschwisterpaar), Erich Ponto (Puppendoktor), Willi Kleinoschegg (Zahnarzt) und Bruno Decarli (Schnitzer). Noch mehr Sorgen als um Knurks, ob er jemals wieder auf die Beine käme und richtig zubeißen könne, machte ich mir um den Puppenspieler Toni Guntersbacher (Erich Ponto), dessen Erfolg und Existenz von einer *Zauberlaterne* abhingen (und so hieß auch das Stück von Rudolf Schröder). Ihr magisches Licht hat dessen Marionetten lebendig werden lassen. Unsachgemäßer Umgang mit ihr durch leichtsinnige Kinder hat allerdings auch die Räuber aufgeweckt, die mit der Laterne prompt durchbrennen. Die Verfolgungsjagd endet nach vielen Hindernissen glücklich: Toni Guntersbacher erhält die Zauberlaterne zurück und kann nun

Toni Guntersbacher (Erich Ponto)
mit seinem Marionettentheater in der
Zauberlaterne

seinem Publikum auf dem Weihnachtsmarkt die schönsten Geschichten vorspielen.

Märchenwunder, Märchenträume – sie waren der erste Schutzwall, den ich gegen eine Wirklichkeit aufstellte, die nach einer unbeschwerten Kindheit spürbar auf mich zukam.

Ein Leben zwischen Zucht und Ordnung

Palmarum 1936: Eintritt eines Sextaners in eine Deutsche Oberschule in Dresden-Neustadt und Aufnahme in das dazugehörige Internat, das – was er natürlich nicht wusste – zwanzig Jahre vorher auch der Verfasser von »Emil und die Detektive« kennen gelernt und nicht in bester Erinnerung behalten hatte. Die Schule war ein großer, grauer Kasten, und wäre sie nicht mit zwei Türmen geziert gewesen, hätte man sie für eine Kaserne halten können. Dagegen freilich sprach auch der große Park hinter dem Haus, der von der Höhe der Marienallee in das Prießnitztal abfiel, dessen tiefster Punkt sinnigerweise als Olymp bezeichnet wurde. Im Park mit seinem alten Baumbestand gab es zwei Kegelbahnen und zwei Sitzrondells, die an heißen Tagen auch für Unterricht im Freien genutzt wurden. Im Schulgebäude lagen die Klassenräume im Erdgeschoss (auch der Speisesaal war dort) und im ersten Stock. Im zweiten Stock begann das Internat mit Wohn- und Schrankzimmern und zwei Musikzimmern und setzte sich im dritten Stock mit dem Waschraum und den daran angrenzenden großen Schlafsälen fort. Über dem Speisesaal befand sich eine Aula mit Orgel, wo noch 1936 Abendandachten abgehalten wurden.

Diese Umgebung sollte für die nächsten Jahre mein Zuhause sein. Ich war das, was man ein »hiefriges Kerlchen« nennt, und wäre nicht in der Lage gewesen – da mochten meine Eltern Recht haben – jeden Tag bei Wind und Wetter einen Schulweg von zwei mal zwanzig Kilometern zurückzulegen. Also blieb nur die Unterbringung im Internat, die den Eltern ohnedies zusätzliche Kosten verursachte: Eine Matratze musste angeschafft werden, Bettwäsche und Handtücher – sogar die Butterdose – waren mit dem Namenszug zu versehen. Natürlich durfte die Schülermütze nicht fehlen. Man trug sie stolz wie die Schärpe einer schlagenden Verbindung. Es deutete sich Mitte der dreißiger Jahre allerdings schon an, dass sie im Schwinden begriffen war; hin und wieder wurde sie bereits durch ein »Käppi« ersetzt. Auch das Klima im Internat veränderte sich zusehends, wie ältere Insassen meinten. Diszipliniert war es schon immer zugegangen – nun wurde es militärisch. Das lag nicht an der Nähe der Kasernen, das brachte der »Zeitgeist« mit sich, den der neue Direktor, der auch Reserveoffizier war und sich gern in Uniform zeigte, in der Schule durchsetzte.

Nun wurde ja damals Ordnung allgemein groß geschrieben, das Internat war jedoch einer Steigerung fähig, denn Ordnung war nur das halbe Leben, das andere halbe hieß Zucht. In dem Wort Zucht (mittelhochdeutsch: zuht) stecken mehrere Bedeutungen: züchten (im Sinne von heranziehen), züchtig (sittsam), züchtigen (strafen), Züchtiger (Büttel, auch Hausknecht) und

Zuchthaus – aber das wollen wir hier beiseite lassen. Alle anderen Vokabeln sind anwendbar auf das, was im Internat vor sich ging. Es gab Küchendienst, Stubendienst, Schreibpult- und Schrankkontrolle, es gab eine Schulordnung, eine Zimmerordnung und ein Urlaubsbuch. Und es gab einen Schuldirektor, der als Elternstellvertreter gewissermaßen Legislative und Exekutive in einer Person verkörperte: Er ordnete an, führte durch, kontrollierte, bestrafte, gewährte, verweigerte. Zum Beispiel Urlaub. Den reichte man am Donnerstag ein und wusste bis Sonnabend, ob er bewilligt war oder nicht. Hatte man etwas ausgefressen, war negativ aufgefallen, durfte man das Wochenende im grauen Kasten zubringen. Auch in der Woche und außerhalb der gestatteten Ausgehzeiten war jede Abwesenheit genehmigungspflichtig. Da heißt es etwa in einer meiner Begründungen: »Er möchte mit seinem Vater Schuhe kaufen (am Altmarkt) und anschließend Haare schneiden gehen.« Haare schneiden war immer glaubwürdig – Streichholzlänge trägt der deutsche Junge –, es konnte freilich auch eine Notlüge sein, um Schokoladenbruch, den es schon für 10 Pfennige die Tüte gab, in der Stadt zu kaufen.

Das Gemeinschaftsleben im Internat war streng organisiert. Vom Wecken bis zum Frühstück standen dreißig Minuten zur Verfügung: zehn für Frühsport, die restlichen zwanzig für Waschen und Anziehen. Das war im Sommer kein Problem, doch im Winter, wenn die verhassten Wollsachen – vor allem die langen selbstgestrickten Strümpfe – die Haut traktierten und die Prozedur des Ankleidens in die Länge zogen. Dann durften sich beim Betreten des Speisesaals vor allem die Kleineren einer Kontrolle unterziehen: Mal wurden die Schuhe nachgesehen (wehe, wer den Steg zwischen Sohle und Absatz nicht blank gewienert hatte!), mal mussten die Fingernägel vorgezeigt werden, mal das Taschentuch. Die Zimmerordnung bot bei Nachlässigkeit oder Pflichtverletzung die Handhabe zu Bestrafungen aller Art: von 5 Pfennigen Bußgeld bis hin zu einer Woche Lokusdienst. Über Rechte der Schüler sagte sie nichts aus. Danach fragte damals auch niemand.

Es muss 1938 gewesen sein, als ich – fein gemacht, im Sonntagsanzug – dem Direktor im Treppenhaus begegnete. Er hielt mich an, warf einen abschätzenden Blick auf meine Kluft, dann einen abfälligen auf ein weißes Ziertuch, ein Geschenk meiner Mutter, das in der Brusttasche meines Jacketts steckte. Er zog es mit zwei Fingern heraus und schnarrte (denn er konnte sich nur im Kasernenton äußern):»Was soll'n der Fetzen!« und warf mir das Tüchlein ins Gesicht.

Gegen diese Zucht war kein Kraut gewachsen, und als ich den Vorfall daheim erzählte, fanden das meine Eltern zwar »nicht schön«, doch sie wären wohl nicht auf den Gedanken gekommen, sich deshalb mit dem Direktor anzulegen. Ich musste schon selbst einen Abwehrmechanismus entwickeln, der mich widerstandsfähig machte »gegen eine See von Plagen«, wie es im *Hamlet* heißt.

So hart das Internat zuzeiten auch sein konnte, auf die Schule traf das nicht in gleichem Maße zu. Natürlich besaß Sport – zwecks Körperertüchtigung – einen hohen Stellenwert, doch das Lehrprogramm sah auch Kunst vor. Es gab ein Schulorchester (aus dem der spätere Konzertmeister der Sächsischen Staatskapelle Gottfried Lucke hervorging), Aufführungsbesuche in den Staatstheatern, es wurden Dichterlesungen veranstaltet und zu Parkfesten Theaterstücke gespielt.

Mit der Organisierung und Zusammenfassung unserer jungen Leben in Jungenschaft, Jungzug, Fähnlein und Jungstamm sowie der damit einhergehenden Uniformierung unserer Bekleidung, erreichte die Zucht eine weitere Stufe der Vollkommenheit. Wir waren nun nicht mehr nur Peter, Lothar, Timmi oder Schnips, sondern auch Pimpf Meyer, Müller, Schulze oder Schmidt. Unsere Haltung wurde die Grundstellung, unsere Gangart der Laufschritt. Und man stählte uns. Dieser Prozess drückte sich auch verbal aus: Eine »Pfeife« war man beim geringsten Missgeschick, ein »Schlappschwanz«, wer etwa vor dem Ziel erschöpft aufsteckte. Und die Steigerung ergab die »Memme«: Das war einer, der sich nicht traute, der Angst hatte. Ihm musste seine Feigheit ausgetrieben werden. Wollte er nicht vom Dreimeterbrett springen, schubste man ihn ins Wasser oder hänselte ihn so lange, bis er sich überwand. Oder man zog ihm Boxhandschuhe an und schickte ihn – wenn er Pech hatte gegen einen Stärkeren – in den Ring.

Zur Stählung von Leib, Seele und Charakter (»Gelobt sei, was uns hart macht!«) trugen auch Geländespiele bei. Dabei gab es immer etwas zu Raufen und zu Kloppen, da konnte man zeigen, ob man ein »Kerl« war. Da ich mich diesbezüglich schwer tat, musste ich meine Defizite anderweitig ausgleichen. Die neue Qualität des Gemeinschaftslebens bot dazu Möglichkeiten in Form von Heimabenden, bei denen oftmals rezitiert wurde. Mit einem Gedicht – ordentlich vorgetragen – konnte man Scharten auswetzen. Da war eine Heldengedenkfeier in der Baracke am Jägerpark, und zu den Mitwirkenden gehörten sowohl ein Sprechchor als auch Einzelsprecher. Der Text – er ist mir heute noch gegenwärtig – war für die Jugend geschrieben:

»Wir recken die Hände empor zum Schwur
weit über Deutschlands blühende Flur,
wir rufen bebend mit ehernem Mund
hinein in das flammende Erdenrund:
Deutschland muss leben!«

Nach diesem »Bekenntnis« des Sprechchors war ich mit dem »Gelöbnis« an der Reihe:

»Wenn einer von uns müde wird,
der andre für ihn wacht,
Wenn einer von uns zweifeln will,
der andre gläubig lacht.
Wenn einer von uns fallen sollt,
der andre steht für zwei,
denn jedem Kämpfer gab ein Gott
den Kameraden bei.«

Und dann folgte noch ein Lied, gemeinschaftlich gesungen:

»Ein junges Volk steht auf, zum Sturm bereit!
Reißt die Fahne höher, Kameraden!
Wir fühlen nahen unsere Zeit,
die Zeit der jungen Soldaten.«

Wussten wir, was wir da sprachen und sangen? Ich erntete ein anerkennendes »knorke«, und das war auch der allgemeine Kommentar, als es sonnabends keinen Unterricht mehr gab, sondern Jungvolk-Dienst oder Filmbesuche in der Schauburg. Die Streifen, die wir dort sahen, gehörten zum Schulungsprogramm der Hitlerjugend und sollten uns Pflichtbewusstsein, Kameradschaft, Opferbereitschaft, Treue zum Vaterland, Stolz auf Deutschlands Helden und Hingabe an eine große Sache vermitteln.

Für mich wurde das Theater zu einer großen Sache. In diese Wunderwelt konnte ich mich zurückziehen, wenn mich der Alltag zu hart in die Zange nahm. Durch die Schule hatten wir mehrere Aufführungen gesehen, unter anderem natürlich *Wilhelm Tell*. Mit der Klasse besuchten wir auch *Das Spiel vom Prinzenraub* von Kurt Arnold Findeisen, das im Schauspielhaus uraufgeführt worden war. Es ging in diesem Volksschauspiel um eine Begebenheit aus der sächsischen Geschichte, die sich 1455 in Altenburg zugetragen hatte. Ritter Kunz von Kaufungen, der dem sächsischen Kurfürsten Friedrich im Kampf gegen dessen thüringischen Bruder beistand, sieht sich um seine Belohnung gebracht und rächt sich, indem er die beiden Söhne des Kurfürsten raubt, um mit Hilfe dieses Faustpfandes seine Ansprüche durchzusetzen. Die Aktion gelingt, die geplante Flucht über die böhmische Grenze wird jedoch von Köhlern vereitelt. Auch Kaufungens Spießgesellen fallen von ihm ab. Er wird gefangen gesetzt und zum Tode verurteilt. Seine Begnadigung durch den Kurfürsten kommt zu spät: Die Hinrichtung auf dem Marktplatz zu Freiberg ist bereits vollzogen.

Mich hat dieses Stück sehr beschäftigt. Ich erwarb das Textbuch und fand mich wenigstens in zwei Rollen wieder: dem Prinzen Albrecht und dem Köhlerburschen Urban. Auch der Walter Tell, der sich von seinem Vater den Apfel vom Kopf schießen lässt, hatte es mir angetan. Und als das Schauspielhaus für diese Rolle per Rundschreiben an alle Dresdner Schulen einen Darsteller suchte, bewarb ich mich. Leider vergebens, denn das Stück erschien nicht mehr im Spielplan.

Mein Interesse für das Theater wurde zur Leidenschaft. Ich begann Programmhefte und Zeitungsausschnitte zu sammeln,

Das Spiel vom Prinzenraub (1937)
mit Willi Kleinoschegg,
Luis Rainer, Gothart Portloff
und Alfons Mühlhofer (von li. nach re.)

die über das Bühnengeschehen berichteten oder Künstler vor-
stellten; ich interessierte mich für Kritiken, auch wenn ich sie
nur zum Teil verstand, aber irgendetwas vom Inhalt eines
Stückes blieb haften. Und ich begann, mir eine kleine Dramen-
Bibliothek aus Reclamheften anzulegen, die ich zumeist in der
Buchhandlung Nestler auf der Bautzner Straße erwarb. Später,
als die Schule Lazarett geworden und meine Internatszeit zu
Ende war, wurde ich dann regelmäßiger Nutzer einer öffent-
lichen Bibliothek und verschlang die Stücke von Gerhart
Hauptmann.

Meine Eltern fanden, dass ich meinen »Theaterfimmel« zu
weit triebe und die Wirklichkeit aus den Augen verlöre, und
tatsächlich war ich nicht weit davon entfernt. Alles, was mit
dem Theater zusammenhing, beschäftigte mich mehr als das
Zeitgeschehen. Und ob das Hultschiner Ländchen wieder zu
Deutschland kam, war mir nicht so wichtig wie die Neuver-
pflichtung eines Darstellers ans Schauspielhaus.

Lohengrin im Grünen

Wir hatten auf der »Penne« einen recht fundierten Musikunterricht, was manchen meiner Mitschüler entging, da sie dieses Fach als überflüssig ansahen. Er erschöpfte sich nicht im Lernen von Liedern, in der Kenntnis von Takt und Tonart, der Modulation und der Lehre vom Dreiklang, sondern vermittelte auch die homophonen und polyphonen Formen und umfasste Instrumentenkunde ebenso wie Musikgeschichte. Wir behandelten Webers *Freischütz* und bekannte Stücke aus Wagner-Opern wie den Pilgerchor, später wurden auch Sinfonien durchgenommen, so dass wir zum Beispiel in einem Aufführungsabend des Tonkünstler-Vereins nicht unvorbereitet saßen und uns – dirigiert von Karl Böhm – die Jupitersinfonie von Mozart anhörten. Es gab auch Opernbesuche durch die Schule, doch meine erste Bekanntschaft mit dieser Kunstgattung machte ich nicht in Dresden. Und sie erfolgte auch nicht mit einem Werk, das für gewöhnlich am Anfang steht, *Der Freischütz* etwa, *Hänsel und Gretel*, *Zar und Zimmermann* oder *Die Zauberflöte*. Mein Vater hatte dafür – bestimmt nicht vorsätzlich – Wagner vorgesehen.

Als wohl die einzigen Einwohner meines Heimatortes leisteten sich Schneiders alle paar Jahre einen Urlaub an der See. Auf Usedom waren wir mehrfach gewesen, auch in Hinterpommern, in der Nähe von Kolberg. 1938 hatte Vater ein bezahlbares Quartier mit Küchenbenutzung (was bedeutete, dass Mutter mittags für die Familie kochte) in Brösen, Freistaat Danzig, ausfindig gemacht. Für uns Kinder war das ein großes Abenteuer. Danzig gehörte nicht zu Deutschland, es mussten Formalitäten erledigt, Geld umgetauscht werden, und der Zug fuhr durch den »polnischen Korridor«, der seit 1919 Ostpreußen vom Deutschen Reich trennte. In Schneidemühl wurden die einzelnen Wagen verplombt – wir sahen die polnischen Beamten mit ihren viereckigen Mützen –, in Marienburg mussten wir umsteigen und kamen in der Freien Stadt Danzig an, von der aus es mit der Straßenbahn in den Urlaubsort ging. Zur Überraschung von uns Kindern wurde dort wie überall deutsch gesprochen, man sah – wie daheim – Hakenkreuzfahnen auf

Lohengrin
in der Zoppoter Waldoper, 1938

Landungsbrücken und manchem Gebäude neben der Fahne des Freistaats. Das sollte Ausland sein?

Eines Tages überraschte uns Vater mit der Mitteilung, dass wir eine Aufführung in der Zoppoter Waldbühne sehen würden, und zwar den *Lohengrin* von Richard Wagner, mit dessen Handlung er uns vertraut machte. Ich hatte keine Vorstellung von dem Spielort, war dann aber überwältigt von der Größe des Zuschauerraumes, der fünftausend Menschen Platz bot, weit mehr als Zirkus Sarrasani. Die Plätze waren – wie in allen Theatern – nach Preisgruppen gestaffelt: von 15,50 Gulden für einen Platz der ersten Kategorie bis hinunter zu 5,50 Gulden für einen Platz der vierten – den wir uns leisteten. Für einen Stehplatz mussten 3 Gulden gezahlt werden. Es bestand für den Besucher aber die Chance, »für wenig Geld«, wie es in einem

Inserat hieß, »einen Hocker geliehen« zu bekommen, um nicht vier Stunden stehend verbringen zu müssen.

Das Orchester, vor der Spielfläche im Graben untergebracht, umfasste laut Programmheft hundertfünfunddreißig Musiker, der Chor fünfhundert Mitglieder. Die Solisten kamen von deutschen und skandinavischen Bühnen und vom Danziger Theater, das auch die Mehrzahl der Musiker stellte.

Bevor sich der Vorhang – zwei mit Blättern bewachsene und nach beiden Seiten wegziehbare Wände – öffnete, richteten wir uns auf unseren Plätzen ein und arrangierten uns mit unserem jeweiligen Vordermann, damit wir das Geschehen auf der Bühne auch allseits verfolgen konnten. Natürlich wusste der Zwölfjährige nichts von der »blau-silbernen Schönheit« des Werkes, die Thomas Mann der *Lohengrin*-Musik attestierte, nichts von Richard Strauss' Meinung, der die Partitur dieser Oper an den Beginn moderner Instrumentation stellte, nichts von der Ansicht Franz Liszts, dass in diesem Musikmärchen in strahlendem A-Dur die alte Opernwelt ihr Ende gefunden habe. Ich war fasziniert vom Bühnengeschehen, hingerissen vom Melos der Musik, ihrer Zartheit, Klarheit und Romantik, gefangen genommen von der Lichtgestalt des Schwanenritters als Heilsbringer und überwältigt von der pompösen Aufführung mit Hunderten von Menschen auf einer so großen Bühne. Auch fand ich es beglückend, dass an diesem Wunderwerk zwei Dresdner Künstler beteiligt waren, deren Namen ich zum ersten Mal hörte: Inger Karén als Ortrud und Sven Nilsson als König Heinrich.

Nach diesem unvergesslichen Abend erzählte uns Vater von Richard Wagner und machte – wieder daheim – mit uns Kindern einen Ausflug nach Graupa und dem Liebetaler Grund, wo der *Lohengrin* entstanden war.

Es blieb in der Schule auch der obligate Aufsatz über das schönste Ferienerlebnis nicht aus, und als im Jungvolk bekannt wurde, wo ich mit meinen Eltern den Urlaub verbracht hatte, wurde ein Heimabend dem Thema »Danzig, das Tor zum deutschen Osten« gewidmet. Der Fähnleinführer machte uns klar, dass Danzig eine uralte deutsche Stadt sei, deutsch bleibe und eines Tages wie Österreich und das Sudetenland vom Führer »heim ins Reich« geholt werde. Ein markiges Gedicht beschloss diesen Nachmittag:

>»So hört den Ruf,
Ruf über Land und Meer
Und alle Grenzen –:
Danzig!
(...)
Deutsch wie der Erde
Heilige Heimatscholle
Im östlichen Raum;
Land unsrer Väter,
Erbe aus Schweiß und Blut –
Immer geliebet,
Immer gehasst,
Immer begehrt;
Und immer war Hass größer als Liebe,
Immer war Liebe stärker als Hass!
Ruf über Land und Meer
Und alle Grenzen –:
Danzig ... !«

Aufführungen quer durchs Repertoire

Nach dem Ende der Internatszeit 1940 verloren die Theaterbesuche ihren zufälligen Charakter für mich und wurden zu einer regelmäßigen Einrichtung. Begünstigend wirkte auf diese Entwicklung eine bis dahin nicht vorhanden gewesene Abendgarderobe in Form eines schwarzen Konfirmandenanzugs. Der hatte, als er meinem Vater noch als Smoking diente, auch schon bessere Zeiten gesehen, doch nun schmückte er mich und vermittelte einen »erwachsenen« Eindruck. Auch machte er die verabscheuten gestrickten langen Strümpfe überflüssig; schon aus diesem Grunde liebte ich ihn und trug ihn bei jeder Gelegenheit, auch wenn seine Revers nicht mehr Seidenspiegel zierten wie ehedem. Er wurde mein »Kostüm« zu allen festlichen Anlässen, wozu in erster Linie Theaterbesuche zählten.

Auf dem Spielplan des Schauspielhauses standen Anfang der vierziger Jahre etwa fünfunddreißig bis vierzig Inszenierungen, von denen ich nur wenige kannte. Ein Theaterbesuch – so die Ansicht einer meiner Lehrer – könne zuweilen die Lektüre eines Stückes ersetzen und vermittele darüber hinaus ein emotionales künstlerisches Erlebnis. Also durchstöberte ich den Spielplan, wobei die Klassiker Vorrang hatten. Shakespeare war mit *Hamlet, Ein Sommernachtstraum, Viel Lärm um Nichts, Antonius und Cleopatra* (und ab 1942 auch mit *Othello*, später *Macbeth*) vertreten; Goethe mit *Faust I, Tasso, Iphigenie auf Tauris* (später auch *Götz von Berlichingen*), von Schiller *Die Räuber, Die Verschwörung des Fiesco zu Genua, Kabale und Liebe* und 1943 *Don Carlos*, der allerdings nach zwei Vorstellungen wieder abgesetzt wurde, da es »an bestimmten Stellen« Beifall gegeben hatte. Von Lessing war *Minna von Barnhelm* zu sehen, von Kleist *Penthesilea, Prinz Friedrich von Homburg* und *Das Kätchen von Heilbro*nn, von Grillparzer *König Ottokars Glück und Ende*, von Hebbel *Gyges und sein Ring* und von Ferdinand Raimund *Der Verschwender*. Natürlich interessierten auch Unterhaltungsstücke: *Kirschen für Rom, Die Nacht in Siebenbürgen* oder *Ich brauche Dich* und Stücke, deren Titel oder Verfasser ich noch nie gehört hatte: *Onkel Theodor* von Selma Lagerlöf, *Die beiden Klingsberg* von August von Kotzebue und *Das Fräulein von Scuderi* von Otto Ludwig. Das wenigste Geld habe ich – wenn ich mich recht erinnere – für Stücke ausgegeben, von denen bereits im vorhinein bekannt war, dass sie »politisch« waren. Hier genügte der Besuch der Generalprobe, was nach meiner Aufnahme in die Komparserie möglich war.

Verglichen mit dem Schauspielhaus war der Spielplan der Oper überbordend, und ich stand ziemlich hilflos vor den über sechzig Werken, die er anbot. Was davon zuerst kennen lernen? Natürlich den *Freischütz* und *Hänsel und Gretel*. Was danach? Einen Mentor, der mich hätte beraten und leiten können, besaß ich nicht. Vater war seit 1940 Soldat. Also hielt ich mich an die probate Maxime eines Musiklehrers, der meinte: »An Kunst und Kirschen kann man sich nicht überfuttern.«

Gewiss verstand ich mit vierzehn oder fünfzehn Jahren wenig von Kienzls *Evangelimann*, den uns ein Pfarrer im Konfirmandenunterricht ans Herz gelegt hatte. Auch Donizettis *Regimentstochter* war vielleicht nicht die glücklichste Empfehlung vom Vater eines Klassenkameraden, der für die Koloratursopranistin Erna Sack schwärmte. Doch es gab ja bei Mozart, Lortzing und Wagner genügend zu entdecken, auch wenn man aus mancher Aufführung wenig mehr mitnahm als den Inhalt des Stücks und den Eindruck der jeweiligen Interpreten. Erstaunlich, dass sich meine Erinnerung hauptsächlich auf die musikalische Seite einer Opernvorstellung erstreckt und weniger auf die szenische. Mit Ausnahmen: Bei einem Orff-Abend mit *Orfeo* (einer freien Nachgestaltung des Werkes von Monteverdi) und *Carmina burana*, den wir 1940 mit der Klasse sahen, empfand ich das erste Mal die Bedeutung eines szenischen Vorgangs. Dafür sorgten Karl Böhm am Pult, Heinz Arnold, der Regisseur, und Emil Preetorius, der Ausstatter. Bei *Orfeo* fesselten Stoff (wer von uns kannte denn die Orpheus-Sage, geschweige denn die Oper von Gluck?) und die Solisten Arno Schellenberg, Margarete Teschemacher, Elisabeth Höngen (Botin) und Kurt Böhme (Totenwächter). *Carmina burana* bestach durch die szenische Umsetzung eines ungewohnten eigenwilligen Werkes, das Solo-Gesang und Tanz mit chorischem Geschehen verband. Und noch etwas gab mir dieser Abend: Ich entdeckte Ballett, denn zu den Mitwirkenden gehörten die Tänzerinnen Eva Allerding, Vera Mahlke, Thea Weiß, Hilde Schlieben, Hanna Schlenker-John und die Tänzer Gino Neppach und Veit Büchel.

Dass Operntheater mehr ist als ein musikalischer Vortrag in Kostüm, vermittelte mir auch Norbert Schultzes *Schwarzer Peter*, der im Dezember 1942 in einer Neuinszenierung im Semperbau herauskam und mich jungen Theater-Enthusiasten schon deshalb überraschte, weil sich der Komponist, den wir von Soldatenliedern und Filmmusiken kannten und in Verbindung mit »Lili Marleen« brachten, in dieser »Oper für kleine und große Leute« (so die Firmierung) von einer ganz anderen Seite zeigte. Auch hatte die Inszenierung – abermals Heinz Arnold – das Bühnengeschehen sehr lebendig gestaltet und den

Chor nicht als statischen Gesangskörper vorgeführt, sondern aufgelockert, wobei den einzelnen Chormitgliedern viele kleine Rollen und Aufgaben zufielen.

Von den damals gesehenen Schauspielen sind Inszenierungen von Georg Kiesau im Gedächtnis haften geblieben. Sie waren, wenn ich mich recht erinnere, ausgewogene Ensemblekunst, basierend auf hervorragenden Einzelleistungen. *Schneider Wibbel*, diese heitere rheinländische Episode aus der Napoleonzeit, wurde beherrscht von Erich Ponto als Schneidermeister, sehr beweglich, zungenfertig, streitsüchtig und ängstlich zugleich, und Alice Verden, seiner Frau, die immer dann den rettenden Einfall hat, wenn ein Ausweg aus einer verzwickten Situation gesucht wird. Sie bereitet ihrem angeblich verblichenen Mann ein schönes Begräbnis, dem er – quicklebendig – vom Fenster aus zuschaut, erweckt ihn in Gestalt ihres angeblichen Schwagers zu neuem Leben und heiratet ihn ein zweites Mal, zum Gaudium des Publikums.

Ein Vergnügen war auch die Aufführung des heute kaum noch bekannten Curt-Goetz-Lustspiels *Der Lügner und die Nonne*, in der Paul Hoffmann in drei Rollen glänzte. Ein Kabi-

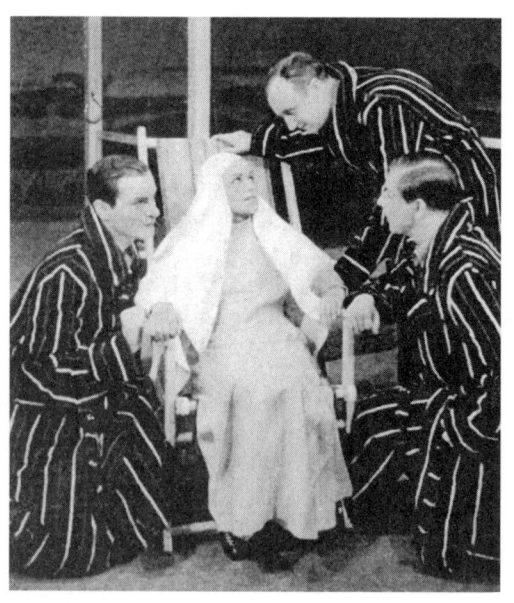

Gert Keller,
Edna Vihrog,
Paul Hoffmann und
Peter Hamel in
*Der Lügner und die
Nonne* (1940)

nettstück der Schluss: »Der Kardinal steht in Erwartung seines Sohnes«, wie es bei Goetz heißt. Er wurde von Hoffmann mit hintergründigem Augenzwinkern gespielt, das dem Zuschauer zu verstehen gab: Wir sind doch alle Sünder, und: Ich kann schlechterdings nicht doppelt auftreten.

Die Darsteller: Edna Vihrog als Novize mit dem Baby, das nicht ihr eigenes Baby ist, Stella David als Frau von Schicketanz, die von dem Lügner Charly immer wieder enttäuscht wird und in ihrer Zuneigung zu ihm dennoch nicht erlahmt. Walther Kottenkamp als verständnisvoller Diener Petrops und die beiden Freunde Udo und Bodo (Gert Keller und Peter Hamel) mit ihrem amüsanten Dialog über *Lohengrin* hatten an dieser spritzigen Komödie großen Spaß, der sich bereits im Vorspiel auf das Publikum übertrug, als der Hellseher (Christian Schmieder) dem Dichter (Paul Hoffmann) die Zukunft weissagt und eine hübsche, adrette Kellnerin von bescheidener Intelligenz (Lotte Gruner) die Gäste mit ihrer Inkompetenz nervt.

Hamlet war drei Jahre vorher (1937) herausgekommen und stand bis zur Schließung der Theater im Spielplan. Adolf Mahnke hatte für diese Kiesau-Inszenierung eine Drehbühnenlösung gefunden, die einen reibungslosen Spielablauf gestattete. Der Pauseneinschnitt lag nach der dritten Szene des vierten Aktes, und der zweite Teil der Tragödie begann mit der Begegnung Hamlets mit den Truppen des Fortinbras. Kein Vorhang trennte die rasch wechselnden Spielorte, beide Teile des Stücks wurden ohne Unterbrechung durch Umbauten durchgespielt, der Schauplatzwechsel geschah bei fahlem Licht. Viele Auftritte erfolgten aus dem Orchestergraben.

Außerordentlich beeindruckend war die Schauspielerszene im Schlosssaal, der in der Mitte von vier Säulen beherrscht wurde, zwischen denen auf einem Podest das Königspaar saß, flankiert rechts und links von den Hofleuten. An der äußersten rechten Seite hatte Ophelia Platz genommen, vor ihr – »den Kopf auf Euren Schoß gelehnt«, wie es im Text heißt – lagerte Hamlet. Das pantomimische Spiel der Komödianten war an die nicht erhellte Rampe verlegt, es vermittelte den Eindruck eines Schattenspiels und ließ dadurch die Wirkung auf die auf der

Bühne Zuschauenden besonders deutlich werden. Unvergesslich auch jener Augenblick, als Hamlet-Hoffmann auf der sich drehenden Bühne durch die Räume des Schlosses raste mit dem Schrei: »Mutter! Mutter! Mutter!«

In Erinnerung sind mir auch einige Inszenierungen von Victor Ahlers, der 1940 ans Schauspielhaus kam, geblieben. Eine davon war das Lustspiel *Ich brauche Dich* von Hans Schweikart. Paul Hoffmann spielte den vielbeschäftigten Dirigenten Paulus Allmann, der nach erfolgreichem Gastkonzert endlich wieder einmal nach Hause findet und seine reizvolle Frau in Gesellschaft eines Verehrers antrifft, der ihr gerade die Füße massiert. Die Dame des Hauses – gespielt von Ruth Wolfsperger – macht die beiden Männer miteinander bekannt: »Paulus, das ist Herr Dr. Hoffmann.« Paul Hoffmann stutzt, taxiert sein Gegenüber mit geringschätzigem Blick und wirft dann den Satz ins Publikum: »Wie kann man bloß Hoffmann heißen«, womit auch zum Ausdruck kam, dass er diesen Verehrer – ihn spielte Peter Hamel – nicht als Konkurrenten ansah.

Anders in *Die beiden Klingsberg*. Da gelang es dem Sohn – abermals Hamel – den Vater bei seinen amourösen Abenteuern auszustechen. Der Verlierer war Carl Günther, der den alten Klingsberg sehr nobel gab. Obwohl ihm der Sohn bei der holden Weiblichkeit ständig in die Quere kommt und letztlich Sieger bleibt, behielt Günther in allen Lebenslagen Contenance, und mit ihm seine Partnerinnen Alice Verden, Manja Behrens und Stella David als köstliche Zimmervermieterin.

Sie boten eine reiche Auswahl, die Spielpläne der Staatstheater, und wer ein fleißiger Theatergänger war, konnte seinen Lebensfundus mit Stücken ordentlich vollpacken und Werke sehen, die ihm später nie oder kaum mehr begegneten wie *Vasantasena* (König Shudraka), Der Tod des Empedokles (Hölderlin), *Die Journalisten* (Gustav Freytag), oder in der Oper *Das Mädchen aus dem goldenen Westen* (Puccini) und *Oberon* (Weber).

Je mehr Aufführungen ich besuchte, desto mehr wünschte ich mir, einmal bei einer Inszenierung dabei zu sein. Durch Zufall lief mir in dieser Zeit ein Bekannter über den Weg, der schon seit einem Jahr zur Komparserie des Staatsschauspiels gehörte. Von ihm erfuhr ich, dass das Schauspielhaus zum 80. Geburtstag von Gerhart Hauptmann dessen Dramatische Phantasie *Der Weiße Heiland* herausbringen wolle, und dafür

Das Entree für den Bühneneingang

noch Statisten suche. Ich schrieb an den Komparseriechef Alfred Heldenmeier, erhielt eine positive Rückantwort, stellte mich mit anderen Bewerbern im Schauspielhaus vor und bekam den Probenbeginn genannt. Premiere des Stückes war Mitte September 1942.

Ich konnte es nicht fassen, dass ich schon in wenigen Wochen zum Gefolge des spanischen Feldherrn Fernando Cortez, den Paul Hoffmann spielte, gehören und fortan abends »Vorstellungen« haben würde.

Ein Lehrer seltener Art

So sehr ich mich auch freute, bald im Schauspielhaus mittun zu dürfen, wusste ich doch, dass ich vorher noch eine gewaltige Hürde zu nehmen hatte: Seit der Unterbringung unserer Schule in der Höheren Mädchenschule Dresden-Neustadt im Jahre 1940 hatten wir im Wechsel mal vormittags, mal nachmittags Unterricht. Lag der Unterricht nachmittags, kollidierte er mit den Vorstellungen, denn die Theater begannen kriegsbedingt bereits zu einem Zeitpunkt, zu dem die Schulstunden noch nicht zu Ende waren. Nachdem sich im *Weißen Heiland* alles gut angelassen hatte, bestand die Chance, in andere Inszenierungen hineinzurutschen, und die wollte ich mir auf keinen Fall entgehen lassen. Ich brauchte also eine dauerhafte Lösung meines Problems. In meiner Not vertraute ich mich unserem Deutschlehrer an, den wir »Schmatz-Müller« nannten, nicht, weil es noch andere Lehrer dieses sehr deutschen Namens bei Fletchers gegeben hätte. Nein, Schmatz war eine ihn charakterisierende Apposition, da er fast jeden Satz mit einem Schnalzen der Zunge einleitete. Er wohnte Auf dem Meisenberg – in unmittelbarer Nähe der Kammersängerin Margarete Teschemacher –, und vor seinem Namen stand ein Dr., damals an einem Pennal keine Seltenheit. An unserer Oberschule gab es mehrere Professoren, fast ein Dutzend Doktoren und einen Lic., einen Licentiatus theologiae. Ohne Titel oder akademischen Grad waren hauptsächlich junge Lehrer, die nach 1933 ins Amt gekommen waren. Adolf Müller gehörte zu den »Alten«.

Zu »Schmatz« hatte ich Vertrauen. Wenn mich einer verstand, dann er. Und wenn mir einer helfen konnte, denn die Deutschstunden lagen meist abends, am Ende des Schultages, dann auch er. Mein Ansinnen, wenn erforderlich früher gehen zu dürfen, quittierte er mit einem geschmatzten: »So, so. Ich verstehe. Sie gehen überhaupt eigene Wege. Der B. – er ist doch Ihr Freund?« – ich bejahte – »übrigens auch. Tja«, und wieder folgte ein Schmatz, »gegen die Kunst kann man nichts machen, schon gar nicht in dieser Stadt.« Es trat eine Pause ein, dann sprach er das erlösende Wort: »Übermorgen ist fünfter Akt *Räuber*. Wie ich Sie kenne, schnurren Sie den Franz herunter, doch der interessiert uns diesmal nur bedingt ...« Damit war ich entlassen und eilte erleichtert davon.

In der nächsten Deutschstunde kam ich prompt dran. Ich hatte mich auf Pastor Moser und Daniel vorbereitet, und die Analyse des treuen Dieners fiel zur Zufriedenheit vom »Schmatz« aus. Einigen in der Klasse schien jedoch, wie sie grummelnd kundtaten, etwas nicht zu gefallen, vielleicht vermuteten sie Bevorzugung, was ja nicht so ganz von der Hand zu weisen war. Da sagte Dr. Müller beiläufig, während er meine Note in sein Notizbuch eintrug: »Wer so vorbereitet ist, darf auch mal fehlen, wenn es um die Zukunft geht.« »Die Zukunft kann nur der Endsieg sein«, ließ sich ein Klassenkamerad in HJ-Uniform vernehmen. »Das ist richtig, V., aber auch dann werden wir die *Räuber* spielen und dazu brauchen wir Leute, die sie verstehen und richtig interpretieren können.«

Dieser kleine Zwischenfall hatte eine Vorgeschichte, von der mein Klassenkamerad nichts wissen konnte. Wir suchten damals ein mit unseren Kräften aufführbares Theaterstück und glaubten es bei Lessing zu finden. Also in der Klassikerausgabe nachgeschlagen: Jugendwerke, Fragment *Philotas* – und dabei geschah es, dass ich auf *Nathan der Weise* stieß – »Nathan, ein reicher Jude in Jerusalem«, wie es im Personenverzeichnis hieß. *Minna von Barnhelm* hatten wir behandelt, *Emilia Galotti* gestreift, doch wer war Nathan? Ich las, verstand kaum die Hälfte des Textes und wandte mich in meiner Hilflosigkeit an Dr. Müller, nicht ahnend, dass ich ihn in Verlegenheit und Bedrängnis brachte.

»Tja«, begleitet von einem nachhaltigen Schmatz, »das Stück steht nicht im Lehrplan. Sie wissen, es handelt – «

»– von einem reichen Juden«, warf ich ein.

Und Dr. Müller, nach kurzer Pause: »Ja, reich ist er auch. – Doch stellen Sie das Buch mal dorthin zurück, wo Sie es hergenommen haben, um Ihrem Vater – er ist doch Lehrer? – keine Unannehmlichkeiten zu machen.« Und völlig unvermittelt schloss er an: »Haben Sie denn inzwischen etwas Geeignetes für Ihre Theateraufführung gefunden?«

»Ja, *Die alte Jungfer* von Lessing.«

»Sehr schön. Zu dieser Wahl kann man Sie nur beglückwünschen.« Und mit einem Schmatz hinzufügend: »Das Stück wird Ihnen viel Freude machen.«

Es nahm mich dann auch so sehr in Anspruch, dass ich den *Nathan* zunächst vergaß.

Nicht vergessen aber habe ich Dr. Müllers Anregungen, die er in Gesprächen ganz nebenbei gab: »Wer Kleist verstehen will, kann es unmöglich bei der *Hermannsschlacht* belassen.« Und: »Von Gerhart Hauptmann sollte man mehr gelesen haben als *Die versunkene Glocke* oder *Die Tochter der Kathedrale*.« Zweifellos meinte er damit dessen soziale Dramen, so wie er Remarque oder Renn nicht nennen konnte, wenn er den »Wanderer zwischen beiden Welten« von Walter Flex als das »nicht bedeutendste Buch über den Weltkrieg« bezeichnete. Doch einen Namen, den man nicht kennen durfte und mit dem ich nichts anfangen konnte, hatte ich schon einmal gehört: Ernst Toller. Er war in der Kantine des Schauspielhauses von einem Darsteller gefallen – mit dem Kommentar, dass dessen Stück *Hinkemann* Schund sei. Und ein anderer hatte hinzugefügt: »Gott sei Dank war mit dem ganzen Klüngel Toller, Wolf, Kaiser 1933 Schluss!«

Abermals wandte ich mich an Dr. Müller und bat um Auskunft. Ich sehe noch heute seinen schockierten Gesichtsausdruck vor mir. »Was Sie alles wissen wollen. Tja«, – ein Schmatz – »das waren Schriftsteller der Vergangenheit. Aber vielleicht werden die einmal wieder modern. Das kann man nie wissen. Auch Büchner ist erst nahezu sechzig Jahre nach seinem Tode entdeckt worden. Oder denken Sie an Grabbe.«

Ja, es gab, das wusste Dr. Müller zu vermitteln, wahrhaftig mehr zwischen Himmel und Erde, als sich die Schulweisheit träumen ließ. Doch das erkannte ich voller Dankbarkeit erst später.

Den Großen ganz nah

Ich gehörte also nun, abgesegnet durch einen verständnisvollen Lehrer, zur Komparserie des Staatsschauspiels, besaß eine entsprechende Legitimation, auf der die Teilnahme an den Vorstellungen zwecks Abrechnung bestätigt wurde, und durfte die Großen aus der Nähe erleben. Auch konnten wir Komparsen nach Genehmigung eines schriftlichen Antrags die Generalproben besuchen, wovon ich bei Nachmittagsunterricht regen Gebrauch machte.

Für den *Weißen Heiland* hatte Regisseur Victor Ahlers alle ersten männlichen Kräfte des Ensembles mit Ausnahme von Friedrich Lindner aufgeboten. Die beiden Antipoden: Montezuma, Kaiser von Mexiko, und Fernando Cortez, den spani-

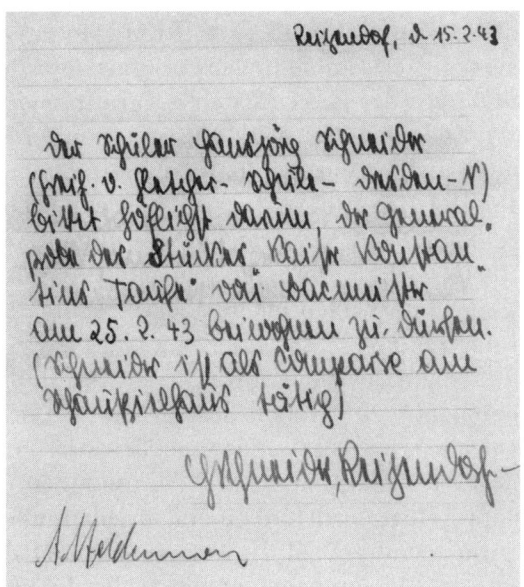

Erlaubnis
für den Besuch einer
Generalprobe

schen Feldherrn, spielten Erich Ponto und Paul Hoffmann und ließen den Abend zu einem Ereignis werden.

Das wurde er auch für mich, den Neuling, der erstmals als »Mitwirkender« und nicht als Zuschauer das Theater betrat und zwischen anderen seinen Platz in einer Bühnengarderobe fand. Ich wurde in das Kostüm eines spanischen Soldaten gesteckt, um den Tempel des Kriegsgottes Huitlipochtli zu stürmen und später auf Geheiß von Paul Hoffmann Alfons Mühlhofer als Kaisersohn Guatemotzin gefangen zu nehmen. Ich erlebte eine aufregende Premiere in Anwesenheit des greisen Dichters, der sich am Schluss auf der Bühne verbeugte, und konnte es nach der Vorstellung noch nicht fassen, dass ich dabei gewesen war. In den folgenden Aufführungen nahm ich jede Gelegenheit wahr, in der Gasse oder hinter der Bühne, sofern mich der Inspizient oder der Feuerwehrmann von da nicht vertrieben, etwas vom Spiel zu erhaschen.

Nach dem *Weißen Heiland* rutschte ich in die *Räuber*-Inszenierung von Rudolf Schröder. Heldenmeier dressierte uns auf der Probebühne, wo wir immer wieder lautstark »Ein freies Leben führen wir, ein Leben voller Wonne« von uns gaben, bis wir zur Vorstellung auf unseren Hauptmann losgelassen wurden. Heinz Klingenberg war Karl Moor, ein edler Räuber von großer Beredsamkeit, der die Libertiner mitzureißen verstand und nach der Pater-Szene die Vertrauensfrage an seine Bande: »Wer ist der erste, der seinen Hauptmann in der Not verlässt?« wohl nicht gebraucht hätte, um sich als Anführer zu legitimieren. Ich fand diesen szenischen Augenblick immer faszinierend und konnte Klingenbergs eindringliches Spiel – »hier werf' ich meinen Dolch weg« und »hier bind' ich meine rechte Hand an diesen Eichenbaum« – genau verfolgen, da ich zu seinen Füßen lag. Franz, die Kanaille, war Werner Hessenland mit einem furiosen Auftritt im fünften Akt. Er stürzte im Nachthemd mit einem Leuchter in der Hand auf die Empore im väterlichen Schloss und taumelte mit »Verraten! Verraten! Geister ausgespieen aus Gräbern« die Stufen zur Diele hinunter. Sein Selbstmord mit einem atemberaubenden Treppensturz wirkte damals, als die Schauspielkunst noch vorrangig aufs Rhetorische ausgerichtet war, sensationell.

Werner Hessenland
als Franz Moor:
»Verraten! Verraten!«

Dem Einstieg in die *Räuber* folgte meine Mitwirkung im *Schneider Wibbel* (als Trauergast) und *Fiesco* (als Maske auf Fiescos Fest und später als Bürger, der von Hoffmann die Tierfabel hörte). In *Schneider Wibbel* wurde ich Zeuge von Erich Pontos eiserner Disziplin. Von Schmerzen geplagt – er hatte Arthrose – schleppte er sich buchstäblich bis zur Ersten Gasse, drückte dem Feuerwehrmann die Krücken in die Hand und sprang wie ein Operettenbuffo auf die Bühne.

Besonders mochte ich die Vorstellung *Prinz Friedrich von Homburg*, da es hier einen kleinen Soloauftritt gab. Das zweite Bild – Befehlsausgabe von Feldmarschall Dörfling – wurde eingeleitet durch einige Diener – in Kniehosen, Rock mit Applikationen, Schnallenschuhen, Jabot und weißen Perücken –, die

41

artig Aufstellung nahmen, bevor sich die kurfürstliche Familie, Natalie, die Generalität und das Offizierskorps versammelten. Vor einem dieser Auftritte geschah es: Schon während des Umbaus war ich auf der Bühne und starrte, den Leuchter mit den brennenden Kerzen in der Hand, gebannt auf die Öffnung im Bühnenboden, aus der das zweite Bild nach oben fuhr, während gleichzeitig – was ich nicht bemerkte – Vorhänge aus dem Schnürboden herabgelassen wurden. Plötzlich riss mich jemand beiseite und fuhr mich an:»Sie Idiot, Sie – Entschuldigen Sie schon –, aber Sie stecken ja das Theater an!« Das war meine erste nähere Begegnung mit Alfons Mühlhofer.

Im *Homburg* erschien ich, wie bereits im *Weißen Heiland*, auch auf dem Programmzettel, freilich nicht namentlich, sondern verborgen hinter der Formulierung:»In den Massenszenen wirken Angehörige der Hitler-Jugend mit«, was nur zum Teil stimmte.

Von nun an lebte ich im Theater. Hatte ich keine Vorstellung, saß ich im Zuschauerraum, manchmal unbemerkt auch während einer Probe, zum Beispiel bei *Clavigos Erbe*. Mit dieser Komödie knüpfte der Autor Georg Döring an Goethes Stück an, dessen Kenntnis jedoch nicht unbedingt Voraussetzung ist. Die Geschichte spielt etwa fünf Jahre nach dem *Clavigo*. Don Karlos kommt mit Melitta, der Schwester Clavigos, nach Paris, um das Versprechen, das Beaumarchais dem tödlich verwundeten Clavigo gab, einzulösen. Der hatte sich auf dem Sterbebett mit Beaumarchais ausgesöhnt und ihm seine Besitzungen vermacht. Auch sollte seine im Kloster erzogene Schwester Melitta Beaumarchais' Frau werden. Andernfalls würde Beaumarchais Clavigos Güter und Vermögen verlieren. Karlos braucht nicht lange, um herauszufinden, dass sich Beaumarchais inzwischen Jeanette Levesque zugewandt hat und sich mit ihr zu verloben gedenkt. Ein Intrigenspiel auf einem Maskenfest beginnt, in dessen Verlauf Beaumarchais von Karlos gezwungen wird, einen ähnlichen Brief zu schreiben wie jener, den er – Beaumarchais – einst Clavigo abnötigte. Als alles unlösbar verwickelt erscheint, bringt Sophie Gilbert, die Schwester Beaumarchais', das Ganze wieder ins Lot. Beaumarchais kann seine Jeanette heiraten, da Melitta gar nichts an dem berühmten Dichter liegt und in Jeanettes Bruder einen sympathischeren Mann gefunden hat. Möglich, dass auch die verwitwete Sophie nicht leer ausgeht: Schließlich hat sie eine lange Rückreise nach Madrid mit Karlos vor sich.

Beeindruckt hat mich an dieser Ahlers-Inszenierung eine junge Schauspielerin aus Wien, die seit einem halben Jahr am Staatstheater spielte: Traute Richter. Zeitgleich mit ihr trat Erik Schumann sein erstes Engagement an. Beide waren nur wenig älter als achtzehn Jahre, und das allein machte mir Mut. Man musste also nicht erst ein bestimmtes Alter erreicht haben, um den ersten Schritt auf die Bühne zu wagen.

In die Proben geschlichen habe ich mich auch bei *Torso* von Eugen Linz. Diese Komödie brachte Oberspielleiter Karl Hans Böhm zur Uraufführung. Ein anderes Stück dieses mit Antonia Dietrich verheirateten Autors war bereits Mitte der dreißiger Jahre am Schauspielhaus aufgeführt worden. Sein *Spiel um Liebe* – so der Untertitel von *Torso* – war eine Theatergeschichte und handelte von einer Schauspielergesellschaft, die sich in einer Höhle trifft, um ungestört ein Stück proben zu können, das als Geburtstagsgeschenk für eine reiche Witwe gedacht ist. Während des Spiels um die Königstochter Virginia und die beiden Königssöhne verschüttet plötzlich ein Felssturz den Zugang zur Höhle. Panik bricht aus, da man sich rettungslos verloren glaubt, weil niemand von dem eigenartigen Probenort weiß. Dem Schauspieler, der den Poeten Torso spielt, gelingt es, die Truppe zu beruhigen und sie zur Weiterarbeit zu bewegen, bis Rettung kommt, wenngleich er zunächst selbst nicht weiß, auf welche Weise das geschehen könnte. Schließlich klettert er zu einer Öffnung im Deckengewölbe empor, ruft um Hilfe und stürzt ab. Scheinbar leblos bleibt er zum Entsetzen aller am Boden liegen, dann erhebt er sich und erklärt:

»Tot? ... Nein vergebt ... Ich bin nicht tot ...
Ich lebe ... denn alles war nur Spiel:
Das Glück der Liebe, der Liebe Not –
und dass ich von oben herunterfiel ...
Spiel war die Lust und Spiel die Gefahr –
ein Spiel, doch deshalb nicht minder wahr ...

Wir alle sind Mimen, ins Licht gestellt,
wir kommen und gehn, wie's Stichwort fällt ...
(zum Publikum)
Wer trägt keine Maske unter euch?!
Sei ich's allein, der bangend und bleich
den Schein abstreift? Wohlan – es geschehe!
(er reißt seine Perücke herunter und wirft sie von sich)
Hierin die Schrift von Wohl und Wehe!
Doch gebt nicht zu viel auf dies Gesicht,
es spiegelt sich reiner im Gedicht,
das eben ihr hörtet, sahet – erlittet,
und dessen Urheber um Milde euch bittet ...«

Diese Zeilen, oft auf der Probe gehört, sind bis heute in meinem Gedächtnis haften geblieben, auch die als raffiniert empfundene Machart des Stückes, das sich auf zwei Ebenen abspielt, deren Grenzen immer wieder verwischt und übersprungen werden. Es ist ein Spiel (die Probe im Felsverlies) und ein Spiel im Spiel (das probierte Stück um Virginia und die Königssöhne), und dieser Wechsel machte ein gut Teil der Spannung und Wirkung aus. Dazu eine Besetzung, die dem Abend zum Erfolg verhalf: voran Paul Hoffmann als Torso, daneben Antonia Dietrich, Manja Behrens, Lotte Gruner, Edna Vihrog, Ruth Wolfsperger und Traute Richter an der Seite der Herren Klingenberg, Hamel, Mühlhofer, Portloff und Kleinoschegg.

Es war eine der letzten Inszenierungen und Aufführungen, die ich im Schauspielhaus erlebte, bevor ich in Hitlers Krieg ziehen musste.

Im III. Rang

Ein Platz im III. Rang, erschwinglich und – wenn er in der Mitte lag – auch zuschauerfreundlich, wurde mein Zuhause nicht nur im Staatsschauspiel, sondern bald auch in anderen Dresdner Theatern. Neben dem Central-Theater in der Waisenhausstraße, in dem ich die ersten Operetten sah, und dem Komödienhaus in der Reitbahnstraße, das zwar keine drei Ränge hatte, sondern »nur« eine Empore, die ich aber als Rang ansah, galt mein Interesse vorrangig dem Theater des Volkes, wo es Schauspiel und Operette gab, bis sich 1941 auch die Oper dazugesellte. Ich erinnere mich in diesem Hause noch an ein Ski-Lustspiel von Kurt Bortfeld: *Trockenkursus*, in dem eine von sich überzeugte junge Dame an einen Skilehrer gerät, der sie von ihrem hohen Ross herunterholt, und an die Operette *Die Perle von Tokay* von Fred Raymond, die am Albertplatz zur Uraufführung kam. Beeindruckt haben mich auch *Die Karlsschüler*, ein Stück um den jungen Schiller von Heinrich Laube, das die Entstehung der *Räuber* zum Inhalt hat und mit der Flucht des Dichters aus Stuttgart endet. – Vergnüglich war Smetanas *Die verkaufte Braut*, deren Inszenierung (Fred Schroer) wie aus einer Spielzeugschachtel daherkam; allerlei Schnitzwerk schien wie auf einen Weihnachtstisch ausgeschüttet: Häuser, Stuben, Bäume und Blumen, Männlein und Weiblein und allerlei Getier. Als die Drehbühne stillstand, belebten sich die starren Gestalten, und das Spiel um Hans (Werner Liebing) und Marie (Ljuba Welitsch) begann.

Die Drehbühne war auch Albert Fischel (seit 1942 Oberspielleiter am Haus) bei *Was Ihr wollt* von Shakespeare unentbehrlich. Alle Spielorte hatte Bühnenbildner Reuther darauf untergebracht: den Palast des Herzogs auf einer Seite, Zimmer und Garten der Gräfin auf der gegenüberliegenden, und dazwischen waren die Nebenschauplätze Küste bzw. Straße angeordnet. Das Spiel – angereichert durch die Musik von Engelbert Humperdinck – lief so ohne Unterbrechung durch Umbaupausen ab. Erika Dannhoff, seit 1942 im Ensemble, war eine bezaubernde Viola, und Albert Fischel stellte sich mit dem Narren auch als Darsteller vor. Die beiden Junker Rülp und Bleichenwang wurden von Rudolf Fleck und Kurt Wildersinn gespielt. (Sie verkörperten diese Rollen auch 1949 in der Inszenierung des Stückes an der Deutschen Volksbühne Dresden.)

Eine Ausgrabung wie die *Karlsschüler* war *Katte*, ein Schauspiel von Hermann Burte, das den Opfertod des Titelhelden für seinen Freund, den späteren Preußenkönig Friedrich II., behandelt. 1914 im Dresdner Schauspielhaus, das damals noch

Hoftheater war, uraufgeführt, kehrte es dreißig Jahre später in die Elbestadt zurück. Der Programmzettel – längst wurden keine Programmhefte mehr gedruckt – gibt die Begründung: »Der persönliche Sinn des Einzelnen steht ausschließlich unter dem Gesetz der Gemeinschaft; an diesem Gesetz entscheidet sich der Wert oder Unwert des Einzelnen für sein Volk.« Man schrieb das Jahr 1944, als das Stück – inszeniert von Albert Fischel mit Wolf Goette in der Titelrolle – im Spielplan erschien. Die Zeichen der Zeit standen auf Endkampf und Opferbereitschaft bis zum Letzten.

Natürlich nahm ich einen Platz im III. Rang nicht nur bei Schauspielaufführungen in Anspruch. Dazu hatte ich zu viele Defizite im musikalischen Theater, die ich im Theater des Volkes und im Central-Theater auszugleichen suchte. Am Albertplatz orientierte ich mich an den Komponisten und am Regisseur. Stand hinter Inszenierung der Name Georg Wörtge, konnte man unterhaltsamer Stunden sicher sein, ganz gleich, ob *Clivia* gegeben wurde oder *Maske in Blau* oder irgendeine Neuheit.

Erstaunlich war die Vielseitigkeit mancher Darsteller, die beide Genres – Operette und Schauspiel, teilweise sogar Oper – bedienten, und das nicht nur notdürftig. Fee von Reichlin war in der klassischen wie der modernen Operette zu Hause und behauptete sich auch im Staatsschauspiel. Pepi Schröger, der Buffo, stand ihr in nichts nach, so wenig wie Ilse Kluge, die Julischka aus Budapest, die auch die Probiermamsell in *Wiener Blut* gab und sich in dem musikalischen Lustspiel *Wollen Sie meine Frau werden?* mit dem attraktiven Otto Falvay amüsante Wortgefechte lieferte. Begleitet wurde diese Liebeslektion an zwei Flügeln, die ins Spiel einbezogen waren und auf die man vom III. Rang aus eine gute Draufsicht hatte. Albert Fischel war in diesem Falle, wie auch bei *Wiener Blut*, der Regisseur, der Opernspielleiter Fred Schroer stand andererseits als Herzog in *Was Ihr wollt* auf der Bühne.

Im Theater des Volkes lief der III. Rang – wie der I. und der II. – um den Zuschauerraum herum und mündete in Proszeniumslogen. Im Central-Theater war er nur in der Mitte über dem II. Rang angeordnet, ohne nach rechts oder links auszuschwingen. (Mich erinnerte er immer an den V. Rang, den »Topp«, im Opernhaus.) In diesem Operettentheater mit seiner imposanten Vorderfront und seiner zartgrünen Farbtönung im Innern, gab es wie im Theater des Volkes Protagonisten, derentwegen sich das Publikum an der Kasse drängte: der Tenor Hugo Ernst Rucker, die Buffos Heinz Schlüter und Hans Hansen, der Komiker Rudi Schiemann und die Sängerin Madeleine Lohse. Auch Operetten-Novitäten – meist aus Berlin – lockten die Zuschauer in die Waisenhausstraße: *Die oder keine* und *Hochzeitsnacht im Paradies* gehörten dazu. Und natürlich Gäste: In *Hochzeitsnacht im Paradies* sorgte Johannes Heesters für volle Häuser. Doch gleichgültig ob er sang oder die Hausbesetzung: Im Central-Theater kam vor der Ouvertüre erst einmal Kinoreklame. Und während für Waschmittel geworben und auf die nächste Inszenierung des Hauses hingewiesen wurde, hatte auch der letzte Besucher seinen Platz eingenommen. Dann verloschen die zweihundertfünfzig Kerzen des Kronleuchters, der Dirigent erschien, angestrahlt von mehreren Scheinwerfern, so dass sein weißer Smoking (falls er ihn trug) besonders hervorstach. Zauberwelt Operette – was wäre sie ohne dieses Drumherum gewesen, das uns in diesem Hause immer wieder begegnete.

Ganz anders die Komödie: Da ging es fast spartanisch zu. Ein Gong, ein sich verdunkelnder Zuschauerraum und dann Vorhang auf für Stücke wie *Die Stunde mit Alexa* (eine Uraufführung), *Oh, diese Kinder*, eine italienische Kreation, oder *Millionenbluff*, ein Stück des Komödienverfassers Heinz Coubier, der die Handlung nach Paris verlegt hatte. Doch wo immer die Geschichten spielten, das versierte Ensemble wusste sein Publikum auch in Stücken zu überzeugen, die nicht zum typischen Repertoire der Bühne gehörten wie Max Halbes *Jugend*, ein damals immer wieder gegebenes Liebesdrama, das den Krieg überlebte und bis in die fünfziger Jahre in Spielplänen auftauchte, nicht zuletzt wegen seiner dankbaren, wirkungsvollen Rollen für junge Darsteller.

Und das Komödienhaus blieb auch aus einem anderen Grunde für mich eine wichtige Adresse: Hier fanden – vorzugsweise im Winterhalbjahr – Lesungen und Vortragsabende statt.

Sonntag, den 16. November
nachmittags 4 Uhr:

Wiederholung des Vortrags-Nachmittag

STAATSSCHAUSPIELER

ERICH PONTO

liest

„Matthias Claudius"

Sonntag, den 23. November
nachmittags 4 Uhr:

Einmaliger Vortrags-Nachmittag

STAATSSCHAUSPIELER

PAUL HOFFMANN

„Ewiges Vermächtnis"

Dresden war damals reich an Veranstaltungen dieser Art – ob
im Künstlerhaus, in der Harmonie, der Kaufmannschaft oder
eben in der Komödie. Regelmäßig stellten Dresdner Künstler
ihre Programme vor, unter denen die Auswahl schwer fiel:
Erich Ponto las Matthias Claudius, Wilhelm Busch, Jean Paul
(mit dem vergnügten Schulmeisterlein Wuz) und Goethes »Rei-
neke Fuchs«, Paul Hoffmann brachte Texte von Dichtern über
das Theater, einen Hölderlin-Abend und »Weisheit aus Nekro-
logen«, Helene Jedermann sprach Rainer Maria Rilke, Rudolf
Horn Homer, Bruno Decarli Conrad Ferdinand Meyer (mit dem
»Amulett« im Zentrum), Horst B. von Smelding »Meisterballa-
den« und Antonia Dietrich Goethe. Auch solche Veranstaltungen machten mir das Komödienhaus lieb und wert.

48

Talentprobe

Mit sechzehn Jahren war ich mir klar darüber, dass ich zum Theater gehen wollte, doch ob ich genügend Talent hatte, konnten Klassenkameraden und Freunde nicht entscheiden, auch wenn sie mir nach einer Schüleraufführung von Lessings *Die alte Jungfer* lebhaft zuredeten. Ich brauchte ein Fachurteil.

In unserem Nachbarort wohnte der Schauspieler Albert Willi, der schon viele Jahre am Albert-Theater spielte und den ich mehrfach auf der Bühne gesehen hatte. Klein von Statur, fiel er vor allem durch seinen Charakterkopf mit den weißen Haaren auf. Sonst wirkte er eher unauffällig in seiner Alltagskleidung. Bei seiner Frau hatte ich Klavierunterricht. Ihr Vater, so hieß es, sei der Hofschauspieler Dettmer gewesen, dessen Name mir nichts sagte, dessen Titel mir aber Respekt einflößte. Frau Willi war größer als ihr Mann, von schlanker Gestalt und mit einem Zug zum Naturverbundenen. Bis in den Herbst hinein ging sie in Sandalen – Jesuslatschen, wie wir sagten – und trug weder Strümpfe noch Söckchen. Ich fror schon, wenn ich ihre unbekleideten Füße sah. Streng war sie als Lehrerin nicht, aber genau. (Ach, wäre sie auch streng gewesen!) Sie kam ins Haus,

Albert Willi

doch ein paar Mal musste ich auch zu ihr nach Schönfeld zum Unterricht. Das Häuschen auf der Mittelstraße war für die drei dort wohnenden Menschen ziemlich klein. Die jüngere Tochter, Bibliothekarin von Beruf, wohnte daheim, die ältere, Ruth Willi, war Schauspielerin und damals, wenn ich mich recht erinnere, im Engagement in Magdeburg. Manchmal hörte ich Albert Willi in einem der oberen Räume den Text memorieren. Frau Willi zu fragen, ob ich ihrem Mann einmal vorsprechen dürfe, traute ich mich nicht, um keinen Argwohn aufkommen zu lassen, dass ich womöglich vom Klavierspiel abspringen wolle, denn für eine Ausbildung in beiden Richtungen hätte das Geld nicht gereicht. So weit konnte Frau Willi die finanzielle Situation meiner Eltern einschätzen. Also nahm ich mir vor, mich an ihn selbst zu wenden.

Albert Willi fuhr, solange es die Witterungsverhältnisse gestatteten, bis Bühlau mit dem Rad und stellte es an der Endhaltestelle der Linie 11 bei der Bäckerei Schnöder ab. Dann fuhr er mit der Straßenbahn bis zum Albertplatz. Das war auch mein Weg, nur dass ich früher aussteigen musste als er. Eines Tages wollte es der Zufall, dass er in der Bahn saß, in die ich in Richtung Bühlau zustieg. Das war meine Chance. Als er in Bühlau sein Rad holte und ich das meine, fasste ich mir ein Herz. »Entschuldigen Sie bitte, Herr Willi, dass ich Sie anspreche ...« Er stutzte, seine Augen fixierten mich. »Sie kennen mich?« Sein Erstaunen war sicher gespielt, denn ich war ihm vor oder nach dem Klavierunterricht in seinem Schönfelder Häuschen wiederholt begegnet. Ich trug ihm mein Anliegen vor: Ich wolle Schauspieler werden, lege aber auf sein Urteil großen Wert, ob ich hinlänglich begabt sei. Er hörte sich meine unter Herzklopfen vorgebrachten Argumente geduldig an, dann fragte er fast unvermittelt: »Wollen Sie mich ein Stück begleiten? Ich wohne in Schönfeld.«

»Ich habe den gleichen Weg«, sprudelte ich – glücklich darüber, nicht abgewiesen worden zu sein – hervor. Wir überquerten die Bautzner Landstraße, und während wir die Quorener Straße hinauf das Rad schoben, musste ich ihm von mir erzählen, von der Schule, ob ich schon einmal im Theater gewesen sei und was ich da gesehen hätte.

Die Antworten schienen zu seiner Zufriedenheit ausgefallen zu sein, denn als wir auf der Anhöhe, wo es nach Rochwitz geht, wieder aufs Rad stiegen, fragte er: »Was haben Sie denn zum Vorsprechen vorbereitet?«

»Den Geßler«, sagte ich stolz.

»Soso, den Geßler.« Und nach einer kurzen Pause: »Na, dann fangen Sie mal an.«

»Was, hier?«

»Ja, warum denn nicht? Der Geßler kommt bei Schiller zu Pferde, und Sie kommen auf einem Stahlross. Also.«

Nachdem ich mich wiedergefunden hatte, legte ich, während ich kräftig in die Pedale trat, los: »Treibt sie auseinander! Was läuft das Volk zusammen? Wer ruft Hilfe …« Ein vorbeifahrendes Pferdefuhrwerk, dessen Kutscher mich entgeistert anstarrte, wie ich wild gestikulierend durch die Lande fuhr, konnte mich so wenig aus der Fassung bringen wie über mich kichernde Schulkinder, die mir entgegenkamen. Bei: »Du bist ein Meister auf der Armbrust, Tell«, hatten wir Gönsdorf erreicht. Den Berg nach Cunnersdorf hinab musste ich abbremsen, um neben ihm zu bleiben. »Nun, Tell, weil du den Apfel triffst vom Baume auf hundert Schritte, so wirst du deine Kunst vor mir bewähren müssen …« Ich agierte mit Händen und Füßen und spielte mir die Seele aus dem Leib. Mal war Albert Willi hinter mir, mal trug der Gegenwind den Ton davon, mal war ich irritiert, weil ein Auto kam. Am Ortseingang von Cunnersdorf hatte ich mit »Hier gilt es, Schütze, deine Kunst zu zeigen, das Ziel ist würdig und der Preis ist groß!« die Prozedur hinter mich gebracht. Wir durchfuhren den Ort, er schwieg. Immer wieder beäugte ich ihn und wartete auf das erlösende Wort. In Schönfeld, bevor die Mittelstraße rechts abzweigte, hielt er an. »Sie haben sich Mühe gegeben, keine Frage, aber ich glaube nicht, dass Ihr Talent ausreicht.« Ich empfand seine Worte als Todesurteil. Durchgefallen, unbegabt. Ein geschlagener Geßler trabte mit seinem Stahlross heim ins Schönfelder Hochland.

Doch ich gab nicht auf. Seit geraumer Zeit in der Statisterie des Staatstheaters beschäftigt, nahm ich erneut Anlauf zu einer Prüfung. Kein geringerer als Erich Ponto sollte mit seinem

Urteil über mein Wohl und Wehe entscheiden. Nach einer Vorstellung des *Weißen Heiland* sprach ich ihn vor seiner Garderobe an. Er schien weder überrascht noch erstaunt, denn ganz sicher war ich nicht der erste Komparse, der sich an ihn wandte, weil er die Schauspielerei zu seinem Beruf machen wollte. Es ging dann auch alles ziemlich schnell: Er nannte einen Termin, seine Adresse und fügte hinzu, dass ich pünktlich sein solle.

Von diesem Augenblick an bis zu dem Moment, als ich Tage später auf der Wiener Straße 31 im ersten Stock bei Ponto klingelte, stand ich gewissermaßen »unter Strom«, und mein Lampenfieber legte sich erst, als ich ihm einige Fragen beantwortet hatte.

»Sie sind noch Schüler?«

»Ja.«

»Und wollen Schauspieler werden?«

»Ja.«

Eine Pause, ausgefüllt mit einem prüfenden Blick. »So, na dann legen Sie mal los.«

»Ich dachte zuerst Franz Moor – «

»Bitte.« Er setzte sich in einen Sessel, schlug die Beine übereinander und ließ mich »loslegen«. Mit Herzklopfen und zugeschnürter Kehle gab ich von mir: »Verraten! Verraten! Geister ausgespeien aus Gräbern, losgerüttelt das Totenreich aus dem ewigen Schlaf brüllt wider mich: Mörder! Mörder!«

»Danke«, unterbrach er mich. »Da höre ich Hessenland.« (Der spielte die Rolle am Staatstheater.) Und abermals nach einer Pause: »Was haben Sie noch?«

»Den Geßler.«

»Aber nein«, wehrte er ab, »eine Rolle, die zu Ihrem Alter passt.«

»Den Jacob im *Strom*.«

»Na, also, bitte.« Wieder lehnte er sich zurück und ließ mich gewähren.

»Weißt du, was mir passiert ist? Ganz was Einfaches. Und doch was ganz Großes ist mir passiert. Ich hab' ein Zeichen bekommen. Ja, ein Zeichen von oben! Von den Sternen. Hör zu, ich bin aus'm Haus gelaufen, über Feld, immer gradaus ...«

Erich Ponto

Die Unterbrechung erfolgte nicht so rasch wie beim Franz
Moor, doch sie erfolgte. »Da steckt ein bisschen Hamel drin.«
(Peter Hamel alternierte mit Erik Schumann in diesem Part.)
    »Aber vielleicht –« Er stand auf, ging durchs Zimmer, blieb
stehen und fragte unvermittelt: »Kennen Sie Lyrik?«
    Ich stotterte: »Ja.«
    »Was?«, kam sofort zurück.
    »Goethe, Mörike, Eichendorff, Claudius –«
    »Den kennen Sie auch? Und was von ihm?«
    Mir fiel in der Aufregung nichts Bestimmtes ein, und so
klammerte ich mich an Pontos letzten Vortragsabend, der unter
anderem das Abendlied enthielt. »Das Abendlied.«
    Er stutzte, überlegte eine Weile, ging dann zu einem Bü-
cherbord, zog ein Buch heraus, blätterte darin und schlug es
auf. »Hier ist es.« Er gab es mir. »Sehen Sie sich das in Ruhe an
und versuchen Sie, das Gedicht zu verstehen. Ich lasse Sie jetzt
allein.« Damit wandte er sich ab und ging hinaus.

Mir drehte sich alles. Dass ich nicht genügt hatte, war mir klar, aber was sollte jetzt dieser Exkurs? Natürlich wusste ich, was im Abendlied geschildert wird. Ich hätte das Gedicht bis auf wenige Textunsicherheiten sogar aufsagen können. Doch als ich es mehrfach durchgelesen und memoriert hatte, denn ich glaubte, dass Erich Ponto meine Lernfähigkeit, meine Textauffassungsgabe prüfen wolle, fielen mir seine Äußerungen »Da höre ich Hessenland« und »Da steckt ein bisschen Hamel drin« wieder ein, und ich versuchte meine Gedanken zu ordnen. Da kam er, den Kopf zur Seite geneigt, wieder ins Zimmer und fragte, während er die Hände auf den Rücken legte und mich anschaute: »Nun, haben Sie sich vertraut gemacht mit dem, was hier beschrieben ist?«

»Ich glaube schon.«

Auch das kann nicht übermäßig überzeugend geklungen haben, denn er erwiderte: »Wollen sehen. Fangen Sie an.« Er setzte sich, stützte den Kopf in die Hand, und ich begann:

»Der Mond ist aufgegangen,
Die goldnen Sternlein prangen
Am Himmel hell und klar;
Der Wald steht schwarz und schweiget,
Und aus den Wiesen steiget
Der weiße Nebel wunderbar.«

Ponto unterbrach. »Den Mond und die Sterne habe ich gesehen, aber den Wald nicht.« Und zu meiner großen Verwunderung fragte er: »Haben Sie ihn gesehen?«

Ich war so verblüfft, dass ich nur mit einem hastigen »Nein« antworten konnte, worauf er – fast begütigend – erwiderte: »Das dachte ich mir. Deshalb habe ich ihn auch nicht gesehen. Versuchen Sie es noch einmal.«

»Der Mond ist aufgegangen,
Die goldnen Sternlein prangen
am Himmel hell und klar ...«

Abermalige Unterbrechung: »Warum machen Sie nach ›prangen‹ eine Pause?« Keine Antwort. »Der Gedanke läuft doch weiter. Wo prangen die Sternlein?«

»Am Himmel«, antwortete ich wie in der Schule.

»Und wie?«

»Hell und klar.«

»Also, das gehört zusammen, ist ein Gedanke. Und dann kommt ein neuer –«

»Der Wald.«

»Richtig. Der Dichter wendet seinen Blick nun seiner Umgebung zu, und das ist der Wald. Und der steht schwarz. Und wissen Sie warum?«

Warum? »Weil es Nacht ist.«

»Natürlich, und er schweiget; verstehen Sie?« Keine Antwort.

»Nachts geht selten ein Wind. Und aus den Wiesen steiget der weiße Nebel – aber wie?«

»Wunderbar.«

»Haben Sie die Strophe nun verstanden? Dann noch einmal.«

»Der Mond ist aufgegangen,
Die goldnen Sternlein prangen
Am Himmel hell und klar ...«

»Ordentlich gesprochen, aber nicht gefühlt. Sie müssen sich mehr Zeit lassen. Der Tag ist zu Ende, mit aller Müh und Plage, der Abend kommt und das bedeutet in der Natur: Ruhe. Also –«

»Der Mond ist aufgegangen,
Die goldnen Sternlein prangen
Am Himmel hell und klar;
Der Wald steht schwarz und schweiget ...«

»Halt«, unterbrach Ponto, »diese Strophe fällt, wie Sie sie jetzt gesprochen haben, in zwei Teile, in den Himmel mit dem Mond und in die Stimmung auf der Erde mit dem Wald. Sie ist aber ein Ganzes, und das muss gewahrt bleiben, auch wenn sich der Blickwinkel des Dichters verändert. Also bitte, noch einmal.«

Ich weiß nicht, wie lange wir an dieser Strophe und den folgenden gearbeitet haben. Das Exerzitium endete jedenfalls damit, dass ich wiederkommen durfte – diesmal mit dem auswendig gelernten Abendlied und mit einer Rolle meines Alters. Ponto schlug den Bellmaus aus den *Journalisten* vor. »Nächsten Dienstag – Moment«, damit ging er zu seinem Schreibtisch, auf dem Papiere lagen, in denen er nachschaute. »Ja. Dienstag, 15 Uhr, pünktlich. Und denken Sie an die Stimmung im ›Abendlied‹.«

Verwirrt, beglückt verabschiedete ich mich und beschäftigte mich die folgenden Tage nur mit den goldenen Sternlein, dem schweigenden Wald, der stillen Welt und dem guten Nachbarn und versuchte, meinen eigenen Zugang zu dem Gedicht zu finden, indem ich Nachhilfeunterricht nahm: Bei Eintritt der Dunkelheit machte ich mich auf den Weg zum Borsberg, wo man Himmel und Sterne sehen und den Wald – schwarz und schweigend – erleben konnte. Und ich beschäftigte mich mit den *Journalisten*. Die Aufführung im Schauspielhaus kannte ich, ich hatte sie mehrfach gesehen. Ponto spielte den Piepenbrink, Paul Hoffmann den Bolz, und Peter Hamel – wer sonst? – war Bellmaus. Aber ich wollte, während ich Stück und Bellmaus-Szenen wieder und wieder las, vergessen, wie er was gemacht hatte, um mir nicht noch einmal eine Anlehnung bescheinigen zu lassen.

Pontos Urteil war knapp, aber stets zutreffend. Es schwankte zwischen »ganz ordentlich« und »schlecht«, und je nachdem verließ ich beglückt oder verzweifelt den Unterricht.

Nachbemerkung:
Staatsschauspielerin Edith Heerdegen äußerte einmal in einem Gespräch mit Claus Peymann und Hermann Beil: »Früher hatte Ponto viele Schüler gehabt. Übrigens sind sie alle nichts geworden außer Viktor de Kowa. Weil das alles so Nachahmer von ihm waren.«

Dresdner Bühnenkünstler im Film

Wir waren eine Clique von vier oder fünf Mann und hatten einen Narren am Kino gefressen. Wann immer Freizeit, Taschengeld und das cineastische Angebot es zuließen, fand man uns in einem der Lichtspielhäuser der Innenstadt, wobei schon bald das UT auf der Waisenhausstraße zu unserem Stammkino avancierte. Wir studierten die Filminserate in den Tageszeitungen (bis zum Kriegsausbruch nahmen sie oft eine halbe bis ganze Seite ein), wir wussten, wann die einzelnen Lichtspielhäuser Programmwechsel hatten, wie der neue Film hieß, wer mitspielte und ob er für unsere Altersgruppe zugelassen war. In Erfahrung brachten wir auch Uraufführungen, die den Auftritt von Leinwandgrößen versprachen. Bei nicht jugendfreien Filmen sahen wir uns wenigstens die Fotos an und erwarben ein Programmheft – Filmkurier geheißen –, um zu wissen, was in dem Film passierte. Auf diese Weise wurde Kino für uns zu einem außerschulischen Unterrichtsfach.

Vor allem durfte uns kein Streifen entgehen, in dem ein Dresdner Schauspieler mitwirkte. Lokalpatrioten, die wir waren, hielten wir auf den Besetzungszetteln danach Ausschau. Traf man einen von der Clique, denn nicht immer gingen wir alle zusammen ins Kino, lautete die Frage nicht: »Warst du schon im *Feuerteufel*?« oder »Warst du schon in dem neuen Luis-Trenker-Film?« Nein, es hieß: »Hast du schon den Ponto im *Feuerteufel* gesehen?« Er spielte in einer Episode Kaiser Napoleon. Eine Nebenrolle wurde so zur Hauptsache, weil es uns mit Stolz erfüllte, dass ein Dresdner Schauspieler zu den Mitwirkenden gehörte. Dresden war ja keine Filmstadt wie Berlin oder München, wo auf ortsansässige Darsteller zurückgegriffen werden konnte. Ein Darsteller aus Dresden wurde »geholt«; dieser Aufwand erhöhte in unseren Augen seine Bedeutung.

Dabei gab es gar nicht so viele Dresdner Schauspieler mit Atelier-Erfahrungen. Bruno Decarli, eine Säule des Ensembles, der vor Dresden in Berlin gespielt und gefilmt hatte, gehörte dazu und war in dem Zarah-Leander-Film *Das Herz der Königin* zu sehen. Herbert Dirmoser war Partner und Gegenspieler von Luis Trenker in dessen Film über die Besteigung des Matterhorns *Der Berg ruft*, und Gothart Portloff gab einen Fliegeroffizier in *Stukas*. Doch dafür konnten wir das Taschengeld sparen. Kriegs- und Propagandafilme sahen wir kostenlos sonnabends in der Schauburg durch Schule und Hitlerjugend, und manchmal zweigten die Lehrer – zu unserem Leidwesen – von einem solchen Besuch auch ein Aufsatzthema ab.

Der meistbeschäftigte Dresdner Schauspieler im Film war Erich Ponto, gefolgt von einem Darsteller, der 1940 ans Staatstheater kam, aber bereits ein Renommee als Filmschauspieler mitbrachte: Carl Günther. Er hatte mit Sybille Schmitz, Zarah

Leander, Heinz Rühmann und anderen Großen vor der Kamera gestanden; nun waren es zwei Filme, die wir uns seinetwegen nicht nur ein Mal ansahen: *Ein Mann mit Grundsätzen*, eine amüsante Liebesgeschichte mit Elfie Mayerhofer, Hans Söhnker, Ursula Herking und Ernst Waldow, und Helmut Käutners *Romanze in Moll*, in dem Günther den Juwelier spielte, der sich dem Publikum mit dem Satz einprägte: »Man ist galant, man macht Präsente.«

Paul Hoffmann, Mitte der dreißiger Jahre zum Film geholt, wirkte bis Kriegsende in etwa fünfzehn Streifen mit. Mal war er Aristokrat, so als Fürst Metternich in *Fanny Elßner* oder in den *Bismarck*-Filmen, mal weltfremder Wissenschaftler (*Meine Freundin Barbara*), mal ein Krimineller (*Gleisdreieck*). Am ehesten konnte er seine Qualitäten als geschäftstüchtiger Spekulant in Arthur Maria Rabenalts *Leichte Muse* zeigen. Dieses Filmdenkmal für den Berliner Komponisten Walter Kollo brachte auch eine Wiederbegegnung mit Erich Ponto. Hoffmann ist in diesem biografisch angelegten Streifen Direktor einer Wohnungs- und Verwertungsgesellschaft, der Immobilien kauft und verkauft und den jungen Komponisten (Willy Fritsch) lanciert, ihn aber nach dessen Avancement zum Theaterdirektor – deutlich gemacht durch einen Wohnungswechsel vom Osten Berlins in den prosperierenden Westteil – und einer privaten Affäre ebenso rasch wieder fallen lässt. Hoffmann spielte einen cleveren Neureichen und Parvenü, der auf kaltschnäuzige Weise dem Komponisten begreiflich macht, von wem seine Kunst eigentlich abhängt.

Wir begeisterten jungen Cineasten sind nicht nur einmal in *Leichte Muse* gegangen. Der Film vermittelte Unbeschwertheit durch bekannte Melodien wie »Untern Linden, untern Linden«, »Pauline geht tanzen«, »Immer an der Wand lang« und jenes Lied, das dem Film den Untertitel gab: »Was eine Frau im Frühling träumt«.

Und es war noch ein Film, den wir uns wiederholt ansahen, schon weil er mit Dresden zu tun hatte. Er spielte im Zirkusmilieu und war im Sarrasani gedreht worden, es gab Sequenzen von einer Radtour an der Elbe entlang, man sah Moritzburg. Drei Dresdner Schauspieler wirkten darin mit: Paul Hoffmann,

Carl Günther und Heinz Klingenberg. *Die große Nummer* kam 1943 in die Kinos, inszeniert hatte Karl Anton. Hoffmann spielte einen Zirkusdirektor, der seine Frau durch einen Unglücksfall in der Manege verloren hatte und seiner Tochter (Leny Marenbach) untersagt, jemals beruflich in die Fußstapfen der Mutter zu treten und zum Zirkus zu gehen. Sie aber weiß, dass nur dort ihr Platz ist, und so wechselt sie mit einem jungen Dompteur (Rudolf Prack) zu einem anderen Zirkusunternehmen, dessen Direktor (Carl Günther) an der Löwennummer, die beide aufbauen wollen, interessiert ist, denn sie verspricht eine Sensation zu werden. Mit fertigem Programm zieht der Zirkus zum Gastspiel nach Dresden (unvergesslich der Zug des Unternehmens über die Augustusbrücke), wo Leny Marenbach im Löwenkäfig ihre große Nummer vorführt und damit ihren Vater versöhnt. Neben den beiden Direktoren spielte noch ein Tierarzt (Heinz Klingenberg) eine Rolle, der einem Löwenbaby gesundheitlich auf die Beine hilft und seine Neigung zu der jungen, mutigen Artistin nicht verbergen kann. Im Spektrum der großen Zirkus- und Artistenfilme – von Harry Piels *Menschen, Tiere, Sensationen* über *Die drei Codonas* bis zu Rabenalts *Zirkus Renz* verliert sich *Die große Nummer* etwas, doch wir liebten diesen Film, denn er verbreitete »Heimatluft«.

Den Namen Julia Serda hatten wir wiederholt in manchem Vorspann gelesen, ohne Näheres von ihr zu wissen. Meist spielte sie Anstandsdamen, gut situierte Tanten und ältere Ratgeberinnen von jungen, in Konflikt geratenen Menschen. Es hieß, sie sei an keinem Theater mehr tätig, wohne aber in Dresden und erteile privaten Schauspielunterricht. Auf der Leinwand zu sehen war sie in Zarah-Leander-Filmen (*La Habanera*, *Die große Liebe*), sie spielte mit Paula Wessely und Adolf Wohlbrück (*Maskerade*), Sybille Schmitz (*Abschiedswalzer*, *Clarissa*) und mit Hans Moser (*Der Herr im Haus*).

Musikdirektor im Schauspielhaus war seit der Spielzeit 1934/35 Bernhard Eichhorn. Von ihm stammten viele Kompositionen zu Abendstücken und Weihnachtsmärchen. Ende der dreißiger Jahre registrierten wir seinen Namen auch im Film. Er schrieb die Musik zu *Kleider machen Leute* nach Gottfried Keller und *Anuschka* mit Hilde Krahl, beide inszeniert von Helmut Käutner. Auch einen damals sehr erfolgreichen Krimi, *Dr. Crippen an Bord* mit Rudolf Fernau, stattete er musikalisch aus.

Doch wen auch immer es aus Dresden zum Film verschlug, Pontos Verpflichtungen blieben konkurrenzlos. Und das nicht nur quantitativ. Man müsste schon lange suchen, um ihn in einer wenig überzeugenden oder gar missglückten Rolle zu finden. Mitunter waren die Filme belanglos, seine Leistung nie. Ponto, der Episodenspieler, der schon damals – und nicht nur in unserer blinden Verehrung – zu den »Großen« zählte, hat uns immer wieder ins Kino gelockt. Wohl an die dreißig Filme waren es von 1939 bis Kriegsende, in denen er mitwirkte, und zwanzig davon haben wir bis zu unserer Einberufung bestimmt – und wiederholt – gesehen. In einem Flohkino in der Neustadt, wo man es mit der Alterskontrolle nicht so genau nahm, gab es *Hallo Janine*, einen Revuefilm mit Marika Rökk, Johannes Heesters und Rudi Godden. Ponto spielte darin den Chef eines Musikverlages, der auf einen jungen Komponisten aufmerksam gemacht wird. Seine Darstellung, wie er bei der Bekanntschaft mit dessen Musik langsam auftaut, wie ihm der Rhythmus eines Schlagers buchstäblich in die Beine fährt, was ihm strafende Blicke von seiner strengen, zugeknöpften Gemahlin einbringt, war ein kleines Kabinettstück. Als Schneider Wibbel, eine von Pontos Paraderollen, sahen wir ihn in einem Lichtspieltheater außerhalb von Dresden, wo der Film noch nicht »durch« war. Viktor de Kowa, sein Schüler, der uns natürlich auch als Darsteller ins Kino zog, hatte in diesem Streifen mit Fita Benkhoff als Wibbelin erstmals Regie geführt. Von den Filmrollen, die Ponto bis 1943 gespielt hat, sind mir außerdem im Gedächtnis geblieben: der verschmitzte Puppenspieler Christoffel (*Kleider machen Leute*), der von sich behaupten kann: »Die Kinder haben mich gern; die Kinder sehen ins Herz«, der Napoleon in dem erwähnten *Feuerteufel* von Luis Trenker, der Wirt in der Verfilmung von Lessings *Minna von Barnhelm* (auch eine Glanzrolle Pontos auf der Bühne), der Geheimrat Kluge in Liebeneiners *Das andere Ich* mit Hilde Krahl und der angetrunkene Fabrikant Siebel, der das Großstadtleben kennen lernen will und bei einer Party im Hause eines berühmten Schauspielers (Heinrich George) landet (*Der große Schatten*). Weiterhin der feinnervige Leiter der Berliner Sing-Akademie Palitsch, der geschäftstüchtige Direktor Schmitz (*Die Nacht in Venedig*) mit Paul Henckels als Kontrahenten, und natürlich der Adolph Menzel in *Die beiden Schwestern*, in denen Marina von Dittmar und O. W. Fischer seine Partner waren. Ponto wusste als der eigenwillige, knurrige Alte, der – immer auf der Suche nach Motiven – bei seiner Arbeit nicht gestört werden durfte, das historische Vorbild so lebendig werden zu lassen, dass die Zuschauer den Eindruck gewannen, dem berühmten Maler selbst begegnet zu sein.

So manche Ponto-Rolle lernten wir erst als Soldaten kennen, wie den Orchesterwart Straehle in *Philharmoniker* (in diesem Film von Paul Verhoeven war auch Karl Böhm als Dirigent zu erleben) oder seinen Diener in dem Kammerspiel *Am Abend nach der Oper* von Arthur Maria Rabenalt mit Gusti Huber und Siegfried Breuer als Partnern. Auch Pontos bekanntester Film *Die Feuerzangenbowle*, heute ein Klassiker, fiel in meine Soldatenzeit, doch ich hatte das Glück, ihn während eines Urlaubs in Dresden sehen zu können, was die Möglichkeit des wiederholten Besuches bot und nicht nur des einmaligen, wie beim Frontkino.

In den Programmen der Lichtspielhäuser tauchten immer wieder Filme auf, in deren Mittelpunkt Sänger standen. Meist kamen diese Streifen für mich nicht in Frage, weil ich noch zu jung war. Doch einen Sängerfilm habe ich gesehen: *Mutterlied* mit der umschwärmten Dresdner Sopranistin Maria Cebotari. Ich muss zwölf oder dreizehn Jahre alt gewesen sein, als mich mein Vater mit ins Kino nahm. Dunkel erinnere ich mich an die Handlung, die sich um einen Mord aus Eifersucht dreht, wobei zunächst eine Unschuldige (Maria Cebotari) in Tatverdacht gerät. Bis sich der wahre Sachverhalt herausstellte, hatten sie und ihr Partner Benjamino Gigli mehrfach Gelegenheit, durch gesangliche Leistungen zu glänzen, so dass man die anderen Mitwirkenden – Hans Moser und Hilde Hildebrand – vergaß.

Nichts ist mehr, wie es war

Da war sie nun, die Endstation, die ja irgendwann kommen musste, doch dass sie für mich in Dresden kam, konnte schon als Glück im Unglück angesehen werden. Der Marschbefehl beorderte mich zu meiner alten Einheit, der 68. Infanterie-Division, die bei Mährisch-Ostrau lag, und der Abreisetermin von Berlin war auf den 17. April datiert. Kurz vor dem Bahnhof Dresden-Neustadt dann Fliegeralarm, Halt des Zuges, die Detonation der ersten Bomben. Wir Zuginsassen nahmen Zuflucht, wo immer sie sich bot; ich rannte in ein Haus auf der Johann-Meyer-Straße und teilte den kargen Platz im Luftschutzkeller mit den Hausbewohnern, die wie ich ums Leben bangten. Nur jetzt nicht noch »kaputtgehen«! Minuten wurden zu Stunden, dann ist alles vorbei, die Einschläge, das Motorengeräusch der Flugzeuge, der Angriff. In der Neustadt brennt es, an eine Weiterfahrt des Zuges ist nicht zu denken, und ein junger Mensch, der seit dem 13. Februar kein Lebenszeichen mehr von seiner Familie besitzt, hat nur einen Wunsch, sich nach Hause durchzuschlagen. Doch Dresden ist Festung, es gibt kein »Hinaus«. Er kennt die Schleichwege in der Heide, die ihm das Jungvolk beigebracht hat, bei Geländespielen und Orientierungsmärschen, und die er leidlich in Erinnerung behielt. Und er vertraut seinem Spürsinn. Zunächst zum Jägerpark, von da über das Fischhaus zum Kranichsee, den Rennsteig, die Alte Acht und die Alte Eins entlang nach Ullersdorf. Hier waren keine »Kettenhunde« mehr zu vermuten, und er kam über Weißig in seinen Heimatort. Er fand Mutter und Schwester wohlauf, doch am nächsten Tag erfährt er vom Bürgermeister, bei dem die Mutter kriegsdienstverpflichtet ist, dass die SS nach fahnenflüchtigen Soldaten sucht, was dem jungen Mann klar macht, dass er auch außerhalb der Festung nicht sicher ist und sich tunlichst nach Dresden zurückbegeben sollte.

Ich landete in der Grenadierkaserne, unweit meiner ehemaligen Schule, wo versprengte Landser aller Einheiten, Volkssturmmänner und Flakhelfer zu einer Einheit zusammengestellt wurden, um Dresden zu verteidigen: Befehl von Generalfeldmarschall Schörner. Unser Einsatzgebiet: Obergorbitz. Wir gingen dort in Stellung, aber nach dem ersten Ansturm der Roten Armee brach die notdürftig zusammengezimmerte Abwehrfront zusammen, und wir konnten uns nur noch absetzen, Richtung Dippoldiswalde. Dort solle, so hieß es, »der Ami« sein. Unzählige Truppenteile waren dahin in Marsch, flankiert von Panzern. Wir kamen durch Ortschaften, in denen weiße Fahnen aus den Fenstern hingen. Für ihre Bewohner schien der Krieg vorbei.

In der Grenadierkaserne hatte ich einen Bekannten aus meinem Heimatort getroffen. Wir mussten uns nicht lange darüber verständigen, dass unsere Laufbahn als Angehörige der Deutschen Wehrmacht beendet war. Der Treck bewegte sich Richtung Westen, wir ließen uns zurückfallen, verschwanden unbemerkt in Getreidefeldern und im Unterholz und landeten schließlich auf dem Wilisch, wo man uns mit Zivilkleidung versorgte und wir das Kriegsende abwarteten. So kehrten zwei Unteroffiziere Anfang Mai 1945 ruhmlos, aber mit heilen Knochen in die Heimat zurück. Doch auch dort blieben sie gefährdet, denn sie hatten keine Papiere mehr (die waren mit Uniform und Waffen vernichtet), konnten keinen Entlassungsschein vorweisen, und die neue Staatsmacht suchte – im Auftrag der Sieger – nach »versprengten Soldaten«. Nur nicht jetzt noch in Gefangenschaft geraten! Also abermals untertauchen, bis sich die ersten Wogen geglättet hatten.

Nach wochenlanger Arbeit in der Landwirtschaft, die mir immerhin etwas zu essen einbrachte, hielt es mich nicht länger im Hochland. Ich musste in die Stadt, stand vor meiner alten Schule, die von Bomben getroffen war und nun leblos dalag, ging die Forst- und die Bautzner Straße entlang, suchte das Albert-Theater und fand es als Ruine, lief verzweifelt durch eine Straße, die einmal die Hauptstraße gewesen war, sah den Turm der Hofkirche, der stand, doch als ich näher kam, war das ganze Ausmaß der Zerstörung am Gotteshaus, an Schloss, Oper und Zwinger sichtbar. Ich glaube nicht, dass mir als junger Mensch bewusst war, in welch schöner Stadt ich aufwachsen durfte. Jetzt, da sie in Trümmern lag, spürte ich schmerzhaft den Verlust. Ich rannte, um diese Eindrücke hinter mir zu lassen, zum Schauspielhaus, in der Hoffnung, dass wenigstens diese Insel einstigen Glücks erhalten geblieben wäre. Sie war es nicht – und auch rechts und links war nichts mehr, keine Kaufmannschaft, kein Palast-Hotel Weber. Wenn ich bisher noch Fassung bewahrt hatte, jetzt war sie dahin. Ich sank auf einen Stein, und die Tränen schossen mir in die Augen. Ich weinte, wie ich seit meiner Kindheit nicht mehr geweint hatte. Da lagen sie nun, die Erinnerungen und Träume meiner Kindheit, ja, meine Jugend selbst. Wo mögen sie sein, die Könige des Theaters, die uns Erlebnisse schenkten, reicher als jedes andere Geschenk? Ich starrte auf die Fassade des Schauspielhauses und ließ meinen Gedanken freien Lauf. Wie von selbst tauchten Bilder auf, die der Krieg verschüttet, aber nicht vernichtet hatte. Auf einmal waren sie wieder da – die Heimkehr Karl Moors ins väterliche Schloss, der verzweifelte Homburg bei der Kurfürstin und Natalie, nachdem er sein Grab gesehen, und Ferdinand von Walter an der Leiche Luises. Dazwischen ein Text, den ich viele Male gehört hatte, aus dem *Weißen Heiland*. Immer noch starrte ich das Schauspielhaus an und vernahm – wie von dort zu mir herübergeweht – die Stimme Erich Pontos:

»Viel habt ihr mir zu verzeihen,
denn ich war ein blinder Führer!
Endlich sehend nun geworden,
seh' ich überall den Tod! –
Aber sag selbst, Guatemotzin,
war die Probe nicht zu schwer,
nicht zu grausam die Versuchung,
die der Gott uns auferlegte?
Warum lieh er diesen Teufeln
seine reine Lichtgestalt?
Um die Seinen zu verführen,
die mit ungezählten Opfern
ihren Glauben ihm bezeugten
im Vertraun auf die Erlösung?
Warum dieses Höllenblendwerk ...«

Recherchen

Auf den Programmheften der Berliner Staatstheater prangte in diesen Jahren das Hakenkreuz – und doch hatten wir es damals mit einer wahren Blütezeit der deutschen Bühnenkunst zu tun. Um Missverständnissen vorzubeugen, sei es gleich gesagt: Jene, die 1933 die Macht an sich gerissen hatten, erscheinen deshalb nicht in milderem Licht und die Kluft, die sich zwischen dem von ihnen beherrschten und terrorisierten Land und der zivilisierten Welt aufgetan hatte, wurde durch die Leistungen der Künstler, die die nationalsozialistische Kulturpolitik beharrlich ignorierten und die sich ihr auf vorsichtige Weise widersetzten, nicht um einen Deut kleiner. Denn die Aufführungen in den Berliner Opernhäusern, im Schauspielhaus am Gendarmenmarkt und in einigen anderen Theatern sowie die Konzerte, zumal die der Berliner Philharmoniker mit Wilhelm Furtwängler an der Spitze, vermochten die Tyrannei nicht zu mindern. Aber sie haben das Leben vieler Menschen erträglicher, ja sogar schöner gemacht – und eben auch mein Leben.

Marcel Reich-Ranicki,
1999

Schritte in die Diktatur

1932:

Die Wählerschaft der NSDAP steigt in Sachsen von 18% im Jahre 1930 auf 41%.

13. November Bei den sächsischen Kommunalwahlen können die Nationalsozialisten einen erheblichen Stimmenzuwachs verzeichnen. Im Dresdner Stadtparlament erringen sie 22 Sitze (1929 waren es 4 gewesen) und werden damit zur stärksten Fraktion. Auch in Chemnitz und Plauen erzielen sie die höchste Zahl an Mandaten.

18. November Rücktritt der Reichsregierung (von Papen); Reichspräsident von Hindenburg empfängt Adolf Hitler.

3. Dezember Drittes Präsidialkabinett (von Schleicher) im Amt.

1933:

Die Zahl der Arbeitslosen in Sachsen steigt von 589 000 im November 1931 auf 718 000 im Januar 1933. Im gesamten Reichsgebiet sind es Anfang 1933 über 6 000 000.

15. Januar Aus der Wahl in Lippe – als »Gradmesser für die Stimmung im Volke« apostrophiert – geht die NSDAP als stärkste Partei hervor.

17. Januar Im Dresdner Stadtparlament wird der Rechtsanwalt Dr. Rudolf Kluge (NSDAP), mit den Stimmen der bürgerlichen Parteien zum Stadtverordnetenvorsteher gewählt. Er löst den bisherigen Amtsinhaber Clemens Dölitzsch (SPD) ab.

22. Januar Hermann Göring fordert auf einer Kundgebung im Zirkus Sarrasani eine radikale Politik- und Systemänderung.

28. Januar Rücktritt der Regierung von Schleicher.

30. Januar Ernennung Hitlers zum Reichskanzler; Regierungsneubildung (Kabinett Hitler–Papen–Hugenberg).

1. Februar	Ermächtigungsgesetz, Auflösung des Reichstages und Festsetzung von Neuwahlen am 5. März; Göring, kommissarischer Innenminister von Preußen, erlässt Demonstrationsverbot.
2. Februar	Demonstrationsverbot wird auf ganz Deutschland ausgedehnt.
6. Februar	Zusammenstöße von Hitleranhängern und -gegnern in Chemnitz und anderen Städten.
7. Februar	Auflösung des Preußischen Landtages.
15. Februar	Ausschluss von Heinrich Mann und Käthe Kollwitz aus der Preußischen Akademie der Künste in Berlin.
18. Februar	An den Städtischen Theatern Leipzig gelangt mit *Silbersee* von Georg Kaiser und Kurt Weill noch einmal ein Werk der Moderne zur Uraufführung, was einen Skandal durch die SA und die Beurlaubung des Dirigenten und Operndirektors Gustav Brecher zur Folge hat.
19. Februar	Propagandaveranstaltung mit Reichsinnenminister Frick (NSDAP) im Zirkus Sarrasani.
25. Februar	Göring erklärt SA, SS und Stahlhelm zur »Hilfspolizei«.
27. Februar	Reichstagsbrand; Verhaftungswelle gegen Kommunisten, Sozialdemokraten, Gewerkschaftler und oppositionelle Demokraten; Opernball in Dresden.
28. Februar	»Verordnung des Reichspräsidenten zum Schutz von Volk und Staat« hebt Grundrechte der Weimarer Verfassung auf. Verbot der KPD und der kommunistischen Presse, Haftbefehle gegen führende Funktionäre, Einführung der »Schutzhaft«.
1. März	»Verordnung Verrat am deutschen Volk« verschärft die Bestimmungen bei Landesverrat und bei Aufreizung zu gewaltsamem Vorgehen gegen die Staatsmacht.
5. März	Letzte Reichstagswahl, die die NSDAP in Sachsen mit 1 517 476 Stimmen zur stärksten Partei

macht. Auch in Dresden ist die NSDAP mit Abstand stärkste Partei.

6. März Kapitänleutnant a. D. Manfred von Killinger (seit 1927 Mitglied der NSDAP und ab 1929 Abgeordneter im Sächsischen Landtag) als Polizeikommissar in Sachsen eingesetzt.

7. März SA-Putsch in den Sächsischen Staatstheatern bietet Anlass zu Amtsenthebungen. Auch in anderen sächsischen Großstädten finden in der Folgezeit »Säuberungen« statt: Die Schauspielerin Nora Nikisch und Generalmusikdirektor Gustav Brecher (Leipzig), Intendant Hanns Hartmann und Oberspielleiter Dr. Heinz Wolfgang Litten (Chemnitz) erhalten ihre Entlassungen.

8. März Die 81 Reichstags-Mandate der KPD werden für ungültig erklärt, das Karl-Liebknecht-Haus in Berlin beschlagnahmt. In Dresden besetzt die SA das Gebäude der Redaktion und Druckerei der Dresdner Volkszeitung und beschlagnahmt die Einrichtung; auf dem Wettiner Platz werden Bücher verbrannt.

10. März Der sächsische Ministerpräsident Walther Schieck (parteilos) und sein Kabinett zum Rücktritt gezwungen; von Killinger übernimmt die gesamte Regierungsgewalt in Sachsen.

13. März Joseph Goebbels wird Reichsminister für Volksaufklärung und Propaganda und erlässt erste Richtlinien für die Presse.

14. März Dr. Wilhelm Külz, Oberbürgermeister von Dresden, wird seines Amtes enthoben. Sein Nachfolger ist der Braunschweiger Ernst Zörner (NSDAP).

17. März Die »Leibstandarte SS Adolf Hitler« wird gebildet.

22. März Sachsen untersagt den Juden die rituelle Tötung von Tieren. Andere Länder folgen dieser Anweisung.

27. März Hindenburg und Hitler zu Ehrenbürgern der

Stadt Dresden ernannt. Umbenennung des
Theaterplatzes in Adolf-Hitler-Platz.

31. März »Gesetz zur Gleichschaltung der Länder mit
dem Reich« erlassen; Umbildung der Länder-
parlamente entsprechend den Ergebnissen der
Reichstagswahl vom 5. März.

1. April »Judenboykott« in Deutschland. Er richtet sich
gegen jüdische Mitbürger und ihre Geschäfte,
Waren und Praxen. Julius Streicher spricht von
der Vernichtung des Judentums.

4. April Umbildung des Sächsischen Landtages, der am
30. Januar 1934 aufgelöst wird.

7. April Das »Gesetz zur Wiederherstellung des Berufsbeamtentums« bietet die Handhabe zur Entfernung von »politisch unzuverlässigen« und
»nicht-arischen« Beamten und findet auch in
den Theatern als Körperschaften des öffentlichen Rechts Anwendung.

8. April Otto Dix verliert sein Lehramt an der Dresdner
Kunstakademie.

9. April Beginn des faschistischen Bildersturms mit der
Ausstellung »Regierungskunst 1918–1933« in
Karlsruhe, der ähnliche Ausstellungen folgen:
in Stuttgart »Novembergeist. Kunst im Dienste
der Zersetzung«, Berlin »Schreckenskammer
der Kunst« und in Dresden »Spiegelbilder des
Verfalls in der Kunst«; erste Entlassungen von
Museumsdirektoren.

12. April Das für Sachsen zuständige Sondergericht Freiberg nimmt seine Tätigkeit auf: Aburteilung
von Regimegegnern und Widerstandskämp-
fern. Errichtung von Konzentrationslagern in
Hohnstein und Sachsenburg.

20. April Hanns Johsts Schauspiel *Schlageter* – gewidmet
»Adolf Hitler in liebender Verehrung und
unwandelbarer Treue« – wird zum Geburtstag
des Reichskanzlers im Staatlichen Schauspielhaus in Berlin uraufgeführt. Die Dresdner
Premiere folgt einen Tag später.

23. April	Erste Verbotsliste unerwünschter Autoren.
27. April	Franz Seldte, Bundesführer des Stahlhelms, tritt zur NSDAP über. Der Stahlhelm wird Hitler unterstellt.
2. Mai	Zerschlagung der freien Gewerkschaften, Besetzung ihrer Häuser, Verhaftung ihrer Funktionäre.
5. Mai	Der Fabrikant Martin Mutschmann, seit 1923 Mitglied der NSDAP und ab 1925 Gauleiter von Sachsen, wird Reichsstatthalter von Sachsen und ernennt das neue sächsische Kabinett mit Ministerpräsident von Killinger an der Spitze, zu dem als Justizminister Otto Georg Thierack gehört, später Präsident des Volksgerichtshofes.
8. Mai	Rede von Joseph Goebbels vor den Bühnenleitern über die Aufgaben des deutschen Theaters: »Die deutsche Kunst des nächsten Jahrzehnts wird heroisch, sie wird stählern-romantisch, sie wird sentimentalitätslos-sachlich, sie wird national mit großem Pathos, und sie wird gemeinsam verpflichtend und bindend sein, oder sie wird nicht sein.«
9. Mai	Beschlagnahmung des gesamten Vermögens der SPD und ihrer Zeitungen.
10. Mai	»Wider den undeutschen Geist«: Bücherverbrennung in allen deutschen Universitätsstädten. In Dresden geht das Autodafé vor der Bismarck-Säule vonstatten, Mitorganisator ist der Schriftsteller Will Vesper.
ab 13. Mai	Säuberung des Buchhandels und der Bibliotheken von »schädlichem Schrifttum«.
März bis Mai	Thomas Mann, Alfred Döblin, Ricarda Huch und Max Liebermann erklären ihren Austritt aus der Preußischen Akademie der Künste; weitere Künstler und Schriftsteller werden aus der inzwischen gleichgeschalteten Institution ausgeschlossen.

70

Die Staatstheater

Der Abglanz einer Epoche

Anlässlich der Dresdner Erstaufführung von Georg Kaisers Virtuosenstück *Zweimal Oliver* im April 1926 bemerkte Herbert Ihering:»Am Staatlichen Schauspielhaus in Dresden wurde das Kunststück nicht gegeben, konnte es nicht gegeben werden. Städte von der Art, Landschaft und Vergangenheit Dresdens haben heute eine traditionell bewahrende Bedeutung. Die künstlerischen Kämpfe werden an anderen Theatern ausgetragen. (Musik ist hier wie fast überall etwas anderes.) Von den Resten einer alten Theaterkultur zeugte auch diese Vorstellung. Es gab ein Zusammenspiel. Es gab kleine Rollen. Es gab richtig verwendete Schauspieler.«

Diese von dem Berliner Kritiker betonte »traditionell bewahrende Bedeutung« des Dresdner Spielkörpers sollte sich 1932 in zwei glanzvollen Präsentationen zeigen, die ohne Übertreibung auch als Leistungsschau bezeichnet werden können und alle von Ihering genannten Vorzüge der Dresdner Ensemblekunst erkennen ließen: der Goethe-Zyklus zum 100. Geburtstag des Dichters und die Festwoche zum 70. Geburtstag des Dresden verbundenen Gerhart Hauptmann.

Der Goethe-Zyklus bot einen »Längsschnitt durch Goethes dramatische Welt« (Felix Zimmermann), von imponierender Vielfalt und Geschlossenheit. »In zwei Wochen, vom 6. bis 22. März, sind zwölf Dramen Goethes gespielt worden, nur der *Tasso* hat, einer Erkrankung wegen, in der Reihe gefehlt, die von der *Laune des Verliebten* bis zum 2. *Faust* das Wichtigste aus Goethes dramatischem Schaffen umfasste. Es ist nicht bekannt geworden, dass irgendein anderes deutsches Theater eine solche oder ähnliche Leistung vollbracht hätte.« (Dresdner Nachrichten) Mit dem selten gespielten Lustspiel *Die natürliche Tochter*, die neben *Stella*, *Clavigo*, *Egmont*, *Iphigenie*, *Die Mitschuldigen* und *Götz von Berlichingen* ebenfalls im Spielplan stand, nahmen die Dresdner an den Ehrengastspielen in Weimar teil und »dieser Sonderbesitz des Dresdner Goethespielplans« erregte »hohe Bewunderung (...) Die beiden

71

Teile des *Faust* dürften auch gegenwärtig nirgends in solcher Vollständigkeit und Einheitlichkeit der Durchführung auf dem Spielplan zu finden sein.« Und das Resümee des Rezensenten der Dresdner Nachrichten lautete:»Dresdens Anteilnahme am Goethejahr ist in dieser Form unvergleichlich stark und wertvoll gewesen.« (Felix Zimmermann)

Die Leistungsfähigkeit und Qualität des Staatsschauspiels zeigte sich auch in der Gerhart-Hauptmann-Woche vom 12. bis 19. November 1932, die sieben Stücke des Dichters umfasste und den Bogen spannte von den Frühwerken *Die versunkene Glocke* und *Rose Bernd* über *Die Jungfern vom Bischofsberg*, *Griselda* und *Die Ratten* zu *Vor Sonnenuntergang*, wobei das Bauernkriegsdrama *Florian Geyer* thematisch das Spektrum des Hauptmann'schen Schaffens abrundete. Diese Neuinszenierung war nach Meinung des Dresdner Anzeigers »des höchsten Lobes würdig (...) Josef Gielens Spielleitung gehört der Hauptteil des Erfolges. Sie ist vollendet in der Bewegung der großen Massen, die sich fast immer auf der Bühne befinden, und sie ist nicht minder vollendet in der ganz klaren, beherrschenden Herausarbeitung Florian Geyers«, den Bruno Decarli beeindruckend verkörperte.

Den Auftakt zu dieser Woche bildete im Schauspielhaus zu Ehren des anwesenden Jubilars eine Festveranstaltung, an der die Spitzen der Behörden, Vertreter der Konsulate, der Hochschulen, aus Kunst und Wissenschaft, Industrie und Handel teilnahmen. Der sächsische Ministerpräsident Walther Schieck hob in seiner Ansprache die enge Verbundenheit des Dichters mit Dresden und dem Dresdner Theater hervor: »Wenn Sie, wie es oft geschehen ist, für Wochen und Monate hier Ihren Wohnsitz nehmen, wenn Sie von jeher so gern die Gelegenheit benutzen, gerade die Dresdner Aufführungen Ihrer Dramen zu sehen, und mehr als eines auf dieser Bühne selbst inszeniert haben – immer ist spürbar: es handelt sich (...) um Einkehr und Verweilen in einer Sphäre menschlich-herzlicher Vertrautheit.« Oberbürgermeister Dr. Külz begrüßte den Dichter als einen Freund der Stadt, die bei ihrer Kulturpflege auch »aus dem Reichtum Gerhart Hauptmanns schöpft«, und der Jubilar dankte in der von der Staatskapelle unter Fritz Busch umrahm-

Gerhart-Hauptmann-Ehrung 1932:
Die versunkene Glocke mit Erich Ponto,
Lotte Gruner und Grethe Volckmar

ten Feierstunde »dieser schönen und geliebten Stadt« für ihre Zuneigung und langjährige Freundschaft.

Der Goethe-Zyklus und die Hauptmann-Woche des Jahres 1932 mit ihren humanistischen Botschaften unterstrichen noch einmal den bewahrenden Charakter des Staatsschauspiels, zeugten durch stimmige Besetzungen, imponierende Einzelleistungen und ausgewogenes Zusammenspiel von einer Theaterkultur, die nach dem 30. Januar 1933 zwölf Jahre lang ihre schwerste Bewährungsprobe zu bestehen hatte.

Ein Putsch und eine Festwoche

Wie an vielen reichsdeutschen Bühnen so vollzog sich auch am Dresdner Staatstheater der Machtwechsel 1933 rabiat und erstaunlich schnell. Die Übernahme der Leitungsämter, die Entfernung »unliebsamer und schädlicher Elemente«, die Ausschaltung aller oppositionellen Kräfte war eine Angelegenheit von nur wenigen Wochen. Am 7. März, zwei Tage nach den Reichstagswahlen, wurden in einer Gewaltaktion Oper und Schauspielhaus von NSDAP-Angehörigen okkupiert und Generalmusikdirektor Fritz Busch durch Randale am Dirigieren gehindert. In offiziellen Verlautbarungen mussten für dieses brutale Vorgehen die absurdesten Begründungen herhalten: Dem Opernchef wurde seine »andauernde Abwesenheit« als höchstbezahltem sächsischen Beamten vorgeworfen, sowie seine »juden- und ausländerfreundliche Personalpolitik, seine unfruchtbare Spielplanpolitik und seine Ablehnung der nationalen Freiheitsbewegung«, wie es in der NS-Tageszeitung Der Freiheitskampf hieß.

Fritz Busch, weder jüdischer Abstammung noch parteipolitisch gebunden, war das erste Opfer einer »Säuberungswelle«, die schon in den folgenden Tagen den Generalintendanten, seinen Verwaltungsdirektor und seinen Dramaturgen traf. Die Pressemitteilung lautete lapidar: »Der bisherige Generalintendant Dr. Alfred Reucker ist seines Amtes enthoben, der Ministerialrat Dr. Reuter ist aus seiner Tätigkeit innerhalb der Staatstheater ausgeschieden (...) Vom Dienste mit soforti-

Generalmusikdirektor
FRITZ BUSCH

HUGO ERFURTH
DRESDEN, phot.

ger Wirkung beurlaubt ist der bisherige Dramaturg Dr. Karl
Wolff und der bisherige Studienmeister in der Staatsoper Erich
Engel.«

Weitere Kündigungen betrafen den kommunistisch beleum-
deten Schauspieler Martin Hellberg, die jüdische Sängerin
Maria Elsner (sie schied am 31. Juli 1933 aus und heiratete
in Wien den deutschen Schriftsteller mit ungarischem Pass
Ödön von Horváth) und den Korrepetitor der Staatsoper Robert
Kinsky.

Anderen Künstlern, wie den Darstellern Jenny Schaffer,
Siegfried Lewinsky und dem Musikalischen Leiter des Schau-

Entfernung von »nicht-arischen« Künstlern 1933:
Jenny Schaffer

spielhauses Dr. Artur Chitz, stand ihre »Versetzung in den Ruhestand«, wie ihr unfreiwilliges Ausscheiden offiziell deklariert
wurde, noch bevor. Neuer Mann in den Staatstheatern wurde
der Schauspieler Alexis Posse, Gaukunstwart der NSDAP und
seit 1921 Ensemblemitglied. Er hatte den Handstreich gegen
Fritz Busch organisiert und erhielt Vollzugsgewalt in den Sächsischen Staatstheatern, bis in Geheimrat Dr. Paul Adolph –
durch seine frühere Tätigkeit in der Generalintendanz des
Königlichen Hoftheaters mit dem Haus vertraut – ein neuer

Chef gefunden war. Ihm zur Seite standen der Schauspieler
Rudolf Schröder, nun Schauspieldirektor und Nachfolger des
zum Oberspielleiter zurückgestuften Georg Kiesau. Direktor
der Staatsoper wurde Staatskapellmeister Hermann Kutzschbach. Der Schauspieler Dr. Wolfgang Nufer, Freikorpskämpfer
und seit 1929 im Ensemble, avancierte zum Dramaturgen, und
der Theaterfriseur Franz Heger, der seit 1920 Kontakte zur
NSDAP hatte und 1932 für diese Partei ins Dresdner Stadtparlament gelangt war, bekleidete den Posten eines Direktors bei
der Intendanz.

Was der neue Generalintendant von seinen Mitgliedern er-
wartete, geht aus einem Aufruf an das Gesamtpersonal zu Beginn der Spielzeit 1933/34 hervor. Es heißt da:»Die Verpflichtung, die ich gewillt bin mit Ihnen allen der Staatsregierung
und dem unvergleichlichen Führer des deutschen Volkes –
Adolf Hitler – gegenüber zu übernehmen, werde ich mit dem
vollen Einsatz meiner Person und den zuständigen politischen
Führern gewährleisten (...) Ich erwarte von jedem dem Ver-
bande der Staatstheater angehörenden Angestellten, dass er

Rudolf Schröder,
der neue Schauspieldirektor
ab 1933

sich eingliedert in die Gemeinschaft der neuen Staatsidee, dass er mithilft an dieser Aufbauarbeit, die in Zukunft ein freies, völkisches und auf sozialer Grundlage aufgebautes Deutschland schaffen soll, zum Wohle aller deutschen Volksgenossen.«

Für die Spielplanpolitik lieferte Dr. Nufer die Vorgaben: »Unser Theater wird wieder deutsch-völkisch sein im Sinne der nationalen Überlieferung und des deutschen Schicksals, nordisch-germanisch im Sinne der Rasse.« Diese Orientierung bedeutete die Verbannung jüdischer und »missliebiger« Autoren aus dem Repertoire, was im Dresdner Staatsschauspiel unter anderem Herbert Eulenberg, Eugen Gürster, Robert Grötzsch, Carl Zuckmayer und Bruno Frank betraf. Dessen erfolgreiche Komödien *Sturm im Wasserglas* (1930) und *Nina* (1931) hatten am Schauspielhaus ihre Uraufführung erlebt. Weitere einschneidende Eingriffe konnten zunächst unterbleiben, da sich eine vorsichtige Spielplanpolitik vor zu kühnen Wagnissen seit dem *Hinkemann*-Skandal von 1924 gehütet hatte. Dieses Antikriegsstück von Ernst Toller war bei der Premiere auf den heftigen Widerstand rechtsgerichteter Kreise gestoßen, die schließlich seine Absetzung erzwangen. Der Schock saß tief und hatte Folgen. Vergeblich sucht man im Dresdner Spielplan bis 1933 brisante aktuelle Zeitstücke – meist Berliner Novitäten –, die sich kritisch mit gesellschaftlichen Erscheinungen und Zuständen auseinandersetzten und das Publikum aufzurütteln vermochten. Vergeblich hält man Ausschau nach Namen wie Carl Sternheim, Hans José Rehfisch, Lion Feuchtwanger oder Bertolt Brecht; von Walter Hasenclever, Georg Kaiser und Friedrich Wolf, deren Stücke Anfang der zwanziger Jahre den Dresdner Spielplan prägten, ganz zu schweigen. Auch Ferdinand Bruckner war nur mit dem dramaturgisch auf raffinierter Simultantechnik beruhenden Schauspiel *Elisabeth von England* (1931) vertreten, während *Die Verbrecher* und *Krankheit der Jugend* ebenso ausgespart blieben wie Stücke von Paul Kornfeld oder Ernst Barlach.

Diese Defizite konnte auch die von Dr. Wolff 1928 gegründete und ein Jahr bestehende »Aktuelle Bühne« nicht abfangen, noch stellte das sie ablösende »Studio« trotz einer so viel beachteten Uraufführung wie *Die Unüberwindlichen* von Karl

Kraus (1929) ein ernsthaftes Gegengewicht dar. Es fiel nicht schwer, den Spielplan des Dresdner Schauspielhauses auf die neue politische Linie auszurichten, zumal Autoren wie Hermann Burte, E. G. Kolbenheyer und Hans Christoph Kaergel mit ihren Stücken schon den Fuß in der Tür hatten. Mehr als fünf der NS-Dramatik zuzuordnende Werke verzeichnet der Zeitraum von Januar 1933 bis Juni 1934, einige davon Uraufführungen. Das Frontstück über den »Heldenmut der Kriegsfreiwilligen« (*Jugend von Langemarck* von Heinrich Zerkaulen) fehlte dabei ebenso wenig wie die Grenzlandproblematik der »unterdrückten Auslandsdeutschen« (*Andreas Hollmann* von Hans Christoph Kaergel). Friedrich Forsters Stück über Gustav Vasa *Alle gegen einen, einer für alle* bot ein Führerdrama, »das sich auch als Kommentar auf die Gegenwart Deutschlands deuten ließ: auf die nun stattfindende Abrechnung mit dem politischen Gegner.« (Barbara Panse) Auch Hanns Johsts Schauspiel *Schlageter* war gleichermaßen Abrechnung mit der »Systemzeit«, wie die Nazis die Weimarer Republik bezeichneten, wie in der Titelgestalt ein Bekenntnis zu Hitler. Eine echte Führernatur zeigte auch Hermann Burte in seinem *Prometheus* (1933), »der die Menschen zum Denken und zur Arbeit ruft, der der Menschheit neue Pfade weist«, wie Der Freiheitskampf dieses »Spiel aus der ewigen Gegenwart« sah.

Mit seinem Engagement für das »neue Drama«, wozu auch vier Stücke des NS-nahen Erwin Guido Kolbenheyer zu zählen sind, die von 1931 bis 1934 im Staatstheater herauskamen, und seinem Einsatz für Uraufführungen (neun von 1930 bis 1933) empfahl sich Dresden für die 1. Reichs-Theaterfestwoche, die vom 27. Mai bis 3. Juni 1934 stattfand und in die Schauspiel wie Oper gleichermaßen eingebunden waren. Begleitet von einer Flut von Ergebenheitsadressen an die Reichsführung und aufgewertet durch den Besuch der Prominenz des Dritten Reiches, lenkte sie die Aufmerksamkeit auf die sächsische Residenz, dieser »in Deutschland fast einzigartigen Stadt musischen Schaffens und künstlerischen Gestaltens«, wie Joseph Goebbels, der Schirmherr der Festwoche, in seiner Eröffnungsrede betonte. Nach den Intentionen des Reichsdramaturgen Dr. Schlösser sollte die Reichs-Theaterfestwoche mehr sein als nur der feierliche Abschluss einer Spielzeit oder das Fest einer einzigen Bühne. Sie galt als »Ereignis des Reiches (...), das sich zur Kunst bekennt« und den Bühnen die Voraussetzungen schafft, wieder »einer Sendung zu dienen und sich darauf zu besinnen (...) Altar des Volkstums« zu sein.

Das Programm dieser Präsentation umfasste Ausstellungen, Veranstaltungen in der Katholischen Hofkirche, der Kreuzkirche und Aufführungen an drei Spielorten: der Staatsoper, dem Schauspielhaus und dem Festspielhaus in Hellerau, wo Glucks *Alkestis*, Händels *Julius Cäsar* und Goethes *Iphigenie* zu sehen waren. Auch im Semperbau und an der Ostra-Allee dominierte »deutsche Kunst«: Richard Wagner (*Tristan und Isolde, Die Meistersinger von Nürnberg*), Carl Maria von Weber (*Oberon*), Ludwig van Beethoven (*Fidelio*) und Richard Strauss, der seine *Arabella* selbst dirigierte. Das Schauspiel eröffnete mit *Prinz Friedrich von Homburg* von Heinrich von Kleist, der – nach Meinung der Ausrichter der Festwoche – »die Erhöhung des persönlichen Daseins zur überpersönlichen völkischen Lebenshaltung ergreifend vorgelebt hat«, Schillers *Kabale und Liebe* als Ensemblegastspiel aus Weimar (dem Goebbels mit seiner Frau beiwohnte) und *Wilhelm Tell*, der angeblich »im Spiegelbild der Erhebung von Schwyz, Uri und Unterwalden« den Kampf der NSDAP sichtbar macht (Der Freiheitskampf). Ibsens »nordischer Faust« *Peer Gynt* wurde in der Übertragung und Fassung von Dietrich Eckart, einem alten »Kampfgefährten« Hitlers aus der Münchner Zeit, und mit der Musik von Edvard Grieg vorgestellt; weiterhin Otto Erlers *Zar Peter*, Shakespeares *Coriolanus*, Eichendorffs *Die Freier* und Graff/Hintzes Frontstück *Die endlose Straße*. Das Resümee dieser Tage zog Hellmut Fleischhauer im Dresdner Anzeiger: »Es war auch im Schauspielhaus eine wirkliche Festwoche mustergültiger Aufführungen, die wir erlebten. Mit Stolz dürfen wir es zu den ersten Sprechbühnen Deutschlands zählen«, wobei besonders »dieses herrliche Instrument einer solchen Schauspielgemeinschaft« Erwähnung auch in anderen Äußerungen fand. Der Intendant des Nationaltheaters Weimar, Dr. Ziegler, hielt das Dresdner Schauspiel »für die Stätte der besten Ensemblekunst Deutschlands«.

Plakat zur
1. Reichs-Theaterfestwoche

Zieht man von allen Illogen das höfliche und propagandisti-
sche Beiwerk ab, ist auffällig, dass das viel beschworene »neue
Drama« unterrepräsentiert war. Erlers *Zar Peter* aus dem Jahre
1905 konnte wohl ebenso wenig dafür stehen wie *Die endlose
Straße*, die im Januar 1932 Premiere hatte und als Ersatz für
Kolbenheyers Giordano-Bruno-Drama *Heroische Leidenschaf-
ten* angesetzt worden war, obwohl die Inszenierungen von
Stücken wie *Jugend von Langemarck*, *Prometheus*, *Schlageter*,
Alle gegen einen, einer für alle zeitlich weit weniger lange
zurücklagen. Eichendorffs Lustspiel *Die Freier* besetzte erfolg-

reich (und in gewissem Sinne aus dem Rahmen fallend) eine unpolitisch heitere Position, fernab aller Aktualisierungsversuche, denen die gezeigten Klassiker – zumindest nach den Verlautbarungen der Presse – nicht immer entgingen. Dennoch bleibt als Faktum ihr hoher Anteil in dieser Woche bemerkenswert. »Die Aufgaben des Schauspielhauses werden stets zu einem wesentlichen Teil in der Pflege des klassischen Spielplans liegen. Er gibt die großen Maßstäbe«, konstatierte Hellmut Fleischhauer in seiner Bilanz, die er gleichzeitig als »Aufgaben des Schauspielhaus« deklarierte. Diese Gewichtung sollte für die folgenden Jahre von Bedeutung sein.

Der Weg in die Gleichschaltung

Parallel zu dieser Entwicklung vollzog sich im ganzen Reich die politische und organisatorische »Neuordnung« des Kunst- und Theaterwesens, wie die Nazis in ihrem Sprachgebrauch die Aus- und Gleichschaltung der bisherigen Berufsverbände bezeichneten. Wenn Hitler am 6. Juli 1933 vor den Reichsstatthaltern die »deutsche Revolution« für beendet erklärte, so waren damit auch die radikalen »Säuberungsaktionen« gemeint. Handhaben für das brutale Vorgehen bot das »Gesetz zur Wiederherstellung des Berufsbeamtentums« vom 7. April 1933, das die Entfernung von »politisch unzuverlässigen« und »nichtarischen« Beamten ermöglichte. Die Zerschlagung der Gewerkschaften (2. Mai), das Verbot der SPD (22. Juni) und die Selbstauflösung der bürgerlichen deutschen Parteien (27. Juni bis 5. Juli 1933) bestätigten Hitlers Einschätzung.

Auch bei den staatlichen und städtischen Theatern, die als Körperschaften des öffentlichen Rechts galten, wurde nach dem »Gesetz zur Wiederherstellung des Berufsbeamtentums« verfahren. »Auf Angestellte und Arbeiter finden die Vorschriften über Beamte sinngemäße Anwendung« hieß es in Paragraph 15. Die Entlassungen, Amtsenthebungen und Versetzungen in den Ruhestand (nach Paragraph 3) bekamen auf diese Weise einen gesetzlichen Anstrich.

Die weitere Entwicklung ist gekennzeichnet durch die

Gründung der Reichskulturkammer (November 1933), die de facto einem Ermächtigungsgesetz für Kultur und Kunst gleichkam und »die gänzliche Ausschaltung aller politischen und sozialen Kämpfe« bedeutete (Jutta Wardetzky). Die Reichskulturkammer bestand aus sieben Fachkammern, unter anderem der Reichsschrifttumskammer, der Reichstheaterkammer und der Reichsmusikkammer, die ebenfalls als Körperschaften des öffentlichen Rechts galten. Jeder, der mit Kunst zu tun hatte, musste zukünftig Mitglied einer Kammer sein. Für die Bühnenkünstler war dies obligatorisch in der »Fachschaft Bühne«, der größten Abteilung der Reichstheaterkammer, die neben der Fachgruppe Schauspieler und Sänger auch die Fachgruppen Vorstände, Chorsänger und Tänzer umfasste. An jedem Theater entstand ein Arbeitsausschuss der Reichstheaterkammer-Fachschaft Bühne, deren übergeordnete Einheiten die Ortsverbände bzw. Landesverbände waren.

Eine Schlüsselstellung in der Reichstheaterkammer fiel dem Reichsdramaturgen zu. Ihm oblag die Kontrolle der Spielpläne und der Neuentwicklung von Stücken. Ein weiterer Schritt zu einem Einheitsverband der Bühnenkünstler war die Gleichschaltung der »Genossenschaft Deutscher Bühnenangehöriger« und die Auflösung des Verwaltungsrates des Deutschen Bühnenvereins, der Vereinigung der deutschen Theaterleiter. Mit dem Theatergesetz vom 15. Mai 1934 wurden schließlich alle Theater im Dritten Reich dem Propagandaminister unterstellt, der nach Paragraph 5 »die Aufführung bestimmter Stücke im allgemeinen oder im einzelnen Falle untersagen oder verlangen« konnte, womit Steuerung in jede Richtung möglich und der Willkür Tür und Tor geöffnet war.

Vor dem Hintergrund dieser Vorgänge, die 1936 als abgeschlossen betrachtet wurden, vollzogen sich im Dresdner Staatstheater die personellen Veränderungen Mitte der dreißiger Jahre. 1935 war Dr. Paul Adolph als Generalintendant abgetreten, ohne sein Amt an einen Nachfolger übergeben zu können. Mit der Führung der Geschäfte wurde im Dezember 1935 der Ministerialrat Dr. jur. Erich Gottschald beauftragt. Nicht mehr an seinem Platz war auch Alexis Posse, der am 31. Dezember 1934 ausgeschieden und offensichtlich einem

Die künstlerische Leitung des Staatsschauspiels 1925.
Sitzend (von li. nach re.): Georg Kiesau, Lothar Mehnert, Dr. Karl Wolff,
Dr. Alfred Reucker, Paul Wiecke und Josef Gielen;
stehend: Paul Paulsen, Alfred Meyer, Prof. Dr. Otto Erler,
Dr. Artur Chitz und Alexander Wierth

ungewissen Schicksal entgegengegangen war. (Er soll aufgrund seiner »Veranlagung« verurteilt worden sein.) Auch
Dr. Nufer verließ das Haus, nachdem seine Bewerbung um die
Dresdner Generalintendanz (1935) ins Leere gelaufen war.
Sein Nachfolger war Dr. Robert Doering-Manteuffel, der noch
unter Nufer als Dramaturgie-Assistent begonnen hatte und
1937 zum Dramaturgen aufrückte.

Eine Neuprofilierung erfuhr das Schauspiel-Ensemble.
Bernhard Eichhorn besetzte ab August 1934 die Position des
Musikalischen Leiters, und für den ausscheidenden Josef Gielen (1936) kam als Oberspielleiter Dr. Karl Hans Böhm, ein
erfahrener und vielseitiger Regisseur, dessen Stationen vor
Dresden Kattowitz, Gera, Breslau, München und Stuttgart hießen. Zum Kreis der Darsteller stießen neu verpflichtete Mitglieder: Manja Behrens, Virginia Dulon, Heinz Klingenberg,
Gothart Portloff, Alfons Mühlhofer, Horst B. von Smelding, etwas später Peter Hamel, Werner Hessenland, Gert Keller, die

mit dem alten Stamm den Spielkörper bildeten, der – von wenigen Ab- und Zugängen abgesehen – bis zur Schließung der Theater zusammenblieb und mit dem alle künstlerischen Vorhaben umgesetzt werden konnten.

Die personellen Veränderungen erweckten den Anschein von Kontinuität und vermittelten den Eindruck, als seien mit diesen Umdispositionen die Probleme der Sächsischen Staatstheater gelöst gewesen. Dass dem nicht so war, geht aus den Goebbels-Tagebüchern hervor, in denen sich mehrere Eintragungen über die für den Propagandaminister unbefriedigende Dresdner Generalintendantenfrage finden. So heißt es am 2. Februar 1937: »Mutschmann fabriziert da manchen Quatsch.« Am 12. Februar 1937 wird vermerkt: »Manja Behrens erzählt mir vom Dresdner Theater. Da muss ein Intendant von Format hin.« Auch Generalmusikdirektor Karl Böhm, der neue Opernchef, äußerte seine Unzufriedenheit über die Dresdner Verhältnisse. »Ich muss hier Ordnung schaffen«, ist Goebbels' Schluss-

Die Verwaltung der Staatstheater 1933,
in der Mitte sitzend Generalintendant Adolph,
rechts neben ihm Franz Heger

folgerung (9. September 1937). Und am 19. Juni 1938 lautet der Eintrag: »Hanke (Goebbels' Staatssekretär; Anmerkung des Autors) war mit dem Führer in Dresden. Er hat die Oper besucht und bei den Leuten von Mutschmann scharfe Kritik geübt. Jetzt wird Mutschmann wohl klein werden.« Dem Gauleiter Sachsens war offensichtlich eine unbesetzte Generalintendanten-Position lieber als ein starker Mann auf diesem Platz. Auch macht der Vorgang die Differenzen zwischen den Vorstellungen der Reichsregierung und denen eines Provinz-Paladins deutlich. Die Berliner Interventionen hatten jedenfalls – »entgegen der sonstigen Politik der Nazis, Generalintendanten einzusetzen – keine Folgen« (Henning Rischbieter): Der Posten des Dresdner Generalintendanten blieb bis 1945 unbesetzt.

Klassiker: ein Schwerpunkt im Spielplan

Die Opulenz der Klassik im Dresdner Spielplan erklärt sich nicht nur aus den Traditionen des Hauses; Förderung und Pflege klassischer Werke lagen durchaus im kulturpolitischen Interesse der Machthaber. Sie dienten ihnen als Herrschaftslegitimation und unterstrichen ihre Absicht, das bisherige »Kulturtheater« fortzuführen. In einem Artikel zur Eröffnung der Schauspielsaison 1934/35 bemerkte Dr. Nufer: »Nach wie vor stellt das klassische Drama die Grundlage dar, aus der sich Sinn und Richtung des Neuen ergibt. Denn die Wesenszüge der deutschen Seele sind nur zu erkennen an ihrem Wachstum, an ihrer Geschichte. Der Wert des Geschaffenen befruchtet das Werdende. Das klassische Kunstwerk ist aus diesem Grunde der unentbehrliche und grundlegende Bestandteil im Spielplan des neuen Theaters.« (Dresdner Anzeiger)

Im Zentrum des klassischen Repertoires standen sowohl vor als auch nach 1933 Lessing, Schiller, Goethe, Kleist und Shakespeare, wobei dem Werk Schillers von den NS-Propaganda-Strategen eine herausragende Stellung zuerkannt wurde. »Erst dem Nationalsozialismus blieb es vorbehalten«, hieß es 1934 im Völkischen Beobachter, »den wahren Friedrich von Schiller dem deutschen Volk wiederzugeben und ihn als das zu zeigen, was er wirklich ist: der Vorläufer des Nationalsozialismus, ein deutscher Dichter und Idealist, der jene Worte poetisch formte, die heute den Wesenskern des Nationalsozialismus ausmachen: ›Immer strebe zum Ganzen, und kannst du selber kein Ganzes werden, als dienendes Glied schließ an ein Ganzes dich an.‹« Schillers »Verwertbarkeit« für die NS-Ideologie schien damit vorprogrammiert. *Wilhelm Tell*, das meistgespielte klassische Stück vor 1933, wurde zum Lehrbeispiel für die Rettung des Staates durch einen beherzten, uneigennützigen Mann aus dem Volke stilisiert; und selbstverständlich gab es auch den Interpretationsversuch, im Rütlischwur den Gedanken der Volksgemeinschaft gestaltet zu sehen. Die *Wallenstein*-Trilogie, 1936 im Dresdner Spielplan, zeigte – nach den Dresdner Neuesten Nachrichten – im Friedländer einen »Kämpfer für Deutschlands Einheit und Freiheit«, und *Die Jungfrau von Orleans*, zu Beginn der Spielzeit 1937/39 herausgekommen, führte in einem Hirtenmädchen das Erwachen des nationalen Gewissens vor und ließ es ihrem Volk »als gottgesendete Führerin« erscheinen, die das Wunder der »Einigung der Entzweiten, Stärkung der Zweifelnden, Festigung der Staatsautorität« vollbringt, wie es der Kritiker Heinz Stephan sah, während andererseits dem Regisseur Rudolf Schröder bescheinigt wurde, dass er sich »als treuer Diener am Wort des Dichters« bewährte. Es muss nicht nur bei dieser Äußerung offen bleiben, was der Rezensent aus einem Stück herauslas oder hineininterpretierte, was an Absichtserklärungen in Druckerzeugnissen zu lesen war und was die Inszenierung tatsächlich vermittelte.

Deutlich wird diese Problematik etwa bei Grillparzers Geschichtsdrama *König Ottokars Glück und Ende*, dem Beitrag des Staatsschauspiels zum 150. Geburtstag des Dichters 1941. So hieß es im Freiheitskampf:»Dem machtlüsternen, tschechischen Phantasten mit der taktlosen Anmaßung, aber ohne die letzte seelische Widerstandskraft stellt sich der von seiner Sendung durchdrungene, gradlinige und zielklare deutsche Herrscher entgegen.« Und der Rezensent schlussfolgerte: »(...) man könnte meinen, das Werk sei heute geschrieben, so ›aktuell‹ mutet es in seiner genialen Klar- und Hellsichtigkeit an.« Es

böte damit ein Beispiel für ein politisches Gegenwartsdrama
mit geschichtlichem Stoff. – Zu einer anderen Einschätzung
kam Hellmut Fleischhauer im Dresdner Anzeiger: »(...) man
darf in dem Drama nicht ein ›politisches‹ Stück in unserem Sinne sehen. Es ist ein historisches Charakterdrama«, das an den
Aufstieg und Fall Napoleons erinnere. – Felix Zimmermann
strich in den Dresdner Nachrichten die Forderung »der Heimkehr der Deutschen ins Reich« heraus, indem er Rudolf von
Habsburg, den Kaiserlichen Gegenspieler des böhmischen
Königs zitierte: »In diesen Adern rollet Deutschlands Blut/und
Deutschlands Pulsschlag klopft in diesem Herzen.«

Von Grillparzers Auffassung, dass die tschechische Nation
gewohnt sei, »den König Ottokar als den Glanzpunkt ihrer
Geschichte zu betrachten«, war 1941 nicht mehr die Rede. Die
Tragödie eines Maßlosen degenerierte zum gerechten Sturz
eines Unwerten, wie in der Wirklichkeit der tschechische Staat
zum »Protektorat« geworden war.

Vereinnahmungen durch das Regime entgingen auch Kleist,
Lessing und Hebbels *Agnes Bernauer*, die sich der Staatsräson

unterwirft, nicht, wobei es in vielen Fällen eine Frage der Regie war, ob entsprechende Akzente gesetzt wurden oder nicht. Die Dresdner Aufführung von Kleists *Kätchen von Heilbronn* (1937) hielt das Stück von Deutschtümelei und Verklärung des Mittelalters fern, wozu auch die Musik von Leo Spieß (man hatte nicht auf die Komposition von Hans Pfitzner zurückgegriffen) beitrug und der Spielleiter Karl Hans Böhm auf die »Herausbildung des Menschlichen« bedacht blieb. Die Inszenierung hatte auch nach zweimaliger Umbesetzung der Titelrolle (auf Charlotte Strauch folgten Hedda Overbeck und Edna Vihrog) nichts von dieser Konzeption eingebüßt. Auch Lessings *Minna von Barnhelm* musste sich in Dresden keine politische Kosmetik gefallen lassen. Die Inszenierung von Georg Kiesau (1935) betonte weder das Soldatische noch das spezifisch Preußische, das Gustaf Gründgens in seiner Berliner Inszenierung von 1934 unterstrich. Kiesau ließ das Stück vom Soldatenglück vor dem Hintergrund des eben beendeten Siebenjährigen Krieges vor sich gehen (immerhin sind von den handelnden Personen vier Kriegsteilnehmer gewesen) und enthielt sich einer einseitigen Sichtweise, was die Dresdner Nachrichten honorierten: »Wir müssen uns (...) davor hüten, allzuviel Tendenz in dem Lustspiel zu sehen, denn es hieße seinen Wert einschränken, wenn wir glauben wollten, dass es im Hinblick auf gewisse politische Ziele entstanden ist.«

Zu einem Problemfall wurde *Don Carlos*, um dessen »Brauchbarkeit« für den Spielplan zumindest in Dresdner Parteikreisen Verunsicherung herrschte. Der Schriftsteller Will Vesper, Mitorganisator der Bücherverbrennung in der Elbestadt, erbat im Oktober 1934 vom Reichsdramaturgen Dr. Rainer Schlösser folgende Auskunft: »In Dresden geht das Gerücht, dass dort und ebenso in Bremen und in anderen Städten der *Don Carlos* auf Wunsch irgendeiner amtlichen Stelle sei vom Spielplan abgesetzt worden (sic), und zwar wegen der Stelle ›Sire, geben Sie Gedankenfreiheit‹ ... Ich wäre Ihnen dankbar, wenn Sie mir sagen könnten, was dran wahr ist. Ich halte es für vollkommen ausgeschlossen, dass die nationalsozialistische Bewegung davor zittert, dass an dieser Stelle irgendein paar ›Bürger‹ vielleicht demonstrieren könnten.« In

Schlössers Antwort wird betont, »dass selbstverständlich seitens der Reichsdramaturgie *Don Carlos* nicht verboten wurde. Wohl aber habe ich in einzelnen vertraulichen Besprechungen die Frage aufgeworfen, ob die oder jene Bühne gerade den *Don Carlos* geben müsse, wo die Auswahl Schiller doch ganz erheblich ist. Natürlich zittert kein Mensch vor der ›Gedankenfreiheit‹, es steht aber fest, dass wenn beispielsweise in Berlin der *Don Carlos* gegeben worden wäre, er unter allen Umständen zu einer liberalistischen Demonstration des nationalsozialistisch noch immer ziemlich zweifelhaften hiesigen Publikums geworden wäre. Aus diesen Gründen ist in Berlin in der Tat von einer Aufführung des *Don Carlos* abgesehen worden. Die Entscheidung fiel zudem in jenen Tagen, als Bassermann mit seiner jüdischen Frau in sämtlichen europäischen Staaten herumfuhr und den *Don Carlos* als Geste gegen Deutschland gab. Sie wissen, dass mir nur ein Ziel vorschwebt: Großzügigkeit. Daher werden Sie mir auch glauben, dass mündlich besser vorzubringende Gründe dafür vorhanden waren, den *Don Carlos* im Augenblick nicht zu forcieren.« Und in Klammern ist hinzugefügt: »Weimar, Stettin geben ihn übrigens.« Und Dresden brachte ihn im März 1936 heraus.

Shakespeare, den deutschen Klassikern als »nordischer Dichter« gleichgestellt, war in der Regel mit einer Neuinszenierung pro Spielzeit im Dresdner Spielplan vertreten. Nach *Coriolanus* (1933) und *Richard III.* (1935) folgten *Hamlet* (1937), *Wie es Euch gefällt* (1938) und *Ein Sommernachtstraum* (1939) mit der Musik von Carl Maria von Weber (statt des verbotenen Felix Mendelssohn-Bartholdy), zusammengestellt von Bernhard Eichhorn. Doch auch das Werk des Briten war vor »Neudeutungen« nicht gefeit. »Hamlet ist weder Engländer noch Däne«, meinte der Schriftsteller Rudolf Huch, »er ist der germanische, wir dürfen sagen: deutsche Denker, Dichter, Träumer und in jedem Sinn Kämpfer.«

Zu einer solchen Lesart ließ sich Georg Kiesau nicht verleiten. Für ihn und seinen Hauptdarsteller Paul Hoffmann war Hamlet der Dänenprinz und kein deutscher Dichter und Träumer, »sondern ein sehr bewusster, überlegener, geistesscharfer, ein humanistischer Hamlet.« (Hellmut Fleischhauer)

Schauspieldirektor
Georg Kiesau

So wenig sich Kiesau bei *Hamlet* auf eine NS-nahe Interpretation einließ, so wenig hatte Rudolf Schröder zuvor bei *Richard III.* eine regimekritische Absicht verfolgt, wie es 1937 in der Berliner Inszenierung durch Jürgen Fehling geschah. Zum besseren Verständnis der historischen Vorgänge waren in Dresden dem Stück zwei kurze Szenen aus dem Schlussakt des dritten Teiles von *Heinrich VI.* vorangestellt, die mit der Ermordung des jungen Eduard und seines Vaters in die grausige Handlung einführten. Auch der Beginn der Aufführung mit gellenden kriegerischen Fanfaren und den Emblemen der weißen und der roten Rose auf dem zweiteiligen Zwischenvorhang dienten diesem Zweck. Das Geschehen, »streng und konsequent auf die Gegenpole des Stückes bezogen, (...) kreist eng um Richard Gloster, den Ponto spielt.« (Dresdner Anzeiger) Er bot nach übereinstimmenden Pressemeinungen eine grandiose Leistung. Beide Shakespeare-Inszenierungen gehörten zu den großen Dresdner Theaterabenden während des Dritten Reiches.

Wie zu anderen Zeiten dienten Klassiker auch nach 1933 als künstlerisches Aushängeschild bei bestimmten Anlässen und staatspolitischen Verpflichtungen. 1934, zum 175. Geburtstag Schillers, wurde im Spielplan zu der *Braut von Messina* und *Wilhelm Tell*, die 1932/33 herausgekommen waren, *Maria Stuart* hinzugefügt. In das Olympiajahr 1936 fielen zwei Gedenkanlässe: der 100. Todestag von Christian Dietrich Grabbe und der 125. Todestag Heinrich von Kleists. Dresden brachte *Don Juan und Faust* und *Das Kätchen von Heilbronn*.

Friedrich Hebbel wurde zu seinem 125. Geburtstag 1938 in verschiedenen Städten mit einer Festwoche geehrt. Dresden entschied sich für eine Neueinstudierung von *Gyges und sein Ring*. Diese und andere Dramen erschienen auch an nationalen Gedenktagen, sofern zeitgenössische Stücke nicht zur Verfügung standen – wie dem Tag der »Machtübernahme« (30. Januar), dem 9. November (Marsch auf die Feldherrnhalle in München 1923), dem Volkstrauertag für die Gefallenen des Weltkrieges (5. Sonntag vor Ostern), dem 1. Mai als Nationalfeiertag und selbstredend Hitlers Geburtstag (20. April).

Ein anderer Aspekt der Spielplangestaltung war die Bündelung von Stücken unter bestimmten thematischen Gesichtspunkten – eine Praxis, die auch schon vor 1933 nachweisbar ist. So gab es in den Spielzeiten 1934/35 und 1935/36 einen Zyklus *Die Komödie der Völker*, der insgesamt fünf Stücke umfasste: *Donna Diana* (Moreto), *Der Revisor* (Gogol), *Minna von Barnhelm* (Lessing), *Der Widerspenstigen Zähmung* (Shakespeare) und *Der Diener zweier Herren* (Goldoni). Auch ein Molière war geplant, er kam aber nicht zustande. Dieser Zyklus sollte Weltoffenheit dokumentieren. »Es ist ein Trugschluss, dass eine rein völkische Kultur- und Kunstpolitik, wie sie der Nationalsozialismus verfolgt, eine geistige oder künstlerische Einengung bedeute, die, aufs Theater angewandt, sich etwa in der Ausschaltung von Theaterstücken anderer Völker aus dem deutschen Spielplan auswirke.« Der neue Staat habe nicht im mindesten die Absicht, hieß es in einer Presseerklärung des Dramaturgischen Büros der Staatstheater weiter, »den künstlerischen Gesichtskreis des deutschen Volksgenossen zu beschränken. Er lasse es sich vielmehr, entsprechend dem Goethe'schen Begriff einer Weltliteratur, sehr angelegen sein, die großen dramatischen Kunstwerke der Völker offenen Blicks und Herzens aufzunehmen, mit der Achtung, die jeder großen Leistung der Menschheit gebührt.« (Dresdner Anzeiger)

Der Zyklus war eine der letzten Unternehmungen, die noch einmal bedeutende Namen des europäischen Theaters vereinigte. Nach Ausbruch des Krieges unterlagen namentlich »feindliche Ausländer«, wozu auch die klassischen Dichter der einzelnen Länder gezählt wurden, einer Beschränkung, die von Weltoffenheit nichts mehr erkennen ließ.

Eine andere Spielplankomponente bezog sich auf die österreichische und nordische Dramatik, die im Dresdner Repertoire einen festen Platz einnahm. An Ibsens *Volksfeind* (1932) schloss sich – als Beitrag zur Reichs-Theaterfestwoche – *Peer Gynt* in der Dietrich-Eckart-Bearbeitung (1934) an, und in der Saison 1936/37 folgten *Die Kronprätendenten*. 1940 empfahl sich mit einer Gastinszenierung der *Stützen der Gesellschaft* der Regisseur Victor Ahlers aus Bochum als Nachfolger für den verstorbenen Georg Kiesau, und 1941 kam *Nora* unter dem Titel *Ein Puppenheim* heraus.

Auch bei den Österreichern lässt sich im Dresdner Theater Kontinuität nachweisen. Auf Nestroys *Einen Jux will er sich machen* und Grillparzers *Weh dem, der lügt!* folgten nach 1933 Hermann Bahrs *Konzert* und Anzengrubers *Kreuzelschreiber*. Mit Nestroys Lokalposse *Zu ebener Erde und erster Stock* hatte sich 1935 Dr. Karl Hans Böhm, der Nachfolger von Josef Gielen im Amt des Oberspielleiters, vorgestellt und eine amüsante, lebendige Inszenierung, die zu seiner festen Verpflichtung führte, mit Erich Ponto, Paul Hoffmann und Fee von Reichlin geschaffen. Es schlossen sich Adaptionen von zwei weiteren Nestroy-Stücken durch Hans Hömberg und Alois J. Lippl an, flankiert von Grillparzers Liebestragödie *Des Meeres und der Liebe Wellen* (1939) und *König Ottokars Glück und Ende* (1941). Und Ferdinand Raimunds *Verschwender*, das in Dresden immer wieder inszenierte Zaubermärchen, kam 1942 heraus. Doch zu

Oberspielleiter
Dr. Karl Hans Böhm

diesem Zeitpunkt war von der österreichischen Dramatik offiziell nicht mehr die Rede: Sie galt nun als »deutsche Dramatik der (ins Reich heimgekehrten) Ostmark«.

Das »neue deutsche Drama«

Nach den Vorstellungen der braunen Machthaber sollte Theater nicht nur Pflegestätte klassischer Werke sein, sondern vor allem »wirksamer Künder der nationalsozialistischen Weltanschauung« (W. Nufer) die ihren Ausdruck im »neuen Drama« zu finden hatte.

»Von Tag zu Tag enthüllen sich die Notwendigkeiten, die Bedeutung, die Größe und Tiefe der nationalsozialistischen Revolution immer deutlicher. Es war wirklich eine Revolution: das Unterste wurde zu oberst gekehrt. Das Unterste waren deutsches Volk und deutsches Leben, geringschätzig, missachtet, verhöhnt. Und mit einemmal stehen deutsches Volk und

94

Leben oben als unabänderliche Richtschnur und ewiges Gesetz! Das Letzte ist das Erste geworden. Es war die wunderbare Tat Adolf Hitlers.« Diese bei Joseph Wulf aus einem Artikel vom November 1933 zitierte Feststellung bezog sich zwar auf die »deutsche« Musik, die nach Ansicht des Schreibers bisher im Schatten »undeutscher« Musik hatte stehen müssen, doch lässt sie sich mutatis mutandis auch für die Dramatik in Anspruch nehmen. Die »undeutsche« Bühnenkunst der Weimarer Republik sollte ebenso wie die »Novemberliteratur« überwunden und ausgeschaltet werden, um zu einem »deutschen Drama« und einem »deutschen Spielplan« zu kommen. Ein wesentlicher Schritt dahin war das schon Ende der zwanziger Jahre in Stücken gestaltete Kriegserlebnis. »Die führende ältere junge Dramatikergeneration verdankt dem Kriege, der ja nur scheinbar 1918 beendet ist, alles – und in solchem Maße, dass man sagen darf: sie alle sind nicht in irgendeiner Stadt, in irgendeinem Dorfe Deutschlands geboren, sondern vielmehr in den Granattrichtern Flanderns, im Trommelfeuer der Somme, vor Reims, vor Verdun oder in den Tankschlachten bei Cambrai.« Damit hat Friedrich Bethge, ein Wegbereiter und Protagonist dieser Entwicklung, den Ausgangspunkt der neuen deutschen Dramatik formuliert. »So fußt das neue deutsche Drama im Erlebnis des Krieges und in der großen deutschen Erhebung, die man auch die metaphysische Rache der betrogenen Frontsoldaten nennen darf.« (Zitiert nach Günther Rühle)

Der von Bethge beschworene Frontgeist, verbunden mit Heldenverehrung, beherrscht auch Heinrich Zerkaulens Schauspiel *Jugend von Langemarck*, das den Angriff junger Freiwilligenregimenter in der Schlacht bei Ypern im Herbst 1914 zum Inhalt hat und ihren Opfertod für Deutschland glorifiziert. Das Stück, am 9. November 1933, dem Gedenktag der NSDAP, am Staatstheater Dresden uraufgeführt, setzte im Spielplan eine Linie fort, die mit Graff/Hintzes *Die endlose Straße* (1932) eingeschlagen worden war und mit dem Schauspiel *Die Heimkehr des Matthias Bruck* von Sigmund Graff 1935 ihre Fortsetzung fand. Diese Tragödie eines Verschollenen als dem bittersten Nachklang des Krieges bringt den Fall eines Totgeglaubten auf die Bühne, der nach achtzehnjähriger Abwesenheit zu Weib,

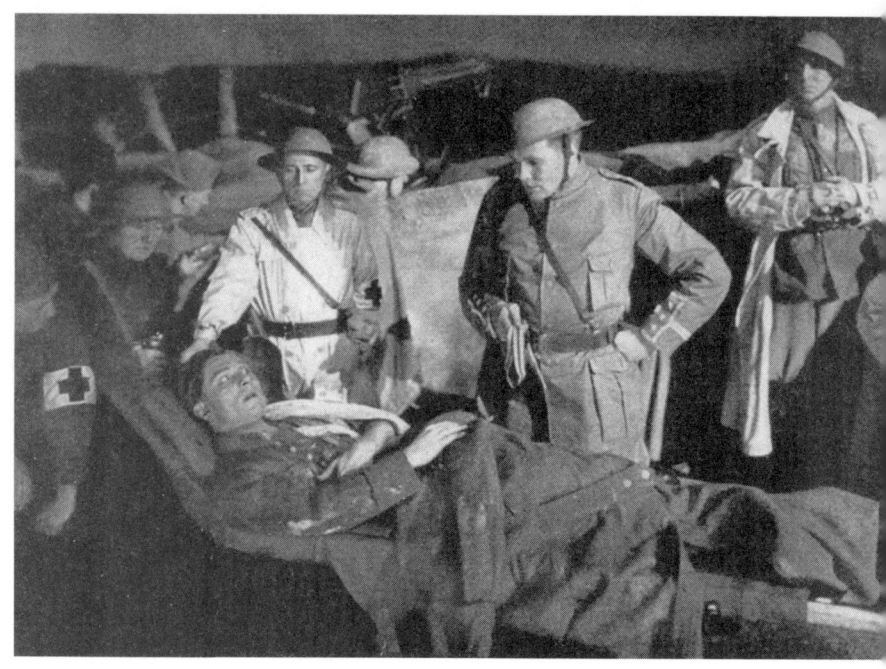

Das »neue deutsche Drama«:
Szene aus *Jugend von Langemarck*

Kind, Haus und Hof zurückkehrt, seinen Platz besetzt findet, sich als Knecht verdingt, wo er einst Herr war, und schließlich Selbstmord begeht.

Neben den Frontstücken hatte im Dresdner Spielplan inzwischen eine andere Richtung Raum gegriffen: das Volksstück. 1933 brachte das Staatsschauspiel einen Zyklus *Deutsche Heimat*, der mit *Der Zwischenfall*, einer Kleinstadtgeschichte des Bayern Joseph Maria Lutz, und *Datterich* des Darmstädter Ernst Elias Niebergall begann und mit der Holsteiner Komödie *Das Kind* von Ottomar Enking sowie Emil Rosenows Komödie aus dem Erzgebirge *Kater Lampe* fortgesetzt wurde. Der Dresdner Anzeiger urteilte: »Freudiger und besser denn je weiß heute jeder Theaterbesucher diese prächtigen Volks- und Dialektstücke in einen größeren Rahmen einzufügen, in den größten und wichtigsten überhaupt, der unser Leben einschließt: die

wirkende, ewig frische Volksgemeinschaft.« Die Aufführungen
vermittelten Idylle, sparten nicht mit der Betonung des Boden-
ständigen, dem Zug zum Schlichten und Einfachen, der als
deutscher Wesenszug verstanden werden sollte, und sie zeigten »im besten Sinne Heimatkunst« (Dresdner Anzeiger).

Diese Linie fand in den folgenden Jahren ihre Fortsetzung
mit *Ein deutsches Herz*, ein Spiel um Ludwig Richter von Kurt
Arnold Findeisen, der Uraufführung von Joseph Maria Lutz'
volkstümlichem Stück *Der Brandner Kaspar schaut ins Paradies*, in dem ein achtzigjähriger schlitzohriger Waldwärter und
Jäger mit dem Boarnlkramer (dem Tod) um seine Abberufung
von dieser Erde feilscht, und dem Schelmenstück aus dem
Hopfenlande *Der Holledauer Schimmel* von Alois Johannes
Lippl, das von einem Dorfkrieg handelt, von Reibereien zwischen Jungen und Alten, von Liebe und Hass und einem Pferd.

Doch so gemütvoll und unbeschwert wie diese Werke nahmen sich nicht alle Volksstücke aus. In ihnen konnte leichter
als in Konversationskömödien NS-Gedankengut untergebracht
und transportiert werden, wie es Hans Christoph Kaergel prak-

Erich Ponto und Stella David in *Das Kind* (1933)

tizierte. Der aus dem Riesengebirge stammende ehemalige Volksschullehrer gestaltete »Volkstumskampf« im tschechisch-deutschen Grenzgebiet. Das Schauspiel *Andreas Hollmann*, das – nach Meinung des Dresdner Anzeigers – »ein Volksstück im besten Sinne« ist, spielt in der Gegenwart und behandelt den Konflikt um eine deutsche Schule, die geschlossen wird, weil die Schülerzahl unter vierzig gesunken ist, was zur Folge hat, dass die Kinder zukünftig einen Schulweg von zwei Stunden zurücklegen müssen. Die Empörung der Einwohner steigert sich, als bekannt wird, dass aus ihrer Bildungseinrichtung eine tschechische Minderheitenschule werden soll. Hollmann, Gastwirt und Gemeindevorsteher, rät zu Besonnenheit und setzt auf Verhandlungen mit Prag, weil dies ihm die einzige Möglichkeit scheint, einen friedlichen Ausgleich zu finden und das Volkstum zu bewahren. »Es ist die Bejahung des Erleidens und Aushaltens um des Deutschtums willen, das Sich-Finden im Ertragen von Unrecht, wenn es nur der Weg ist, sich in einem fremden Lande als Volk zu erhalten und diesem Volke seine Scholle zu bewahren.« So kommentierte Der Freiheitskampf Hollmanns Haltung.

Ging es bei diesem Stück, im Februar 1933 in Dresden uraufgeführt, um Schulkampf, ist das Thema des Volksstückes *Hockewanzel* von Kaergel Kirchenkampf. Die Handlung spielt Anfang des neunzehnten Jahrhunderts in einer böhmischen Gemeinde, in dem der tschechische Bevölkerungsteil die Minderheit darstellt. Der Bauernpriester Hocke Wenzel, genannt Hockewanzel, weigert sich, das deutsche Gotteshaus auch für die »Fremden«, die »Böhmischen«, zur Verfügung zu stellen, damit jene dort in ihrer Sprache beten können. Es kommt nicht nur mit ihnen zum Konflikt, sondern auch mit der weltlichen und kirchlichen Obrigkeit, doch Hockewanzel widersteht allen Anfechtungen und Anfeindungen und verteidigt gegen jedermann »sein Deutschtum«.

Suchte Andreas Hollmann noch den Kompromiss mit der tschechischen Staatsmacht, lässt es Hockewanzel auf die Konfrontation ankommen und wirft den abgesandten Kanzler die Treppe hinunter, wohl wissend, dass seine Karriere innerhalb der Kirche damit zu Ende ist; doch er handelt in dem festen

Glauben, dass seine Landsleute den »Volkstumskampf« weiter-
führen werden. Die antitschechische Tendenz beider Stücke ist offensichtlich: Die Presse hat sie propagandistisch noch herausgestri-
chen:»Nach der vierzehnjährigen unerhörten Unterdrückungs-
politik, nach dem Terrorregiment, das die Tschechen kalt und
verständnislos gegen einen Teil des deutschen Volkes ausgeübt
haben, ist es notwendig, dass die Deutschen des Inlandes gelegentlich daran erinnert werden, über ihrer eigenen Not nicht
die Bedrängnis ihrer Brüder im Grenzland zu vergessen.« (Der
Freiheitskampf)

Hockewanzel erschien zwei Jahre nach *Andreas Hollmann*
im Dresdner Spielplan (März 1935). In der Spielzeit 1935/36
folgte von demselben Autor noch *Rübezahl* als Uraufführung,
die aber ziemlich folgenlos blieb, da das Stück – im Unterschied zu den beiden Vorgängern mit über sechzig Inszenierungen jeweils – kaum nachgespielt wurde.

Wie bei Kaergel bestanden auch bei anderen Autoren Kontakte zum Staatsschauspiel, und sie bevorzugten es als Urauf-
führungsbühne. Der Chemnitzer Schriftsteller Hanns Gobsch
gehört dazu, von dessen *Rußlandtrilogie* zwei Teile zuerst in
Dresden herauskamen: im Dezember 1935 *Der andere Feldherr*, das »die Niederlage des russischen Heeres unter Armee-
führer Samsonow bei der Schlacht von Tannenberg« 1914 zum
Inhalt hat (Barbara Panse), und im Februar 1938 *Der Thron
zwischen den Erdteilen*, dessen Handlung den Aufstieg der Prinzessin von Anhalt-Zerbst zur russischen Kaiserin Katharina die
Große beschreibt und deutsche Überlegenheit gegenüber sla-
wischer Minderwertigkeit unterstreicht. Während des Krieges
wurde auch sein Drama *Maria von Schottland* in Dresden
gespielt (1940), das auf der Vorgeschichte von Schillers Trauerspiel fußt, sich mit diesem aber nicht im Entferntesten messen
kann.

Von Fritz Helke – er wurde den jungen, so genannten HJ-
Dramatikern zugerechnet – brachte Dresden drei Stücke zur
Uraufführung: Als erstes erschien 1938 *Der Herzog von Enghien*, in dem das Schicksal eines nach Baden emigrierten Bour-
bonensprösslings geschildert wird, der nach der französischen

Besetzung verhaftet und von Napoleon hingerichtet wird. Es folgte 1940 *Der Schöppenmeister*: Der Königsberger Schöppenmeister Rohde, die Rechtsautorität der Stadt, beruft sich auf die alten verbrieften Rechte der freien preußischen Städte und des ständischen Landtages und gerät darüber in Widerspruch zum autoritären Herrschaftsanspruch des Großen Kurfürsten von Brandenburg, der vom Herzogtum (Ost-)Preußen die Unterwerfung unter seinen höheren Willen fordert und durchsetzt. An diesem Stück ist der Ruf nach dem starken Staat ebenso ablesbar wie eine antipolnische Tendenz, wenn die starrköpfige, aber redliche Michael-Kohlhaas-Natur des Schöppenmeisters durch eine polnische Gräfin zu hochverräterischem Tun verleitet wird, das ihn (und sie) ins Verderben stürzt.

Im Fiasko endet auch das dritte Stück von Fritz Helke, das er in Dresden zur Uraufführung brachte, *Maximilian von Mexiko* (1942), »Erzherzog (...) von Habsburg, der 1864 die mexikanische Krone annahm und den kurzen phantastischen Kaisertraum 1867 mit dem Tode büßen musste« (Doering-Manteuffel). Als ein »Drama edelstolzen Mannestums« wurde es von der Presse eingestuft, denn es veranschaulichte eine deutsche Führernatur, »die eine ungewöhnliche Aufgabe übernimmt und ihr selbstbewusst treu bleibt, auch als sie erkennen muss, dass sie unlösbar ist« (Dresdner Anzeiger).

Eine bedeutungsvollere Stellung als diese Autoren nahm Otto Erler ein. Der promovierte ehemalige Gymnasiallehrer aus Thüringen und zeitweilige Dramaturg in Weimar und Dresden galt als Dresdner Hausautor. Fast alle seine Stücke waren hier zuerst aufgeführt worden. Die letzte Premiere vor Hitler hatte es 1930 gegeben: *Marfa*, eine sich auf den Demetrius-Stoff beziehende Tragödie um eine Nonne. Bis 1936 folgten Neuinszenierungen seiner Historien *Zar Peter* von 1905 und *Struensee* von 1916, die Geschichte des deutschen Arztes, der im achtzehnten Jahrhundert in Dänemark zum Herrscher aufstieg und durch den Hof zu Fall gebracht wurde.

1937 trat Erler mit dem Stück *Thors Gast* hervor, dem ersten Teil einer Trilogie unter dem Titel *Thor und der Christ*, das die Auseinandersetzung zwischen dem germanischen und dem christlichen Glauben zum Inhalt hat und »blutmäßig deutsche

Art« im Kampf gegen »wesensfremde Mächte« verdeutlichen sollte. In *Thors Gast* kommt der Zögling eines Klosters auf eine Insel im Nordmeer, deren Bewohner er zum christlichen Glauben bekehren soll. Stattdessen erfahren nicht sie, die noch die germanischen Götter verehren, eine Wandlung, sondern der fremde Heilsbringer. Er wird zum Bauern, heiratet die Tochter des Sippenältesten, und auch der Bischof, der ihn aufzog, aussandte und nun zurückholen will, vermag nichts auszurichten. Thysker, der Christ, hat bei den Thor-Anhängern eine neue Heimat gefunden.

Das Stück, von Goebbels nicht sehr geschätzt (er hielt es, wie aus seinen »Tagebüchern« hervorgeht, für ein »dramatisiertes Rosenberg-Programm. Ganz undichterisch und unkünstlerisch«), machte dennoch Furore und erzielte über sechzig Inszenierungen. Anlässlich der 25. Aufführung des Stückes in Dresden (Januar 1938) war in einem Brief des Autors an den Freiheitskampf zu lesen:»*Thors Gast* wurde nach seiner Dresdner Uraufführung (am 29. Januar v. J.), an die sich die Weimarer Erstaufführung unmittelbar anschloss, von etwa fünfzig Bühnen erworben, von Riga bis Saarbrücken und Hamburg bis München. Gespielt wurde und wird demnächst das Bühnenwerk aber in weit über hundert Städten. Das erklärt sich unter anderem daraus, dass zum Beispiel die Sächsische Landesbühne Dresden es in einer Reihe von Städten aufführt, die Schlesische Landesbühne von Breslau aus in drei Spielkreisen und die Bayrische Landesbühne München ebenfalls in drei Spielkreisen, die eine größere Zahl von Städten einschließen.« Das Staatstheater Dresden gastierte mit *Thors Gast* 1939 in Reichenberg, nunmehr Theater des Sudetengaues, und im Stadttheater Außig.

Es lag nahe, dass der zweite und dritte Teil der Erler'schen Trilogie ebenfalls in Dresden herauskam, doch scheint es diesbezüglich im Vorfeld Schwierigkeiten gegeben zu haben, denn die als inoffiziell deklarierte Uraufführung von *Not Gottes* am 3. November 1942 war eine »Sondervorstellung (...) vor Männern der SS«, wie im Dresdner Anzeiger verlautbart. »Ein kämpferisches Stück vor einer kämpferischen Gemeinschaft, eine geistig bedeutende Uraufführung vor Soldaten, das ist eine politisch wie kulturpolitisch gleich bedeutsame Tatsache, die Zeugnis ablegt für eine starke und ganz besondere Initiative, die in diesem Falle von Dresden ausgeht.« In dieser Hinsicht irrte sich der Berichterstatter. Die Hintergründe dieser eigenartigen Premiere erhellt ein Bericht des Reichspropagandaamtes Sachsen an das Reichsministerium für Volksaufklärung und Propaganda, in dem es heißt:»Im Schauspielhaus zu Dresden wurde Anfang November in einer geschlossenen Uraufführung für das SS-Hauptamt Berlin und in einer am nächsten Tage folgenden öffentlichen Uraufführung das zweite Stück der Trilogie von Otto Erler *Not Gottes* herausgebracht. Diese Uraufführung dürfte weniger auf Wunsch und Initiative des Staatlichen Schauspielhauses als auf Betreiben der SS zurückzuführen sein. SS-Obergruppenführer von Woyrsch brachte bei der Uraufführung den Wunsch zum Ausdruck, dass in Dresden auch das dritte Stück der Trilogie uraufgeführt werden möge.« Es darf angenommen werden, dass das Schauspielhaus auch hierbei von der SS in die Pflicht genommen wurde.

Während *Not Gottes* zur Zeit der Kreuzzüge spielt und auch in diesem Stück (Erler spricht von »Bühnenwerk«) »die großen geistig-seelischen Mächte des germanischen und des christlichen Glaubens in einer konfliktreichen Auseinandersetzung« einander gegenübertreten, stehen im Zentrum von *Blutsfreunde*, dem dritten Teil der Trilogie,»Luthers religiöses Kämpfertum, die fundamentale Umwertung des Weltbildes durch Copernicus und darüber der Gottesgedanke des ahnentreuen, bäuerlichen deutschen Menschen« (Dresdner Zeitung). Thorwald,»ein wahrer Lehnsmann der Sonne«, kämpft wie seine Vorgänger für Sippe und Volk.

Erler hatte mit seinen Stücken dazu beigetragen, das umzusetzen, was den NS-Ideologen als kulturpolitisches Konzept für Drama und Theater vorschwebte: Sie sollten ihre Aufgabe in der sittlichen Erneuerung des Volkes erblicken, zu den völkischen Wurzeln vorstoßen, den Stolz auf die deutsche Geschichte vermitteln, den durch den »Novembergeist« beschädigten oder verschütteten deutschen Tugenden wie Mut, Tapferkeit, Ehre, Treue, Kameradschaft, Stammesverbundenheit

Schlageter (1933),
Schauspiel von Hanns Johst

und Glauben an das Reich wieder zu ihrer einstigen Geltung
verhelfen, das Heroisch-Kämpferische in den Mittelpunkt stellen, die gebrachten Opfer ehren und nationale wie persönli-
che Größe anerkennen. Die großen Männer der Vergangenheit
gehörten in den Kreis dieser verehrungswürdigen Persönlich-
keiten ebenso wie diejenigen Zeitgenossen, die sich aus der
Masse heraushoben und als Führer legitimierten. Eine ganze
Richtung der auch in Dresden zur Aufführung gelangten NS-
Dramen wird von diesen »Heldengestalten« dominiert, ob
Johsts Schlageter, Kolbenheyers Giordano Bruno (*Heroische
Leidenschaften*), Erlers Struensee oder Zerkaulens *Admiral
Brommy* und Langenbecks Bürgermeister Leisler (*Der Hoch-
verräter*). Sie sollten für das Publikum Vorbildfiguren sein.
Auch aus dem Mittelalter, der Geschichte der Staufer und
anderer deutscher Kaiser wurden zahlreiche Stoffe aufgegrif-

fen und die Taten ihrer Helden ins Bewusstsein gebracht wie etwa in Langenbecks *Heinrich VI.*, Walter Buhrows Tragödie *Hildebrand und Hadubrand*, in der – abweichend von der bekannten Lesart – der Sohn den Vater tötet, und Kolbenheyers *Gregor und Heinrich*, der mit diesem Drama über die Ereignisse von Canossa 1077 den deutschen Kaiser gegenüber dem Papst als Sieger dieser Begegnung darstellt. Der Autor begründete die besondere Dramatik dieses Ereignisses, seine außergewöhnliche Stellung in der Geschichtswissenschaft sowie seine Eignung als dichterische Vorlage damit, »dass bei einem überwältigenden Geschichtsakte zum ersten Male in der Weite eines Symbols, die europäisch genannt werden kann, das mittelländische Wesen gegen das nordisch-germanische unserer Rasse zur geistigen Entscheidung gelangt ist, bei der es auf die Unterwerfung des Nordens ankam, die wahrscheinlich Reich und Volk einer völlig anderen Entwicklung zugeführt hätte. Die Entscheidung ist aber zugunsten des deutschen Wesens ausgefallen.«

Das deutsche Wesen: Es manifestierte sich nicht nur in der germanischen Sagenwelt und in historischen Ereignissen, es zeigte sich auch in der Bindung an »Blut und Boden«, »Bauerntum und Scholle«, am stärksten wohl aber im Preußentum, als dessen legitime Nachfolger sich die Nationalsozialisten verstanden. Und es ist kein Zufall, dass in der Themenskala der NS-Dramatik die preußische Geschichte und ihre Repräsentanten einen großen Raum einnahmen. Denn Preußentum war die Inkarnation von Selbstlosigkeit, Disziplin und Opferbereitschaft, bedeutete die Unterordnung des Einzelnen unter die Staatsräson, eine soldatische Erziehung und Pflichterfüllung bis zum Letzten.

Das Dresdner Engagement für diese Thematik war allerdings nicht sehr ausgeprägt. Im September 1935 kam von Hans Schwarz *Prinz von Preußen* heraus, ein Stück über Louis Ferdinand, der als General in der Schlacht bei Jena und Auerstedt fiel, und »das preußisch-soldatische Mannesideal als höchsten Wert« verkörperte (Boguslaw Drewniak). Und im April 1939 folgte die Tragödie *Rebellion um Preußen* von Friedrich Bethge, die das Schicksal des Deutschen Ritterordens nach der

Schlacht bei Tannenberg 1410 und das Ende des Hochmeisters Heinrich von Plauen behandelt.

Bevorzugt wurden in Dresden Ereignisse aus der sächsischen Geschichte wie *Das Spiel vom Prinzenraub* von Kurt Arnold Findeisen (1937) und Karl Zuchardts *Held im Zwielicht* (1941), ein Stück um den Kurfürsten Moritz von Sachsen, der zu Macht und Größe aufstieg, fiel und den Kaiser, den »spanischen Karl«, mit sich riss. Beide Stücke waren kaum für das »neue Drama« in Anspruch zu nehmen. Findeisens chronikartige Darstellung des Altenburger Prinzenraubs von 1455 durch den Ritter Kunz von Kaufungen konnte eher als szenische Heimatkunde denn als völkische Geschichtslektion angesehen werden. Und Zuchardts Moritz-Drama war ein historisches Stück, das Zeitbezug zu analogem Geschehen der Gegenwart oder der jüngsten Vergangenheit auch nicht erkennen ließ, sofern man es nicht hineingeheimniste. Die Dresdner Uraufführung im Februar 1941 brachte dem Autor die Bestätigung, dass er nicht nur eine leichte Hand für das heitere Stück besaß (*Erbschaft aus Amerika* und *Die Prinzipalin* waren 1936 bzw. 1939 vorausgegangen), sondern auch den nötigen Atem für ein Geschichtsdrama.

In den staatlicherseits geforderten kulturpolitischen Rahmen ließen sich auch die im Schauspielhaus gespielten Märchen nicht einpassen, und es wurden kaum Anstrengungen unternommen, sie zu aktualisieren, um ihre Eignung für einen »deutschen Spielplan« zu gewährleisten. *Christkinds Schleier*, *Das tapfere Schneiderlein*, die Geschichte von der *Prinzessin Eigensinn*, vom Nussknacker Knurks, das Schicksal des Puppenspielers Guntersbacher mit seiner Zauberlaterne und die Wanderung zur Krippe hätten ebenso gut vor der Hitlerzeit gespielt werden können.

Als keineswegs repräsentativ für einen »deutschen Spielplan« musste auch die heitere Gebrauchsdramatik gelten, die zahlreich im Dresdner Repertoire vertreten war und nicht einmal in den Inszenierungen Zeitbezug erkennen ließ: kein deutscher Gruß, keine Uniformen, Bilder oder sonstige Embleme, die deutlich machten, wann und wo ein Stück spielte. Was 1933/34 vielversprechend und fast beispielhaft für die Machthaber begonnen hatte – ein auf die NS-Ideologie und -Belange orientierter und ausgerichteter Spielplan –, erfüllte zehn Jahre später ihre Erwartungen nicht mehr. Daran änderte auch die Vielzahl der Uraufführungen (nahezu dreißig von 1933 bis 1938) nichts. In dem bereits erwähnten Bericht des Reichspropagandaamtes Sachsen an das Goebbels-Ministerium betreffs Erlers *Not Gottes* wird moniert: »Im Hinblick auf den in seiner Zusammensetzung und Inhalt nicht in allen Phasen gutzuheißenden Spielplan des Schauspielhauses kann diese hervorstechende Uraufführung besonders begrüßt werden.«

Eine vollkommene Gleichschaltung und linientreue Ausrichtung hatten die Nazis im Dresdner Staatsschauspiel – wie auch an anderen Großstadtbühnen – offensichtlich nicht erreicht.

Unterhaltungsstücke im Repertoire

Seit je gehörten zum Repertoire des Staatsschauspiels kultivierte Konversationsstücke, und daran änderte sich auch nach 1933 nichts. Dabei lag das Schwergewicht nicht auf gängigen Konfektions-Lustspielen mit ihren üblichen Verwechslungen, Missverständnissen und ihrer Überdosis Situationskomik. Bevorzugt wurde Dezentes statt Knalligem, ein spritziger Dialog mehr geschätzt als vordergründige Pointenhascherei, Anspruchsvollem gegenüber Seichtem der Vorzug gegeben. Auch durften die Stücke einen eher literarischen Stoff behandeln, ins Anekdotische gehen, bis hin zur gepflegten Komödie mit Anspruch. An Angeboten fehlte es nicht, und so erschienen zwischen 1933 und 1944 im Spielplan heitere Werke, die sich anderswo bereits bewährt hatten oder als Entdeckungen des Staatsschauspiels gelten konnten und in Dresden zur Uraufführung kamen. Einige tauchten auch nach dem Kriege noch in Spielplänen auf.

Und eine zweite Feststellung lässt sich bei Durchsicht der heiteren Gebrauchsdramatik treffen: Da ihr Erfolg in entscheidendem Maße von einer guten Besetzung abhing, bedingte das oft den Einsatz derselben bewährten und zugkräftigen Darstel-

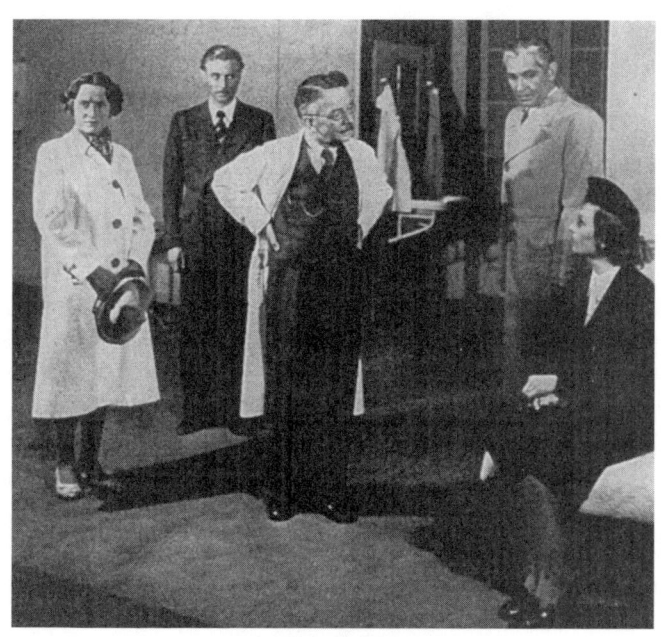

Die Eisheiligen, 1941 (von li. nach re.):
Virginia Dulon, Heinz Klingenberg,
Erich Ponto, Gothart Portloff
und Gerda Zinn

ler. Kritiken wie zu dem heiteren Spiel *Die Eisheiligen*, einer Arztgeschichte von Adalbert Alexander Zinn, sind dafür typisch: »Der große Erfolg des Abends hieß: Erich Ponto. Seine Gestaltung der Rolle des Professors Wittrisch wuchs weit über das Komödienmanuskript hinaus zur Geschlossenheit eines menschlichen Porträts, aus dem Güte, Humor und so etwas wie tiefere Weisheit leuchteten. Mit Recht zeichnete man den Meister mit besonders herzlichem Beifall aus.« (Dresdner Anzeiger)

Diese Inszenierung von 1941 hatte bis Kriegsbeginn etliche Vorgänger, bei denen ebenfalls die Mitwirkenden die Garantie für den Erfolg boten. In dem Lustspiel *Flitterwochen* von Paul Helwig, das über viele Bühnen ging und im Januar 1939 auch in Dresden herauskam, war Paul Hoffmann in der Rolle des Architekten Ulbrich zu sehen, Die Kritik urteilte: »Hoffmann spielt sie mit Glanz, trocken und scharmant (sic) zugleich, simpel und gewitzt zugleich, philosophisch und verliebt zugleich. Er hat und nimmt den Löwenanteil und gibt der ganzen Aufführung dadurch den fein spielenden Witz.« (Hellmut Fleischhauer) Ähnliche Beispiele ließen sich auch für andere Darsteller finden.

Die Liste der heiteren Unterhaltungsstücke ist umfangreich, auf jede Spielzeit fallen drei bis fünf Werke unterschiedlicher Thematik und Qualität, und es gehörten dazu auch Operetten: *Wenn die kleinen Veilchen blühen, Traum einer Nacht, Glückliche Reise* und *Herz über Bord* sind hier zu nennen, und ihre Aufführungszahlen sprechen für ihre Beliebtheit beim Publikum. Sie boten den Darstellern willkommene Abwechslung und gingen nie ohne künstlerische Unterstützung durch Opernkräfte in Szene. In Robert Stolz' Singspiel *Wenn die kleinen Veilchen blühen* stand Maria Elsner zur Verfügung. Sie spielte auch in *Traum einer Nacht* (1933). Hilde Clairfried und die Operettensängerin Lizzi Waldmüller a. G. gefielen in Eduard Künnekes *Glückliche Reise* (1934) und Tino Pattiera glänzte neben Fee von Reichlin in Künnekes *Herz über Bord* (1935). In fast allen Einstudierungen dieses Genres bewährten sich vom Schauspielensemble Alice Verden, Stella David, Erich Ponto und Paul Hoffmann.

1934 erfreute die Zuschauer *Das lebenslängliche Kind*, ein Lustspiel von Robert Neuner, das Erich Ponto zum Erfolg führte. Hinter dem unbekannten Verfasser verbarg sich der bei den Nazis verbotene Erich Kästner, und seiner Geschichte vom inkognito reisenden millionenschweren Unternehmer lag sein 1933 ebenfalls verbotener Roman *Drei Männer im Schnee* zugrunde. – 1936 sind es *Die vier Gesellen* von Jochen Huth, die als Absolventinnen einer Kunstgewerbeschule eine Mädchenfirma gründen und nach der Maxime leben: Geschäftsinteresse geht vor Privatinteresse, bis sie schließlich männlicher Anfechtung unterliegen. »Manja Behrens hat hier wohl zum ersten Male eine Rolle, in der ihre natürliche Frische und herbe Mädchenhaftigkeit heiter und ernst zugleich sein kann; wie sie (aus sprödem Trotz, kühler Verständigkeit und ungebärdigem Temperament den Typus des jungen Mädchens unserer Zeit hinstellt, das ist ebenso apart wie natürlich, ist ein Beweis einer starken Begabung.« (Dresdner Anzeiger)

Manja Behrens spielte auch neben Alice Verden und Gothart Portloff in einem englischen Import, der 1937 noch möglich war: *Der erste Frühlingstag* von Dodie Smith. Diese heitere Alltagsgeschichte – halb Bilderbuch, halb Film – schildert einen Tagesablauf, eben den ersten Frühlingstag, wo so manches durcheinander gerät, von gewöhnlichen Menschen mit ihren Problemen und Kümmernissen. Zwei Komödien der Spielzeit 1937/38 erhoben literarischen Anspruch und gelangten beide zur Uraufführung in Dresden. *Bengalische Zukunft* von Michael Gesell und Ernst Martin war ein Gesellschaftsstück vor historischem Hintergrund und fußte auf einer »nur in wenigen Szenenbruchstücken ausgeführten dramatischen Idee Heinrich Laubes«. Es ging um den 1772 ernannten englischen Statthalter in Bengalen und um die so genannten »Juniusbriefe«, die gegen das herrschende Regime gerichtet waren. »So sind denn in dem Stück, wie bei Scribe, die Fäden des politischen Spiels und der menschlichen Beziehungen mannigfach miteinander verknüpft.« (Heinz Stephan) *Begegnung mit Ulrike* nannte sich eine Komödie von Sigmund Graff, der sich Mitte der dreißiger Jahre nach politischen Anfängen erfolgreich dem Lustspiel zugewandt hatte. Seine Kreation ist ein Goethe-Stück ohne Goethe, das von der Begegnung der neunzehnjährigen Ulrike von Levetzow mit dem Dichterfürsten in Marienbad handelt. Graff entgeht der Peinlichkeit, den alten Geheimrat auf die Bühne zu bringen. Der ist zwar immer anwesend, aber im Nebenzimmer oder sonst in der Nähe und »gegenwärtig nur durch die verehrungsvollen, besorgten oder klatschfreudigen Gespräche der anderen« (Dresdner Anzeiger).

Die letzte Spielzeit vor Ausbruch des Krieges brachte die schon erwähnten *Flitterwochen*, das volksstückhafte Lustspiel *Der Engel mit dem Saitenspiel* von Alois J. Lippl, das später verfilmt wurde, und bescherte Alice Verden eine Paraderolle: *Die Prinzipalin* des Dresdner Autors Karl Zuchardt. Das Stück spielt in einer Buchhandlung mit Antiquariat und angeschlossenem Verlag, dessen lebenstüchtige, praktische Inhaberin, eben die Prinzipalin, ihr Geschäft in andere Hände legen möchte, um sich zur Ruhe setzen zu können. Natürlich vollzieht sich dieser Prozess nicht ohne Widerstände und Hürden, natürlich vermag die energische, unternehmungslustige Chefin das Ruder nicht so ohne weiteres aus der Hand zu geben, und natürlich gibt es auch Verwicklungen mancher Art, doch Ende gut, alles gut.

Die bis 1939 mit dem Konversationsstück eingeschlagene Linie konnte in den folgenden Spielzeiten ohne Abstriche fortgesetzt werden. Und immer wieder tauchten Stücke auf, die nicht »älltäglich« waren, einer gewissen Qualität nicht entbehrten und Publikumsinteresse erwarten ließen.

Seit April 1940 stand *Der Lügner und die Nonne* von Curt Goetz im Spielplan und bescherte Paul Hoffmann in einer Dreifachrolle einen großen Erfolg. Das Stück um einen charmanten Lügenbold, dem von seinem anonymen Vater, einem Kardinal, ein sorgenfreies Leben ermöglicht wird, und einer Novize, die sich eines ausgesetzten Kindes annimmt und sich im Kloster damit Verdächtigungen einhandelt, war die letzte Arbeit von Georg Kiesau, der sich seit 1922 dem Haus verbunden wusste.

Fünf Wochen später kam ein italienisches Lustspiel zur deutschen Erstaufführung, das sich mehrere Jahre im Spielplan hielt und auch verfilmt wurde: *Ein Windstoß*, der einem Junggesellen zum Verhängnis wird, die Wohnungstür vor der Nase zuschlägt und den Erschrockenen im Nachthemd im Treppenhaus zurücklässt. Erich Ponto spielte in dieser Komödie von Giovacchino Forzano den Unglücksraben, der aber zum guten Schluss in einer Zweisamkeit landet.

Kirschen für Rom nannte Hans Hömberg sein Stück um den römischen Feinschmecker, Konsul und Feldherrn Lukullus, der nicht nur die begehrte Frucht aus Kleinasien mitbrachte, sondern auch die Gabel erfand. »Das Stück führte ein modernes Altertum vor, in dem die Menschen sich mit ›Sie‹ anreden und aktuelle Anspielungen machen. Man kann alles ironisch, man kann es aber auch ernst nehmen.« (Hellmut Fleischhauer) Gustaf Gründgens hatte als Lukull das Stück in Berlin kreiert, in Dresden stand Paul Hoffmann im Mittelpunkt einer amüsanten Aufführung, die mit Anachronismen nicht sparte und nicht mit Hintersinn. Eine lange Laufzeit war dem Stück ebenso gewiss wie der Komödie *Ich brauche Dich* von Hans Schweikart. Dresden hatte von dem Stücke schreibenden Regisseur in der Spielzeit 1937/38 schon *Lauter Lügen* gegeben. Mit *Ich brauche Dich* war ihm – nach Einschätzung der Presse – »ein kleines Meisterwerk gelungen, ein Konversationslustspiel von Geist und Anmut, voll Witz und auch Ironie (...) ausgezeichnet gebaut und mit einer angenehm-lockeren Spannung« (Dresdner Anzeiger). Inszeniert hatte diese Duftigkeit um ein eigenwilliges Künstlerehepaar, das nach der Maxime lebt: Wir wollen uns das Leben schwer machen, Victor Ahlers, der als Oberspielleiter Nachfolger von Georg Kiesau am Staatstheater wurde (1941). Seine beiden Protagonisten Ruth Wolfsperger und Paul Hoffmann durften sich in ihren prachtvollen Rollen und einem reichen Schlussbeifall sonnen.

Oberspielleiter
Victor Ahlers

Bei diesen und anderen Stücken konnte von einem Einfluss des Regimes nicht die Rede sein. Sie waren unpolitisch, amüsant und unterhaltsam und wollten nichts anderes sein.

Das trifft auch auf ein Stück zu, dem literarische Ambitionen nicht abzusprechen waren: *Clavigos Erbe* von Georg Döring. Die in Dresden 1943 uraufgeführte und von Victor Ahlers inszenierte Komödie war eine heitere Fortführung des Goethe'schen

Stückes, das Jahre vorher im Spielplan gestanden hatte. Der Autor ließ Beaumarchais, Sophie Gilbert, Don Karlos und Saint George sich fünf Jahre später in Paris wiedertreffen, wobei Don Karlos Beaumarchais zwingt, einen ähnlichen Brief zu schreiben wie jener, den er einst Clavigo abnötigte. Das Spiel bereitete den Zuschauern sichtliches Vergnügen und auch dem Rezensenten Karl Laux, der seine Eindrücke des Theaterabends als Gespräch abfasste: Eckermann berichtet Goethe über *Clavigos Erbe*. Dörings Komödie stand bis zur Schließung der Theater auf dem Spielplan.

Die Dresdner Oper unter Karl Böhm

Die Dresdner Ereignisse vom 7./8. März 1933 mit dem Boykott gegen Fritz Busch und der Amtsenthebung von Generalintendant Dr. Reucker riefen deutschlandweite Reaktionen hervor und lösten auch im Ausland Betroffenheit und Bestürzung aus. Die Zeitungen des tschechoslowakischen Nachbarlandes berichteten ausführlich darüber; das Prager Tagblatt, für das Max Brod die Theaterkritik schrieb, brachte die Meldung vom »SA-Putsch in der Oper« als Aufmacher auf der ersten Seite. Und die Direktion des Neuen Deutschen Theaters Prag zögerte nicht, dem in Deutschland ausgegrenzten, in der Tschechoslowakei sehr geschätzten Dirigenten sofort ein Gast-Dirigat anzubieten. Die Nazis, von der Resonanz auf den Dresdner Eklat wohl selbst überrascht, versuchten Schadensbegrenzung. Die Amtsenthebung von Dr. Reucker wurde im Herbst 1933 in die Pensionierung abgemildert, doch die Bemühungen um Rehabilitierung von Fritz Busch und Rückberufung in sein Amt als Dresdner Operndirektor, was in Berliner Regierungskreisen vorstellbar schien, scheiterten nicht zuletzt an lokalen Widerständen.

»Diesem neuen Generalintendanten (gemeint ist Dr. Paul Adolph; Anmerkung des Autors) hatte das Gespenst meiner Wiedereinsetzung keine Ruhe gelassen. Dem besorgten Manne gesellten sich andere, die mir Nichtbeachtung oder Kränkung nachtrugen.« (Fritz Busch) In der Staatsoper wurden Unterschriften gesammelt für einen Antrag, in dem es unter anderem hieß: »Die Unterzeichneten bitten den Führer, mit allen Mitteln zu verhindern, dass der frühere Generalmusikdirektor Fritz Busch, in welcher Eigenschaft auch immer, an die Dresdner Oper zurückkehre, da er in menschlicher und künstlerischer Beziehung dazu unfähig ist.«

Busch berichtet weiter: »Ein Jahr vorher ließ das Sängerpersonal, als Vertragsangebote aus Berlin an mich bekannt wurden, ›von Entsetzen erfüllt‹, seinen Vertrauensmann mir schreiben: ›Ich beschwöre Sie, bleiben Sie hier!

Bleiben Sie bei uns!‹

Jetzt hatten von über vierzig Sängern sieben den Mut, ihre Unterschrift zu verweigern.« (Fritz Busch)

Zu den Nichtunterzeichnern gehörte Dr. Alexander Schum, seit 1931 (bis 1934) Oberspielleiter und Dramaturg, Regisseur der Opern *Don Carlos*, *Rienzi* und Aufführungen im Festspielhaus Hellerau, von dem wir auch Kenntnis haben über die innerbetrieblichen Vorgänge in diesen Tagen des politischen Umbruchs:

»Dann kam der erste Betriebsappell auf der Bühne des Opernhauses. Ich stand in einer der hinteren Reihen neben Josef Gielen. Herr von Killinger erschien in der Uniform eines höheren SA-Führers. Außer den schon genannten SS-Männern (gemeint sind die Besetzer des Schauspielhauses am 7. März; Anmerkung des Autors) sah man rechts vorn die alten Kämpfer, zum Teil in Uniform, die jetzt in der Ortsgruppe Am Taschenberg – benannt nach dem Taschenberg-Palais, in dem sich die Generalintendanz befand – zusammengefasst waren, insgesamt 150 Mitglieder.« Vor dieser Versammlung habe von Killinger – im Stile Hitlers – eine Rede gehalten über die Notwendigkeit, den Verfall der Kultur im allgemeinen und im Theater im besonderen aufzuhalten. Die herrschenden Zustände müssten dringend geändert werden. Schum berichtet weiter: »Es war empörend und beschämend, dass ein Ministerpräsident soviel Plattheiten und Lügen in diesem Hause vor Künstlern aussprechen durfte. Ich suchte die Augen der Zwangszuhörer. Viele hatten die Köpfe gesenkt. – Das ist alles nicht wahr! – hätte ich rufen sollen, aber ich sagte es nur leise zu Gielen. Was sollte man tun, was konnte man tun? – In diesen acht Tagen hatte man gelernt, die Zähne zusammenzubeißen. Die Betäubung und Ratlosigkeit war der Überlegung gewichen, dass wichtiger sei, seinen Posten zu verteidigen, als sich davonjagen zu lassen.« (Alexander Schum)

Fritz Busch emigrierte nach Südamerika und baute später mit Carl Ebert, dem ebenfalls entlassenen Intendanten der Städtischen Oper in Berlin-Charlottenburg, die berühmt gewordenen Festspiele von Glyndebourne auf. Ans Pult der Sächsischen Staatskapelle trat 1934 und 1936 auch als Operndirektor Dr. Karl Böhm von der Hamburger Staatsoper.

Karl Böhm, 1884 in Graz geboren, hatte an der dortigen Universität Jura und gleichzeitig in Wien Musik studiert. Während seines ersten Engagements als Kapellmeister an der Grazer Oper promovierte er zum Dr. jur. Durch Bruno Walter wurde er 1921 an die Staatsoper München verpflichtet. Es folgten als weitere Stationen das Hessische Landestheater Darmstadt (1927) und die Staatsoper Hamburg (1931–1934), an denen er als Generalmusikdirektor wirkte.

Den Nazis war zweifellos bewusst, was ihnen mit der renommierten, traditionsreichen Dresdner Oper für ein Juwel zugefallen war und dass nur ein Nachfolger für Fritz Busch in Frage kommen konnte, der in der Lage war, das künstlerische Niveau des Hauses zu halten. Auch bestanden bereits Kontakte von Böhm zu Dresden, mit dem ein Gastdirigent für *Tristan und Isolde* am 3. Mai 1933 verabredet war. Dass Karl Böhm nicht mit offenen Armen von der Kapelle empfangen wurde, bestätigt Árthur Tröber, der langjährige Orchestervorstand: »Von dem ›neuen Mann‹, uns völlig unbekannt, wussten wir durch Darmstadt und Hamburg nur seinen Namen. Unser Empfang war somit weitgehend durch Misstrauen und Zweifel belastet. Wie konnte ein deutscher Künstler sich an das Pult setzen, das Busch hatte so schmählich verlassen müssen? Sicher musste er ein politisch bequemer Mann sein? Das Gerücht, dass er unser Chef werden sollte, steigerte unsere innere Ablehnung, weil diese Frage in keiner Form mit der Kapelle besprochen worden war und daher als ein ›Diktat‹ betrachtet wurde.«

Dr. Karl Böhm,
Generalmusikdirektor und
Operndirektor

Die Entscheidung für Karl Böhm als neuem Chef der Staatskapelle fiel durch sein überzeugendes und überaus erfolgreiches Dirigat des *Tristan*, das auch die Stimmung im Orchester positiv beeinflusste. Der Dirigent leitete noch während der Festspiele vom 1. bis zum 16. Juli 1933 als Gast die Wagner-Opern *Rienzi, Der fliegende Holländer, Tannhäuser* und *Lohengrin*, um am 1. Januar 1934 nach Vertragslösung in Hamburg sein Amt als Generalmusikdirektor der Sächsischen Staatskapelle anzutreten, und eine Entwicklung einzuleiten, der später die Bezeichnung »Ära« zuerkannt wurde.

Seinem Amtsantritt voran ging ein Ereignis, das die Dresdner Oper ins Blickfeld der internationalen Musikwelt rückte, aber auch das Ausmaß der gewaltsamen Veränderungen vom Frühjahr deutlich machte – die Uraufführung der *Arabella* von Richard Strauss am 1. Juli 1933. Der Komponist hatte das Werk Fritz Busch und Alfred Reucker gewidmet, doch keiner von beiden war noch auf seinem Platz. Clemens Kraus wurde aus Wien geholt und dirigierte Premiere und nachfolgende Vorstellungen.

Sächsische Staatstheater

Opernhaus

Sonnabend, am 1. Juli 1933

Anfang 7 Uhr

Außer Anrecht

Uraufführung

Arabella

Lyrische Komödie in drei Aufzügen von **Hugo v. Hofmannsthal**

Musik von **Richard Strauß**

Musikalische Leitung: **Clemens Krauss** a. G.   Inszenierung: Josef Gielen

Künstlerischer Beirat für Regie und Vortrag: Eva Plaschke-von der Osten

Personen:

Graf Waldner, Rittmeister a. D.	Friedrich Plaschke
Adelaide, seine Frau	Camilla Kallab
Arabella } ihre Töchter	Viorica Ursuleac
Zdenka }	Margit Bokor
Mandryka	Alfred Jerger a. G.
Matteo, Jäger-Offizier	Martin Kremer
Graf Elemer }	Karl Albrecht Streib
Graf Dominik } Verehrer der Arabella	Kurt Böhme
Graf Lamoral }	Arno Schellenberg
Die Fiakermilli	Ellice Illiard
Eine Kartenschlägerin	Jessyka Koettrik
Welko, Leibhusar des Mandryka	Robert Büssel
Djura } Diener des Mandryka	Rudolf Schmalnauer
Jankel }	Horst Falke
Ein Zimmerkellner	Ludwig Eybisch

Begleiterin der Arabella. Drei Spieler. Ein Arzt. Groom. Fiaker. Hotelgäste. Kellner.

Ballgäste: Hilde Schlieben, Gino Neppach, Peter Pawlinin, Damen und Herren der Tanzgruppe

Ort: Wien — Zeit: 1869

I. Akt: Salon in einem Wiener Stadthotel
II. Akt: Ein öffentlicher Ballsaal
III. Akt: Offener Raum mit Stiegenhaus im Hotel

Chöre: Karl Maria Pembaur

Dekorative Ausstattung: Leonhard Fanto und Johannes Rothenberger

Trachten: Leonhard Fanto. — Technische Einrichtung: Georg Brandt

Längere Pause nach dem zweiten Aufzug

Sämtliche Plätze müssen vor Beginn der Vorstellung eingenommen werden

Textbücher sind für 1,00 ℛℳ vormittags an der Kasse und abends bei den Türschließern zu haben

Gekaufte Karten werden nur bei Änderung der Vorstellung zurückgenommen

Kassenöffnung 6 Uhr   Einlaß 6¼ Uhr   Anfang 7 Uhr   Ende geg. 10¼ Uhr

Die braunen Machthaber nutzten die erste Uraufführung einer Richard-Strauss-Oper nach ihrem Regierungsantritt zu einer politischen Demonstration. Das Prager Tagblatt gab neben dem ausführlichen Premieren- folgenden Situationsbericht:

»Die Aufführung war ein ganz großes künstlerisches, aber auch gesellschaftliches Ereignis. Hakenkreuzfahnen und die schwarzweißrote Flagge wehten vom Rund des Opernhauses. SS und SA standen Spalier und Ehrenwache auf den Straßen und im Aufgang zur Mittelloge, die mit dem Hakenkreuz geschmückt war und in der die sächsische Regierung sowie alle zivilen und militärischen Machthaber in großer Gala saßen. Strauss selbst saß im ersten Rang, neben ihm der einzige Staatskapellmeister von Deutschland, Furtwängler, und Generalintendant Schillings. Von Theaterleitern und Dirigenten war alles, was in Deutschland ist, anwesend. Das Haus war bis in die obersten Ränge besetzt und es gab keinen einzigen Straßenanzug, dagegen sehr viele Uniformen und Orden und Hitlers schöne Lieblingsblume, das Edelweiß, sah man statt der üblichen Chrysantheme im Knopfloch der Fräcke, also an einem Ort, wo es am wenigsten hingehört. Es fehlte nichts als die Internationalität des Publikums, die bei sonstigen Strauss-Aufführungen selbstverständlich war. Aber es hilft nichts: Der Triumph der Oper, der rasende, mehr als dreißig Minuten während Applaus, die unzähligen Hervorrufe zum Schluss galten doch der Internationalität, dem deutschen Komponisten Strauss genau so wie den slawischen Melodien, dem Walzer und dem Csardas, den Sängern, die aus allen Nachfolgestaaten stammen, dem Wiener Dirigenten Clemens Krause und nicht zuletzt dem toten Textdichter, dem Juden Hugo von Hofmannsthal.«

Sein Debüt als Dresdner Generalmusikdirektor gab Karl Böhm mit den *Meistersingern von Nürnberg* (7. Januar 1934) und wusste der übernommenen Aufführung musikalisch neue Konturen zu geben: »Herrlich die orchestrale Darbietung (der man die vorangegangenen Reinigungsprozeduren anmerkt)« (Dresdner Anzeiger).

Seine erste Neueinstudierung »war an dem Strauss-Theater

natürlich ein Richard Strauss, und zwar der *Rosenkavalier*«
(Karl Böhm), wofür ihm eine glänzende Besetzung mit Martha
Fuchs (Marschallin), Tiana Lemnitz (Octavian) und Maria
Cebotari (Sophie) zur Verfügung stand. Neu bei diesem Unternehmen war auch der Regisseur Hans Strohbach, der als Oberspielleiter und Dramaturg die Nachfolge von Dr. Alexander
Schum antrat. Strohbach hatte seine Ausbildung an der Dresdner Kunstakademie erhalten, war nach dem Ersten Weltkrieg
zunächst als Bühnenbildner, später auch als Opernregisseur in
Berlin, Braunschweig, Köln und Darmstadt tätig und gehörte
ab 1. März 1934 zum Ensemble der Semper-Oper. Bei seiner
Antrittsinszenierung konnte er freilich seine Intentionen nicht
voll umsetzen, da die Bühnenbilder wie die Kostüme der Uraufführung von 1911 – wenngleich farblich aufgefrischt und ge-
treu nachgeschaffen – beibehalten wurden, so dass sich die
Erneuerung der Inszenierung vorrangig auf die Besetzung und
die musikalische Interpretation erstreckte. »Karl Böhm ist bei
der Neueinstudierung des *Rosenkavaliers* von der Note und
vom Buchstaben ausgegangen. Mit einem Arbeits- und Wahr-
heitsfanatismus sondergleichen ist er der Sache auf den Kern
gerückt. Auch wenn man nicht davon hätte sagen hören, in
welch kaum je dagewesener Weise die Oper in den letzten
Wochen zu einem wahren Strausslaboratorium verwandelt
wurde – man müsste es an den ersten acht Takten merken, dass
hier eine Säuberungsaktion größten Stils all die kleinen und
großen Relikte einer Zeit des Schlampens und der fahrlässigen
Kräftevergeudung beseitigt hat.« (Hans Schnoor)

Diese akribische Arbeitsweise bleibt in den acht Jahren seiner Dresdner Tätigkeit Böhms Credo und Gütesiegel. Er baut –
auf keinen Komponisten und keine Stilrichtung festgelegt – ein
Repertoire auf, das dem Klassischen wie dem Zeitgenössischen
verpflichtet ist, der Tradition des Hauses und seiner Spezifik
Rechnung trägt und den Bogen spannt von Monteverdi bis zu
Orff und Egk. Böhm erneuert das Werk Mozarts, von dem
1938/39 wieder fünf Opern im Spielplan stehen (zeitweilig war
es nur die *Zauberflöte* gewesen) und dessen Ergebnisse weit-
hin Beachtung fanden. »Mit seinem *Figaro*, gesungen von seinen Künstlern, hat Böhm in der Mozartwoche des Deutschen

Reiches in Wien alle anderen Darbietungen in den Schatten gestellt.« (Karl Laux) Böhm widmet sich dem Werk Webers – beginnend mit einem erneuerten *Freischütz* 1936, gibt der deutschen Spieloper Raum (Flotow, Nicolai und Lortzing, der zeitweilig mit vier Opern vertreten ist) und setzt die Verdi- und Puccini-Rezeption zielstrebig fort (1939/40 ist Verdi mit sieben, Puccini mit vier Opern präsent).

Systematisch wird die Wagner-Pflege betrieben, die 1934 zu einem neuen *Ring* führt. Von *Rienzi* bis *Parsifal* stehen alle Opern fast in jeder Saison auf dem Spielplan, und »immer wieder konnte man feststellen, dass Böhms Dresdner Wagner-Aufführungen Bayreuther Niveau hatten, Bayreuther Geist atmeten« (Karl Laux).

Einen besonderen Stellenwert nahm die Zusammenarbeit mit Richard Strauss ein, von dem bisher in Dresden sieben Opern uraufgeführt worden waren und von hier ihren Siegeszug in die Welt antraten. Anlässlich des 70. Geburstages des Komponisten 1934 veranstaltete die Staatsoper Dresden eine Richard-Strauss-Festwoche (11.–17. Juni), in der Strauss als Gast *Die Frau ohne Schatten*, Hermann Kutzschbach *Arabella* und Karl Böhm *Salome*, den *Rosenkavalier* und *Ariadne auf Naxos* dirigierte. Auch 1939 – zum 75. Geburtstag des Meisters – richtete Dresden Richard-Strauss-Tage aus (11.–29. Juni), an denen auch die wieder aufgenommene *Josephslegende* zur Aufführung kam. Zwischen beiden Festwochen lagen die bedeutsamen Strauss-Uraufführungen *Die schweigsame Frau* (1935) und *Daphne* (1938).

Wie jede Strauss-Uraufführung war auch *Die schweigsame Frau* ein Ereignis von internationaler Bedeutung, und abermals konzentrierte sich die Aufmerksamkeit der Opernwelt auf Dresden. Die glanzvolle Aufführung (24. Juni 1935), inszeniert – wie zwei Jahre vorher die *Arabella* – von Josef Gielen und ausgestattet von Adolf Mahnke und Leonhard Fanto, bot mit Friedrich Plaschke (Morosus), Maria Cebotari (Aminta), Mathieu Ahlersmeyer (Barbier), Martin Kremer (Henry), Erna Sack (Isotta), Kurt Böhme (Vanuzzi), Ludwig Ermold (Farfallo) eine erstklassige Besetzung, und Karl Böhm, der Dirigent des Abends, legte das »Werk in einer durchleuchteten Interpre-

Vorspiel von *Die schweigsame Frau* (1935):
Richard Strauss (am Flügel), links neben ihm Karl Böhm,
rechts Hermann Kutzschbach, Generalintendant Adolph
und Leonhard Fanto

tation von ungeheurer poetischer Eindringlichkeit und über-
legenster Meisterschaft der technischen Ausformung dar«
(Dresdner Anzeiger). Diese »epochemachende Leistung«, wie
die Zeitung fand, ließ nichts von den Auseinandersetzungen
erkennen, die es im Vorfeld der Uraufführung gab. Sächsische
NS-Parteistellen hatten gegen die Oper Front gemacht, da der
Text von dem »Juden Stefan Zweig« stammte. Sein Name war
auf den Plakaten nicht genannt. Der Komponist drohte mit
Abreise, falls diese Unterlassung nicht korrigiert würde und
setzte sich durch. »So brach dieser schwarze Tag für das natio-
nal-sozialistische Deutschland heran, dass noch einmal eine
Oper aufgeführt wurde, wo der geächtete Name Stefan Zweig
auf allen Anschlagzetteln paradierte.« Der Librettist wohnte
der Uraufführung nicht bei – er vermutete einen »uniformier-
ten Zuschauerraum« – und erfuhr aus der Ferne von dem großen Erfolg seines Werkes. »Sämtliche deutsche Theater, Berlin,
Hamburg, Frankfurt, München, kündigten sofort die Auffüh-

rung der Oper für die nächste Spielzeit an.« (Stefan Zweig) Doch dazu kam es nicht, denn die Premiere hatte ein politisches Nachspiel. Der Gestapo war ein Brief von Richard Strauss an Stefan Zweig in die Hände gefallen, in dem er bei seinem Textdichter ein neues Libretto bestellte und der nicht gerade schmeichelhafte Äußerungen über die braunen Machthaber enthielt. Die Folge war die Absetzung der *Schweigsamen Frau* nach der vierten Vorstellung und die Sperrung des Werkes für alle Bühnen im Reich. Richard Strauss, seit 1933 Präsident der Reichsmusikkammer, trat von seinem Posten zurück.

Drei Jahre nach diesem Eklat fand in der Elbestadt – diesmal ohne begleitende Turbulenzen – die Uraufführung der bukolischen Tragödie *Daphne* nach einem Libretto von Joseph Gregor statt (15. Oktober 1938). Das Werk war in Dresden gekoppelt mit dem in München zuvor uraufgeführten *Friedenstag*, und beide Einakter erlebten – wie eine Zeitung schrieb – einen Triumph Dresdner Opernkunst. »Die *Daphne*-Partitur trägt die Widmung an Karl Böhm. Dieser außerordentliche Dirigent hat denn auch mit einem Fanatismus, der kein Ausruhen und keine Bequemlichkeit kennt, das große Werk der musikalischen Inszenierung unternommen. In zwei Aufführungen, die von Leidenschaft glühten, hat er die ihm anvertraute Aufgabe im Sinne von Richard Strauss gelöst.« (Dresdner Anzeiger) Zum großen Erfolg des Abends trugen die Protagonisten Margarete Teschemacher, Helene Jung, Torsten Ralf, Sven Nilsson und Martin Kremer (*Daphne*) sowie Martha Fuchs und Mathieu Ahlersmeyer (*Friedenstag*) entscheidend bei. *Daphne*, später allein gegeben, war die neunte und letzte Strauss-Uraufführung in Dresden, auch die letzte Strauss-Premiere unter der Operndirektion von Karl Böhm.

Ein wesentlicher Bestandteil des Spielplans galt dem zeitgenössischen Schaffen, sofern – diese Einschränkung muss mitgedacht werden – es die NS-kunstpolitischen Sperrzäune nicht verletzte. Wie schmal oft der Grat war, verdeutlicht der »Fall Strawinsky«. Auch wenn sich später herausstellte, dass er kein Jude war, galt seine Musik als »entartet«; man befürchtete, dass sich junge Komponisten an ihm orientieren könnten. Die Folge waren massive Warnungen vor diesem »Pseudo-Russen« und

»international parfümierten Komponisten«, wie es 1933 in der Deutschen Kulturwacht hieß. Sie sollten Abschreckung bewirken, führten aber nicht zu Verbot und Boykott. 1934 brachte Erich Kleiber in Berlin *Le Sacre du Printemps* zur Aufführung, und im Oktober 1937 kam während der Gaukulturwoche an der Dresdner Oper *Jeu de Cartes* zur europäischen Erstaufführung. Karl Böhm dirigierte das von Valeria Kratina choreografierte und das von Adolf Mahnke und Elisabeth von Auenmüller ausgestattete Ballett. »Das war wieder einmal eine echte, rechte Dresdner Premiere voll Stimmung und Spannung, mit großem auswärtigen Parkett, in dem ein Paul Lincke nicht fehlte, mit Komponistenanwesenheit und Komponistenehrungen (leider fehlte nur Strawinsky), mit Presse und Theaterleuten von weither (...) Und der Abend wurde ein Erfolg (...) ein Erfolg für die Sache selbst – eine ganz entzückende, reife Leistung des polnisch-französischen Meisters –, für unser Operninstitut.« (Dresdner Anzeiger)

Zu einem »Fall« geriet auch *Die Wirtin von Pinsk* von Richard Mohaupt. Die an Goldonis *Mirandolina* angelehnte heitere Oper, die im Russland der napoleonischen Besetzung spielt, erlebte im Februar 1938 in Dresden unter Karl Böhm und der Regie von Hans Strohbach ihre viel beachtete Uraufführung, die – wie es in der Presse hieß – »jeden Zweifel verstummen ließ (...) Großes, ganz Großes ist wieder einmal geleistet worden. Möchte die monatelange Klein- und Feinarbeit, die diesen Erfolg verbürgt hat, nun auch durch rege Anteilnahme der Opernfreunde anerkannt werden.« (Dresdner Anzeiger)

Doch die bekamen dazu keine Gelegenheit. Die Oper wurde nach der zweiten Vorstellung abgesetzt und tauchte auch nirgendwo anders mehr auf. Der Komponist, mit seinem Ballett *Die Gaunerstreiche der Courage* im Olympiajahr zu einem ungeahnten Erfolg gekommen (das Werk wurde auch in Dresden gegeben), war durch Denunziation und Intrigen in die Mühlen der NS-Bürokratie geraten. Man warf ihm vor, mit einer Jüdin verheiratet zu sein und prosowjetische Propaganda unter Kollegen zu betreiben. Der Tatbestand reichte aus. »Mit Schreiben vom 9. Juni kündigte das ProMi die Sondererlaubnis und erteilte Arbeitsverbot (...) Mohaupt und seiner Frau blieb keine andere Wahl mehr. Sie verließen Deutschland.« (Fred K. Prieberg)

Der Einsatz der Sächsischen Staatsoper für das zeitgenössische Opernschaffen weist zwischen 1933 und 1944 eine beachtliche Bilanz auf, was nicht zuletzt als Erbe von Fritz Busch angesehen werden kann. Noch 1932/33 standen neben *Arabella* zwei weitere Uraufführungen: *Mister Wu* von Eugen d'Albert und *Was Ihr wollt*, nach Shakespeare, von Arthur Kusterer, dazu als Erstaufführung Paul Graeners *Friedemann Bach*. 1933/34 folgten – vermutlich noch von Fritz Busch initiiert – *Münchhausen* von Mark Lothar und *Die Schmiede*, eine Volksoper nach dem Flämischen von Waldemar Staegemann (Text) und Kurt Striegler (Musik). Bis 1944 fand fast in jeder Spielzeit eine Uraufführung statt, meist musikalisch betreut und geleitet vom Opernchef. 1935 kam Rudolf Wagner-Régenys *Der Günstling* heraus, dessen Libretto Caspar Neher nach dem Drama *Maria Tudor* von Georg Büchner/Victor Hugo geschrieben hatte und das einen nachhaltigen Eindruck hinterließ: »Am Schluss ließ sich das Publikum von dem großen Finale-Ensemble zu lang andauernden Ovationen hinreißen.« (Dresdner Neueste Nachrichten)

Robert Heger, Dirigent an der Berliner Lindenoper und Operndirektor am Staatstheater Kassel, war der Schöpfer von *Der verlorene Sohn* (1936), einer Folge von Traumbildern, die sozialen Abstieg vorführten, aber letztlich in gesunder ländlicher Wirklichkeit enden. Über die Aufführung konnte es – nach Ansicht der Dresdner Nachrichten – nur ein Urteil geben: »höchste Bewunderung«, die auch den Trägern der fünf Hauptpartien galt: Martha Fuchs, Maria Cebotari, Torsten Ralf, Paul Schöffler und Sven Nilsson.

Der Oper *Massimilla Doni* des Schweizer Komponisten Othmar Schoeck lag eine Novelle Balzacs zugrunde. Das 1937 uraufgeführte Weck wusste nicht zuletzt durch seine »kammermusikalisch gehaltene Fraktur (...), die damit dem Wort dient« (Karl Laux), zu überzeugen. Schweizer war auch Heinrich Sutermeister, dessen Oper *Romeo und Julia*, nach Shakespeare, 1940 herauskam. »Wenn Karl Böhm ein Werk betreut, dem er schon bei der Entstehung Pate gestanden hat, dann ist es

Szene aus
Romeo und Julia
von Sutermeister
mit Inger Karén,
Maria Cebotari
und Margarete
Herbst (re.)

gewiss, dass er ihm auch mit fanatischer Bereitschaft auf seinem weiteren Schicksalsweg beisteht.« (Hans Schnoor) Als Romeo und Julia boten Rudolf Dittrich und Maria Cebotari großartige Leistungen. Sutermeisters zweite Oper *Die Zauberinsel* – nach Shakespeares *Sturm* – wurde ebenfalls an der Semper-Oper uraufgeführt (1942). Es war Karl Böhms letzte Tat für das zeitgenössische Opernschaffen in Dresden.

Im Dresdner Spielplan dieser Jahre standen auch zahlreiche Erstaufführungen, an denen alle Dresdner Dirigenten ihre Verdienste hatten: Hermann Kutzschbach (*Mona Lisa*), Kurt Striegler (*Donna Diana*, *Schwarzer Peter*, *Die Kluge*), Willy Czernik (*Peer Gynt*, *La dama boba*), um einige Beispiele zu nennen. Zu diesen Novitäten gehörte ein Werk, das bis in die

Gegenwart hinein seine Anziehungskraft nicht verloren hat: Carl Orffs *Carmina burana*. Die Dresdner Premiere – eingeleitet mit dem *Orfeo*, einer Neugestaltung der Oper Monteverdis durch Orff – ließ 1940 schon ahnen, dass den Liedern der Benedikbeurer Handschrift eine lange Lebensdauer, wenn nicht gar Unsterblichkeit beschieden sein würde.

Zu einem Triumph für die Dresdner Oper gestaltete sich das Ensemblegastspiel vom 2. bis 14. November 1936 in London. Auswärtsverpflichtungen des Theaters hatte es in den zwanziger Jahren wiederholt gegeben: 1923 und 1925 in Zürich, 1927 und 1929 in Genf, und sie stellten hohe Anforderungen an alle Bereiche des Hauses. Anlässlich des Gastspiels 1929 in der Zeit der Vollversammlung des Völkerbundes mit der *Ägyptischen Helena* und den *Meistersingern* hieß es in einer Veröffentlichung der Sächsischen Staatstheater: »Die Hauptschwierigkeit bestand darin, den Darbietungen in Genf den Charakter des Festspielmäßigen zu verleihen und gleichzeitig den Spielbetrieb in Dresden in vollem Umfange aufrecht zu erhalten. Dies konnte nur ermöglicht werden durch eine bis ins Kleinste gehende Ökonomie bei der Verteilung der Solokräfte, des Orchesters, des Chors sowie des technischen Personals.«

Das London-Gastspiel hatte eine noch größere Dimension: Es umfasste fünf Inszenierungen, dazu zwei Konzerte. Es steht außer Frage, dass dieses Gastspiel nicht nur als künstlerisches Ereignis zu betrachten war. Wenn die Dresdner auch nicht vordergründig als »Sendboten der Kultur des Dritten Reiches« in Anspruch genommen wurden (wie es zum Beispiel beim Berliner Schiller-Theater-Gastspiel 1938 in der Tschechoslowakei der Fall war), so klingt aus den Rezensionen und Berichten der heimischen Presse doch nationaler Stolz: »›Ein großer Tag, ein ernster Tag, ein heiliger Tag‹ singt Faninal zu Beginn des zweiten *Rosenkavalier*-Aktes. Es war ein ernster Tag, und es wurde ein großer Tag für die Dresdner Oper und damit für Dresden, ja für Deutschland, diese Eröffnung des Gastspiels der Dresdner Oper mit Strauss' *Rosenkavalier* im Covent Garden zu London.« (Karl Laux) Und der Berichterstatter zitiert aus englischen Pressestimmen, die sich außerordentlich positiv über die Aufführung äußerten. Die weiteren Inszenierungen: *Tristan, Don Giovanni, Figaros Hochzeit,* die Karl Böhm ebenfalls dirigierte, fanden nicht weniger Resonanz, und Richard Strauss, der seine *Ariadne auf Naxos* selbst leitete, wurde enthusiastisch gefeiert.»Und als der Vorhang nach der glanzvollen Aufführung fiel, brach ein tumultuarischer Beifall los, wie er bis jetzt noch selten in London zu hören war.« (Karl Laux) An der Aufführung nahm neben führenden Persönlichkeiten des politischen und öffentlichen Lebens Englands auch der deutsche Botschafter von Ribbentrop teil, wodurch die staatspolitische Bedeutung dieses Gastspiels unterstrichen wurde.

Unmittelbar an die Dresdner Theatertage an der Themse schloss sich ein Gastspiel der Londoner Philharmoniker unter Sir Thomas Beecham in der Elbestadt an. Das Konzert brachte Werke unter anderem von Rossini, Mozart und Sibelius und fand seinen Ausklang in einem Empfang der Gäste bei Reichsstatthalter Mutschmann.

Zu den nachhaltigen Eindrücken, die die Londoner durch die Dresdner Oper empfingen, gehörte neben der hohen Orchesterkultur die Geschlossenheit der künstlerischen Leistungen an allen Abenden. News Chronicle formulierte: »Wir haben schon bessere Rollenbesetzungen im Covent Garden gesehen, aber noch niemals ein solch vollendetes Ensemble.« Es war das unbestreitbare Verdienst von Karl Böhm, den überkommenen Besitzstand zu wahren und das Ensemble behutsam und systematisch zu erneuern. Zu Maria Cebotari, Hilde Clairfried, Martha Fuchs, Angela Kolniak, Helene Jung, Elsa Wieber, Robert Burg, Max Hirzel, Martin Kremer, Friedrich Plaschke, Paul Schöffler, Sven Nilsson, Max Lorenz, Hanns Lange, Ludwig Ermold, Rudolf Dittrich, Heinrich Tessmer, Arno Schellenberg und Kurt Böhme traten bis 1943 Christel Goltz, Inger Karén, Elisabeth Höngen, Marta Rohs, Helena Rott, Elisabeth Reichelt, Erna Sack, Margarete Teschemacher, Elfride Trötschel, Elfriede Weidlich, Mathieu Ahlersmeyer, Josef Herrmann, Torsten Ralf, Gottlob Frick, Heinrich Pflanzl, Willy Treffner, Karl Wessely, Lorenz Fehenberger, später Philipp Rasp, Bernd Aldenhoff. Dieses Ensemble, »das an Gesangskultur, Ausstrahlung, Vielseitigkeit und Homogenität zumindest in

Deutschland kaum zu übertreffen« war (Winfried Höntsch), machte jedes Werk aufführbar und das nicht selten in Doppelbesetzungen. Karl Böhms zielstrebige Personalpolitik trug wesentlich dazu bei, das hohe künstlerische Niveau der Staatsoper zu halten und ihren Ruf zu festigen. Rückblickend notierte er in seinen Memoiren, dass die Zeit in Dresden vielleicht seine künstlerisch fruchtbarste gewesen sei, weil er damals »die Möglichkeit hatte, künstlerisch das durchzusetzen, was mir später nie mehr gelungen ist: wirklich ein Ensemble aufzubauen, das mir immer zu den Proben zur Verfügung stand und es mir möglich machte, die schwierigsten Ensembleopern einzustudieren, vier oder fünf Mal zu geben, später in derselben Besetzung wieder aufzuführen und dann eine Aufführung zu erleben, die nach einer einzigen kleinen Probe wie die Premiere ablief«. Wenn künstlerischer Erfolg und das Bestreben, eine erreichte Leistungshöhe zu halten, einen Schlüssel haben, hier wäre er zu finden. Denn: »Hinzu kam noch, dass die einzelnen Orchesterstimmen immer mit denselben Musikern besetzt waren, obwohl das Orchester der Dresdner Staatsoper hundertzwanzig Mann stark war und daher ein Wechsel wohl möglich gewesen wäre. Aus künstlerischen Gründen blieb jedoch die einmal für eine Oper getroffene Einteilung für alle Wiederholungen in Geltung.« (Karl Böhm)

Während Böhms Amtszeit erfuhr auch die Inszenierungspraxis wahrnehmbare Veränderungen. Es war – nicht nur in Dresden, sondern auch an anderen großen deutschen Opernhäusern – evident, »dass eine der tieferen Ursachen der Aufführungskrise in der seit Jahrzehnten geradezu selbstverständlichen Überbetonung und Bevorzugung des musikalischen Teiles im Gesamtkunstwerk zu suchen ist. Der Ehrgeiz der meisten Dirigenten beschränkte sich auf die musikalischen Belange des Orchesters und das möglichst sichere Zusammengehen mit den Sängern auf der Bühne.« (Alexander Schum)

Die Forderung, »dass unser Opernspielen vom Schauspielerischen her aufgefrischt werden muss« (Karl Laux), war auch in Dresden nicht neu und wiederholt artikuliert worden, ziemlich massiv in einer Kritik zu *Fidelio* im Sommer 1933: »Es gibt im übrigen keine dringendere Aufgabe für die neue Opernleitung als die: dem Fidelio ein würdiges Bühnendasein zu geben. Die besten Bemühungen einer Rethberg nützen nichts, wenn die traurigen Geister einer zu Grabe getragenen Zeit das Theater bevölkern.« (Dresdner Anzeiger) Mit der Verpflichtung von Josef Gielen vom Staatsschauspiel schien ein Weg gefunden, Regie nicht nur als Mittel zur Belebung und Auflockerung der musikalischen Vorgänge anzusehen, sondern als conditio sine qua non zur adäquaten Umsetzung der Partitur ins Szenisch-Theatrale. Nach der *Arabella*-Inszenierung erarbeitete Karl Böhm mit Gielen als Regisseur und Caspar Neher als Bühnenbildner die Uraufführung von *Der Günstling* von Wagner-Régeny. Monate später führte die Zusammenarbeit zu dem Uraufführungserfolg der *Schweigsamen Frau*, die alsbald zum Schweigen gebracht wurde. Das letzte gemeinsame Vorhaben war im Weber-Gedenkjahr 1936 ein erneuerter *Freischütz*. Das Ergebnis wird in der Kritik als verblüffend bezeichnet: »Was man so oft als langweiliges, verdünntes, steifes Theater sieht, wird ein blühendes Gewächs. Es gibt keine leere Staffage mehr. Alles, auch der Chor, ist in das lebendige Spiel einbezogen (...). Wir verlieren Josef Gielen an die Staatsoper Berlin. Wir verlieren viel an ihm. Er hatte in dieser seiner letzten Dresdner Operninszenierung Künstler zur Hand, die singende Schauspieler waren. Herrliche Stimmen. Intelligente Darsteller.« (Karl Laux)

Mit Gielen schied der langjährige Oberregisseur Dr. Waldemar Staegemann aus, der seit 1913 am Haus war und neben einer Karriere als Sänger auch auf eine als Schauspieler zurückblicken konnte. Zudem war er als Librettist und Schauspiellehrer hervorgetreten.

Zwei Jahre nach Josef Gielen verließ auch Hans Strohbach, bei vielen Inszenierungen Regisseur und Bühnenbildner in einem, das Haus. Er hatte in den fünf Jahren seiner Dresdner Tätigkeit neuen Werken (*Der verlorene Sohn, Die Wirtin von Pinsk*) zu Bühnenleben verholfen, ältere Werke (*Die Regimentstochter, Mignon, Der Großadmiral* von Albert Lortzing) auf ihre Spielbarkeit überprüft und sowohl als Regisseur wie Szenograf einen neuen *Ring* geschaffen. Borodins *Fürst Igor* (Dezember 1938) war seine letzte Dresdner Arbeit, die »aus dem Vollen

einer malerischen Phantasie in der Bewegung und Gruppie-
rung der großen Massen« schöpfte, wie die Dresdner Neuesten
Nachrichten schrieben.

Professor Max Hofmüller, ehemals Intendant der Städtischen Bühnen Köln, war 1936 als Oberspielleiter und Vortrags-
meister an die Oper gekommen und zeigte sich versiert auf
vielen künstlerischen Gebieten. Er inszenierte die Uraufführungen von Schoecks *Massimilla Doni*, Richard Strauss' Einakter *Daphne* und *Friedenstag* und Heinrich Sutermeisters *Romeo
und Julia*. Er bediente Repertoire-Opern (*Die Zauberflöte, Hänsel und Gretel, Die Entführung aus dem Serail*), wusste neuen
Werken – *Peer Gynt, Schirin und Gertraude, Der Widerspenstigen Zähmung* – szenische Gestalt zu geben und Operetten – *Der
Zigeunerbaron, Das verwunschene Schloss* von Karl Millöcker –
in Szene zu setzen. Auch besaß er Erfahrungen als Bearbeiter
und Übersetzer: *Manon* von Jules Massenet brachte er in eigener Regie 1937 in Dresden heraus. Seine Arbeit machte ihn
über Dresden hinaus bekannt: Im Februar 1943 erhielt er eine

Bühnenbildentwurf von Prof. Adolf Mahnke
zu *Daphne*

Einladung, an der Mailänder Skala Wagners *Ring* zu insze-
nieren.

Neben ihm fungierte als Regisseur Heinz Arnold. 1906 in
Darmstadt geboren, bis 1932 am dortigen Hessischen Landestheater als Spielleiter verpflichtet, danach Oberspielleiter in
Wuppertal und am Staatstheater Braunschweig unter der
Intendanz von Alexander Schum, hatte er im Frühjahr 1939 in
Dresden Hans Pfitzners *Palästrina* als Gast auf Anstellung
inszeniert. Die überaus wohlwollende Aufnahme der Aufführung bei Publikum und Presse gipfelte in der Meinung von
Hans Schnoor: »Wir dürfen diesen klugen, lebendigen Spielleiter hoffentlich bald zu den leitenden Männern unserer Oper
zählen.« Und: »Man möchte Heinz Arnold nach dieser Probe
einmal als *Meistersinger*-Regisseur kennen lernen.« Dazu sollte
fünf Monate später Gelegenheit sein, denn die erste Inszenierung des neuverpflichteten Oberspielleiters war diese Wagner-
Oper, und wieder ließ sich beobachten, dass er neue Wege
ging: »Es ist erfrischend zu sehen, wie das Spiel in den *Meistersingern* neu belebt, wie aller Staub weggeblasen ist. In vielen
Einzelheiten ließ sich das verfolgen, selbst in den längst ver-
trauten Gestalten unserer hervorragenden Solisten ließ sich
manch neuer, feinsinniger Zug entdecken.« (Karl Laux)

1940 folgte Verdis *Maskenball*, der manchem Zuschauer
vermittelt haben dürfte, »dass es sich lohne, auch mal auf die
Bühne zu schauen und nicht nur dem zu lauschen, was aus
dem Orchestergraben tönt.« (Joachim Herz)

Vieles, was die Dresdner aus dem Semperbau zu kennen
glaubten, war bei Arnold »anders«. Er »möbelte« eine Oper
nicht mit spielerischen Elementen auf, er inszenierte aus dem
Geiste der Musik und mit Ehrfurcht vor dem Werk. Seine
künstlerische Spannweite umfasste dreihundert Jahre Opern-
geschichte, von *Orfeo* des Monteverdi/Orff bis zu Wolf-Ferraris
La dama boba nach Lope de Vega, wobei sich klassische und
zeitgenössische, ernste und heitere Werke mischten. Er fand –
in Zusammenarbeit mit Emil Preetorius (Bühnenbild) und
Valeria Kratina (Tänze) – eine überzeugende szenische Lösung
für *Carmina burana*, brachte Standardwerke (*Carmen*) auf den
Prüfstand, riskierte Experimente (Puccinis *Gianni Schicchi* war

in die Gegenwart verlegt) und ignorierte auch die Operette nicht (*Boccaccio*).

Es sind über zwanzig Inszenierungen in fünf Jahren (etwa vier pro Spielzeit), die Heinz Arnold bis 1944 verantwortete, darunter Ur- und Erstaufführungen und so selten gespielte Werke wie *Idomeneo* (Mozart) und *Das Mädchen aus dem goldenen Westen* (Puccini). Er arbeitete mit den Dirigenten Karl Böhm, Kurt Striegler, Willy Czernik und ab 1943 – nach dem Weggang von Karl Böhm an die Wiener Staatsoper – mit dessen Nachfolger Karl Elmendorff zusammen und seine Inszenierungskunst wurde in Dresden richtungweisend für Opernregie, auch nach 1945.

Überschrift: Böhmen

Wenn vor 1945 in Fachkreisen die Meinung vorherrschte, dass die Theaterstädte Breslau und Stettin für die Bühnen der deutschen Hauptstadt gewissermaßen Vororte darstellten, aus denen der wichtige Nachwuchs kam, lässt sich Gleiches in Bezug auf Dresden von den sudetendeutschen Theatern behaupten. Sie lagen ja sozusagen vor der eigenen Haustür. Mehrere Staatstheatermitglieder hatten ihre Lehrzeit oder einen Teil davon an einer Bühne zwischen Riesengebirge und Böhmerwald absolviert. Erich Ponto ist hier zu nennen, auch Grethe Volckmar, Alfons Mühlhofer, Walter Liedtke, abgesehen von den Künstlern an anderen Dresdner Häusern, die ebenfalls über Böhmen in die Elbestadt kamen und deren Zahl sich 1938, nach dem Anschluss des Sudetenlandes an Hitler-Deutschland, erheblich vergrößerte.

Diese Darsteller-»Wanderung« zählte sowohl vor als auch nach dem Ersten Weltkrieg zur Normalität im deutschsprachigen Raum, und Schauspiellehrer wie Agenten sahen es nicht ungern, wenn ihre Schützlinge ein Engagement an einer dieser Bühnen anstrebten, um sich freizuspielen und »Gehen und Stehen« zu lernen. Dafür bot das Sudetenland ideale Bedingungen. Diese Theaterlandschaft mit ihrer Vielzahl von Bühnen unterschiedlicher Größe, Struktur und Qualität war in Mitteleuropa eine wohl einmalige Erscheinung. Beinahe jeder Ort mit mehr als dreißigtausend Einwohnern besaß sein eigenes Theater. Ein dichtes Netz von städtischen Bühnen erstreckte sich entlang der tschechisch-deutschen Grenze von Eger (Cheb), Brüx (Most), Teplitz-Schönau (Teplice-Šanov) über Außig (Ústí nad Labem), Reichenberg (Liberec), Gablonz (Jablonec) bis nach Troppau (Opava) und Mährisch-Ostrau (Moravská Ostrava). Dazu kamen die traditionsreichen Häuser in Prag (Praha) und Brünn (Brno) sowie die Kurtheater in Karlsbad (Karlovy Vary), Marienbad (Mariánské Lázně) und Franzensbad (Františkovy Lázně). Kleinere Bühnen gab es in Saaz (Žatec), Komotau (Chomutov), Bodenbach (Podmokly), Leitmeritz (Litoměřice), Iglau (Jihlava), Znaim (Znojmo), Böhmisch-Krumau (Český Krumlov) und Mährisch-Schönberg (Šumperk). Zudem zogen mehr als fünfzig Wanderbühnen durchs Land, die die Bezeichnung »Schmiere« oft zu Recht verdienten.

Diese Theaterdichte war ein Erbe der K u. K.-Monarchie, die in ihren Kronländern auf eine Vormachtstellung der deutschen Kultur bedacht war und Theaterneubauten – vorwiegend zwischen 1880 und 1910 erfolgt – begünstigte. Nach Gründung des Tschechoslowakischen Staates 1918 änderte sich am Status der deutschsprachigen Bühnen des Landes zunächst nichts. Sie blieben – obwohl nun zum tschechoslowakischen Staat gehörend – nach wie vor auf Deutschland und Österreich orientiert, was sich in der Spielplangestaltung und Ensemblepolitik ausdrückte. Wie bisher wurden Berliner und Wiener Novitäten aufgegriffen, kamen künstlerische Kräfte aus dem Reich und der jungen Alpenrepublik, denen die sudetendeutschen Theater ein vielfältiges Betätigungsfeld boten. Wenn die Tschechoslowakei in Fachkreisen gern als »Konservatorium Europas« bezeichnet wurde, weil sie die Bühnen des Kontinents mit qualifizierten Musikern und Sängern versorgte, lässt sich mit gleichem Recht von den sudetendeutschen Theatern als einem »Depot der Talente« sprechen. Viele später prominente Darsteller begannen zwischen Eger und Gablonz ihre Laufbahn. Es genügt, in diesem Zusammenhang die Namen Hans Moser, Paul und Attila Hörbiger, Paula Wessely, Hedwig Bleibtreu, Rudolf Forster, Emil Jannings und die Sänger Friedrich Plaschke, Jaro Prohaska, Leo Slezak, Julius Patzak und Hans Hotter zu nennen. Noch 1933 starteten von Böhmen und Mähren aus zu einer Filmkarriere im Dritten Reich Maria Andergast, Hansi Knoteck, Viktor Staal. Besonders für Operettenkräfte schien die künstlerische Herkunft aus diesen Regionen ein Gütesiegel zu sein, wenn man an Walter Müller, Toni Niessner, Gretl Schörg und Fee von Reichlin denkt.

Anfang der dreißiger Jahre wurden die Theater in den Strudel der Weltwirtschaftskrise gerissen, die sich im deutschen Gebiet der ČSR besonders schlimm auswirkte, denn hier konzentrierten sich die vom Export abhängigen Industriezweige: Textil, Holz, Glas, Porzellan, Schmuckwaren. Die Folge waren Theaterpleiten und Weiterführung des Spielbetriebs unter Arbeitsgemeinschaften, Zusammenlegung von Bühnen, Subventionsabbau, Gagenreduzierung, Auslassung von Spielgattungen, meist auf Kosten der aufwendigen Oper, Spielzeitverkürzungen. 1933 ist nur noch das Neue Deutsche Theater in Prag in der Lage, eine Zwölf-Monate-Spielzeit (einschließlich sechs Wochen bezahltem Urlaub) zu gewährleisten; Brünn legte eine Zehn-Monate-Spielzeit auf, Reichenberg, Außig und Teplitz-Schönau sieben Monate und Eger bzw. Brüx konnten nur fünf Monate anbieten. Einige Städte waren gezwungen, den ständigen Theaterbetrieb gänzlich einzustellen.

Die schlechte Wirtschaftslage hatte auch eine Verschärfung der ohnehin harten Arbeitsbedingungen für die Darsteller zur Folge. Durch den Rückgang der Besucherzahlen verringerte sich die Laufzeit der Stücke, was eine weitere Verkürzung der Probenzeit mit sich brachte. Paul Lewitt, 1933/34 Oberspielleiter des Schauspiels am Theater in Teplitz-Schönau, der größten sudetendeutschen Bühne mit zwei Spielstätten und insgesamt eintausendsechshundert Plätzen bei fünfzigtausend Einwohnern und etwa ebenso vielen Kurgästen im Jahr, vermerkt in einem Erinnerungsbericht: »Die Arbeitsbedingungen waren unwahrscheinlich. Die Vorbereitungen für ein Stück sahen so aus: Montag Stellprobe, Dienstag, Mittwoch, Donnerstag Stückprobe, Freitag Haupt- und Sonnabend Generalprobe und Premiere. Allerdings verlängerte ich die bis dahin übliche Probenzeit von zweieinhalb Stunden (10–12.30 Uhr), auf viereinhalb

Stunden (9.30–14 Uhr), und Gespräche über das Stück und wesentliche Gestaltungsfragen verlegten wir auf die Nachmittagsstunden ins Theatercafé.« Noch 1935 kamen in Teplitz in vierundachtzig Tagen vierunddreißig Stücke heraus, davon fünfzehn Schauspiele, dreizehn Operetten und vier Märchen. Faktisch war »jeden dritten Tag eine Premiere«, wie die Presse resümierte, und an den beiden Weihnachtsfeiertagen musste das Ensemble zwölf Vorstellungen durchhalten.

Zur wirtschaftlichen Misere kam im deutschen Gebiet der ČSR ein Aufflammen des Irredentismus durch die Veränderung des politischen Systems in Deutschland und ihre Resonanz in den deutschbesiedelten Grenzgebieten der Tschechoslowakei, deren Bevölkerung sich in zwei Lager zu spalten begann: in ein auf »das Reich« fixiertes und ein auf die parlamentarische Demokratie und den tschechoslowakischen Staat orientiertes, bis 1938 mit internationaler Beteiligung die so genannte Sudetenfrage durch den »Anschluss« gelöst wurde.

In den folgenden Jahren intensivierten sich die Kontakte zu einzelnen Bühnen dieser Region, und Reichenberg – die Stadt war Gauhauptstadt geworden, und ihr Theater verfügte nun über zwei Spielstätten – nahm sich fast wie eine Dependance von Dresden aus. Die Liste der Gäste in der Spielzeit 1943/44 verzeichnet an Dresdner Künstlern Erich Ponto, Paul Hoffmann, Heinz Arnold, Bernd Aldenhoff, Gert Keller und unter den Bühnenvorständen Peter Hamel als Regisseur.

Einen besonderen Stellenwert in den deutsch-böhmischen Theaterbeziehungen nahmen die Städte Dresden und Prag ein, und man muss nicht bis zu Carl Maria von Weber zurückgehen, der vor Dresden drei Jahre am Ständetheater in Prag als Operndirektor wirkte (1813–1816), um diese Bühnenkontakte aufzuspüren. Belege für einen fruchtbaren künstlerischen Austausch finden sich hinlänglich im zwanzigsten Jahrhundert, und hier ist es vor allem ein Mann, dem an diesen Kontakten gelegen war: Angelo Neumann, der langjährige Direktor der Prager deutschen Bühne. Neumann, gebürtiger Wiener und in jungen Jahren Sänger gewesen, hat sich als Vorkämpfer für das Werk Richard Wagners einen Namen gemacht. Er war der Gründer des »fliegenden Wagner-Theaters«, eines großen

Angelo Neumann,
Direktor des Neuen
Deutschen Theaters
in Prag 1885–1910

Tournee-Unternehmens, mit dem er bis 1883 durch Holland, Belgien, Österreich-Ungarn, Italien und Deutschland tourte. Auf sein Konto gehen auch viele Entdeckungen künstlerischer Persönlichkeiten, die in Prag begannen und dann selbst Theater- bzw. Musikgeschichte schrieben. Es genügt, die Dirigenten Carl Muck, Leo Blech, Franz Schalk, Arthur Bodanzky, Otto Klemperer zu nennen und darauf hinzuweisen, dass auch Gustav Mahler seine ersten Schritte als Kapellmeister unter Neumann machte. In Prag begann während seiner Direktionszeit (1885–1910) Alexander Moissi, dem später Max Reinhardt zu europäischer Geltung verhalf; aus Dresden holte Neumann die Sopranistin Margarete Siems und den Tenor Alfred Piccaver, die ihre Karriere dann in Dresden bzw. Wien fortsetzten. Von der Moldau an die Elbe wechselte der in Prag ungemein beliebte Tenorbuffo Josef Pauli, und am Prager deutschen Theater begann auch Alfred Reucker.

Zu Neumanns Verdiensten als Theaterdirektor gehörte die Einführung philharmonischer Konzerte an seiner Bühne (die ab 1888 über zwei Häuser verfügte: das neu gebaute Neue Deutsche Theater (NDT) und das Ständetheater am Obstmarkt, an dem 1787 Mozarts *Don Giovanni* uraufgeführt worden war).

135

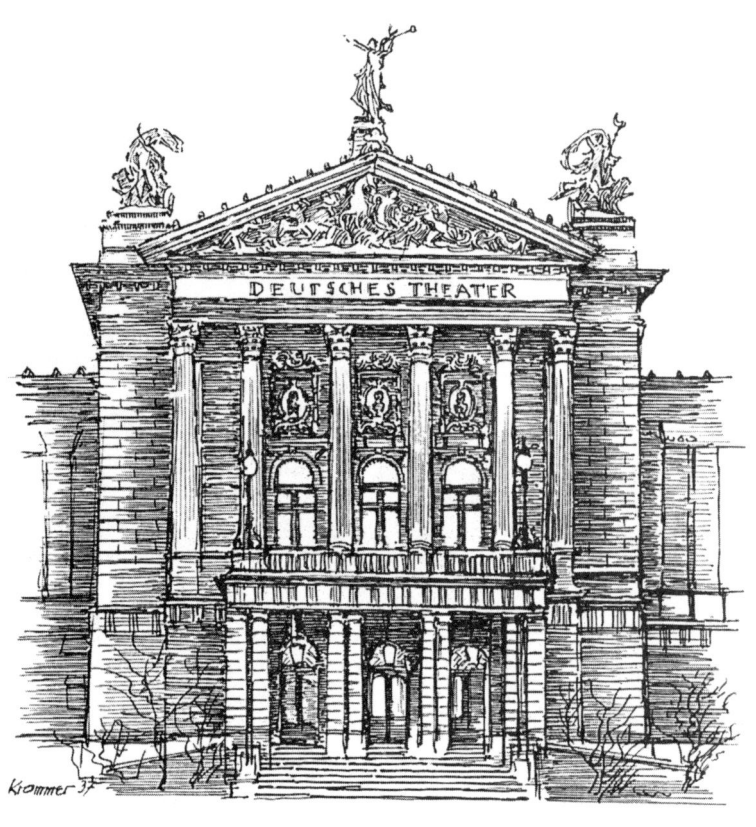

Das Neue Deutsche Theater in Prag

Unter den gastverpflichteten Dirigenten der Konzerte befanden sich in einem einzigen Jahr – 1895 – Felix Weingartner, Arthur Nikisch und Ernst Edler von Schuch.

Und eine weitere Prager Einrichtung ist Neumann zu danken: die Etablierung der alljährlichen Maifestspiele (ab 1899). Bewusst verlegte er die Attraktionen der Spielzeit an das Ende einer Saison, um das nachlassende oder erlahmte Publikumsinteresse durch eine Konzentration von Gastspielen neu zu beleben. Von den Maifestspielen zu den Kunstolympiaden, die Neumann auch favorisierte, war es nur noch ein Schritt.

Zu den Maifestspielen 1905 inszenierte Alfred Reucker (inzwischen Direktor des Züricher Stadttheaters) aus Anlass des

100. Todestages von Schiller *Wilhelm Tell*. 1906 folgte die Prager Premiere der *Salome* unter Leo Blech, 1908 gastierten die Dresdner zur Prager Theater-Olympiade mit *Tristan und Isolde* und das Hofschauspiel mit Gustav Wieds *Zwei mal zwei ist fünf*.

Die Maifestspiele 1910 eröffnete ein Dresdner Ensemblegastspiel mit *Elektra* von Richard Strauss, in der Margarete Siems, die einst in Prag als Mimi und Butterfly gefeiert worden war und inzwischen an die Dresdner Hofoper gewechselt hatte, die Chrysothemis sang. Den Abschluss der Maifestspiele 1914 bildete *Der Rosenkavalier* unter Alexander von Zemlinsky, der der Opernchef bei Neumanns Nachfolger war und unter dessen verantwortungsvoller Leitung ein Sänger erste Erfolge und

Aufmerksamkeit errang: Robert Burg, der spätere Dresdner Don Pizarro, Wotan, Scarpia und Sebastiano.

Für die Beziehungen zwischen den beiden Theaterstädten brachte der Expressionismus einen neuen Schub. Der Prager Uraufführung von Walter Hasenclevers *Der Sohn* (30. September 1916) folgte schon eine Woche später die Dresdner Erstaufführung (8. Oktober 1916) im Albert-Theater mit dem aus Prag stammenden Schauspieler Ernst Deutsch. Das Stück *Die Höhe des Gefühls* des deutschprager Schriftstellers Max Brod wurde 1918 in Dresden uraufgeführt, um danach am Deutschen Theater in Prag im Spielplan zu erscheinen. Und zum wiederholten Male waren es Stücke von Walter Hasenclever, um die beide Städte rivalisierten. Während das Schauspiel *Jenseits* erst zehn Tage nach der Prager Uraufführung in Dresden auf die Bühne des Schauspielhauses gelangte (28. Oktober 1920), verhielt es sich bei *Gobseck* gerade umgekehrt: Prag folgte vier Tage nach der Dresdner Uraufführung (27. Januar 1922), die der aus Prag gekommene Berthold Viertel mit Erich Ponto in Szene gesetzt hatte.

Zwei Anlässe boten 1932 Gelegenheit zu wiederholten Kontakten: Zum 100. Todestag Goethes zeigte das Dresdner Staatsschauspiel am 15. März 1932 *Iphigenie auf Tauris*, »deren hohe Vollendung wir aus fremdem Munde anlässlich des Gastspiels in Prag rühmen hörten, und das höchlich«. (Felix Zimmermann) Und im November desselben Jahres beging Prag den 70. Geburtstag von Gerhart Hauptmann mit einem Zyklus seiner Stücke. Aus Berlin war das Deutsche Theater mit *Rose Bernd* angereist, in der Titelrolle die in der Moldaustadt unvergessene Paula Wessely; Albert Bassermann gastierte in *Kollege Crampton*, Karl Kraus las *Die Weber*, das Neue Deutsche Theater Prag steuerte mit *Der Biberpelz* und *Vor Sonnenuntergang* eigene Inszenierungen bei, und das Dresdner Staatsschauspiel brachte das Lustspiel *Die Jungfern vom Bischofsberg*. Der Erfolg der Dresdner Gäste beruhte, wie Paul Leppin in der regierungsamtlichen Prager Presse feststellte, »auf Ensemblespiel unbedingter Vollendung und von glashartem Schliff. Diese von Scherz und Stimmung, karikaturistischem Unfug und sentimentalischem Zartsinn getragene Schauspielerei war von

blendender Wirkung (...) das Publikum applaudierte eks-
tatisch.«

Und noch ein Gastspiel verdient Erwähnung: Mitte März
1933 gestalteten die Sängerin Maria Elsner, der Schauspieler
Paul Hoffmann und der Komponist und Pianist Artur Chitz in
Prag einen heiteren Abend, »dessen Programm gewählt und
doch unbeschwert und dessen Durchführung erstklassig war«
(Prager Tagblatt). Diese Veranstaltung der »Liga für Frieden
und Freiheit« war für längere Zeit der letzte Auftritt eines
Dresdner Ensembles in der Moldaustadt, denn die Machtübernahme der Nazis bedeutete auch für die deutsch-tschechischen
Kulturbeziehungen, wie sie sich in der Vergangenheit entwickelt hatten, einen tiefen Einschnitt. Und es sollte sechs Jahre
dauern bis zum nächsten Dresdner Gastspiel in Prag. »Groß-
deutschland« hatte den tschechoslowakischen Staat zerschla-
gen, das Protektorat Böhmen und Mähren errichtet und auf
dem Hradschin die Hakenkreuzfahne gehisst. Im Juni 1939 ver-
anstalteten die braunen Machthaber in der Moldaustadt eine
Deutsche Kulturwoche, die das Wirken des Deutschtums in
diesem mitteleuropäischen Raum dokumentieren sollte. Hatte
die Prager Goethe-Feier 1932 noch Thomas Mann mit einem
Festvortrag eingeleitet, erfolgte die Eröffnung 1939 durch den
Reichsprotektor Freiherr von Neurath, der in seiner Rede ihren
Sinn darin zu erkennen meinte, »die deutsche Kultur hier, wo
sie immer zu Hause gewesen ist, seit langer Zeit zum ersten
Mal wieder vorzuführen« (Der Freiheitskampf). Zu den teil-
nehmenden Bühnen gehörte das Dresdner Schauspielhaus,
das *Faust I* zur Aufführung brachte. Es sollte nicht das einzige
Gastspiel der Sächsischen Staatstheater bleiben.

Die deutschen Theater in Prag verfügten seit 1939 zwar über
ein umfangreiches Schauspielpersonal, zu dem zeitweilig auch
Edith Heerdegen und Wolf Goette gehörten, waren aber bei
Opernaufführungen auf Gastspiele »aus dem Reich« angewie-
sen. Im März 1941 wurde die Dresdner Oper mit Mozarts *Cosi
fan tutte* unter Karl Böhm in der Moldaustadt enthusiastisch
gefeiert. Hans H. Stuckenschmidt schrieb in der Zeitung Der
Neue Tag: »Wenn an diesem Abend die Wogen der Entzückung
besonders hochschlugen, so wollen wir darin nicht nur die

Huldigung an das lichte Genie Mozarts sehen, sondern die unmittelbare Wirkung hoher künstlerischer Qualität. Dresdens Staatsoper ist der Nachbarstadt Prag lange den ersehnten Besuch schuldig geblieben; umso begeisterter war der Empfang, den man ihr bereitet hat. Mit Recht. Denn neben den Staatsopern in Berlin, München und Wien steht sie in der ersten Reihe der deutschen Singbühnen. Jede von ihnen hat ihre Spezialitäten, ihre stilistischen Sonderaufgaben (...) Dresden konnte unter Karl Böhm eine Mozartkultur entwickeln, die in Deutschland ihresgleichen nicht findet. So war, nicht nur im Hinblick auf das Mozartjahr, das gerade der Stadt Prag besondere Verpflichtungen auferlegt, *Cosi fan tutte* als erstes Gastspiel glücklich gewählt.«

Zwei Jahre danach gab es einen weiteren Dresdner Opernexport nach Prag: Unter Karl Elmendorff fand im Mai 1943 ein Ensemblegastspiel mit der *Walküre* von Richard Wagner statt, dessen Resonanz hinter *Cosi fan tutte* nicht zurückblieb.

Zu diesem Zeitpunkt hatte sich das Deutsche Philharmonische Orchester Prag zum wiederholten Male mit einem Konzert in Dresden vorgestellt, und sein Chefdirigent, Generalmusikdirektor Joseph Keilberth, beeindruckte durch sein musikalisches Temperament und sein Charisma. Karl Laux bescheinigte ihm, dass er »ein Orchestererzieher von hohen Graden ist. Hervorragende Disziplin. Nicht zu überbietende Präzision. Feinste Abtönung des Klanges.«

Joseph Keilberth sollte als Dresdner Opernchef und Generalmusikdirektor die ersten Nachkriegsjahre entscheidend prägen.

Als Gast in einem Freistaat

Dresdner Opernkräfte waren an vielen reichsdeutschen wie ausländischen Bühnen begehrte und gern gesehene Gäste, und nicht zuletzt bei Festspielen griff man immer wieder auf sie zurück, ob in Bayreuth, Salzburg oder Wien. Auch in Zoppot, dem mondänen Badeort des Freistaates Danzig, gehörten Künstler der Elbestadt bei den alljährlich im Sommer stattfindenden Richard-Wagner-Festspielen zum Festspielensemble. Wenn vielleicht auch nicht von einer engen Beziehung der Sächsischen Staatstheater zu Danzig gesprochen werden kann, so ist es doch auffällig, wie häufig und regelmäßig Dresdner Künstler über Jahre hinweg dort verpflichtet wurden.

Völkerrechtlich betrachtet galt die Freie Stadt Danzig – bis 1920 Teil der Provinz Westpreußen – als Ausland; sie hatte durch den Vertrag von Versailles ihre Zugehörigkeit zum Deutschen Reich eingebüßt und stand – zum selbstständigen Staatswesen erklärt – unter dem Schutz des Völkerbundes, der in dem Stadtstaat einen eigenen Hohen Kommissar unterhielt. Als Regierung und oberste Landesbehörde fungierte der Senat mit zwölf Mitgliedern; das Parlament und die gesetzgebende Körperschaft war der Volkstag mit zweiundsiebzig Abgeordneten. Danzig besaß kein Militär, die Amtssprache war deutsch; in der Rechtspflege wurden die preußischen und deutschen Gesetze beibehalten, auch das Schulwesen schloss sich der Regelung in Preußen an.

Trotz staatlicher Eigenständigkeit bestand geistig und kulturell ein enger Kontakt zum »Mutterland«, was sich auch im Theaterleben zeigte. Der Spielplan des Stadttheaters Danzig umfasste das damals übliche Repertoire eines Dreispartentheaters mit Schauspiel- und Opernklassikern, Operettenerfolgen, Salonstücken und Lustspielen. Die Liste der gastierenden Künstler war nicht klein und wies auch Dresdner Staatstheater-Mitglieder auf: Robert Burg, Friedrich Plaschke, Ludwig Ermold und Friedrich Lindner.

Zeitweilig gab es in Zoppot ein eigenes Stadttheater, doch weit größere Bedeutung erlangte die Zoppoter Waldoper mit ihrem Spielbetrieb im Sommer. 1909 erbaut, war sie mit 3550 Sitzplätzen und 5500 Stehplätzen die größte Freilichtoper der Welt. Seit 1922 gab es in dem dreißigtausend Einwohner zählenden, von internationalem Flair geprägten Badeort Richard-Wagner-Festspiele, die von renommierten Künstlern bestritten wurden. Max von Schillings, Hans Knappertsbusch, Karl Elmendorff und Hans Pfitzner standen hier am Dirigentenpult, und zu den verpflichteten Sängern gehörten Maria Reining von der Münchner und Elsa Wieber von der Dresdner Staatsoper.

Im Unterschied zu Bayreuth war Zoppot vorrangig, aber nicht ausschließlich auf das Werk Richard Wagners festgelegt. 1932 gab es neben dem *Lohengrin* aus Anlass einer d'Albert-Gedenkfeier (der Komponist war in diesem Jahr gestorben) die Oper *Tiefland*, und die Festspiele 1933 brachten neben dem *Tannhäuser* Beethovens *Fidelio*. 1934 – zum fünfundzwanzigjährigen Bestehen der Waldoper wurde dann wieder nur Wagner gegeben. Das galt auch für das Jahr 1936, in dem Dresdner Künstler inzwischen zum Stamm des Festspielensembles gehörten: Sven Nilsson, Heinrich Tessmer und Inger Karén, die als Kundry (Parsifal) großen Eindruck machte: »(...) darstellerische Intelligenz paart sich hier mit einer Stimme von geformter Klangfülle und erstaunlichem Umfang« (Dresdner Nachrichten).

Zu dieser Zeit besaß die Zoppoter Freilichtbühne den Status einer »Reichswichtigen Festspielstätte«, die der finanziellen Unterstützung Berlins sicher sein konnte. Diese Aufwertung war Ausdruck der politischen Entwicklung im Freistaat: Bei den Parlamentswahlen vom Mai 1933 hatten die Nationalsozialisten im Volkstag die absolute Mehrheit errungen, womit die wichtigsten politischen Stellen in ihre Hände fielen. Ein Ermächtigungsgesetz führte schließlich zu einer nationalsozialistischen Regierung. »Damit«, hieß es in einem Hochschulblatt, »ist die nationalsozialistische Bewegung nicht nur zum tragenden politischen Faktor für die Lenkung der Geschicke der Freien Stadt Danzig geworden, sondern auch zum Hort der gesamten deutschen Bevölkerung.« (1938 setzen sich die zweiundsiebzig Abgeordneten des Volkstages aus siebzig Nationalsozialisten und zwei Polen zusammen.)

Das politische Klima veränderte sich zusehends, die Anpassung an Deutschland war auch äußerlich sichtbar. In Danzig-Langfuhr gab es seit 1934 eine Adolf-Hitler-Straße; bei Sitzungen deutscher Kommunalpolitiker sah man mehr Uniformträger als Zivilisten, auch die Hakenkreuzfahne fehlte nicht. Und zu besonderen Anlässen zeigten sich – begleitet von einem Schwarm Braunhemden – in der Freien Stadt Danzig bald auch die Paladine des Dritten Reiches: Heß, Goebbels und Robert Ley, der Führer der Deutschen Arbeitsfront. Die Hoffnung auf Revision des Versailler Vertrages war für sie in greifbare Nähe gerückt.

Am 1. Februar 1934 trat – nach reichsdeutschem Vorbild – im Freistaat eine Landeskulturkammer ins Leben. Durch sie wurden alle Tätigkeitszweige erfasst, die sich mit »der Erzeugung, der Wiedergabe, der geistigen Verarbeitung, der Verbreitung, der Erhaltung und der Vermittlung von Kulturgut« beschäftigten (Boguslaw Drewniak). Die Mitgliedschaft in einer der berufsspezifischen Kammern war obligatorisch. Aus dem Spielplan des Danziger Theaters, das im Sommer 1933 Staatstheater geworden war, verschwanden im Dritten Reich unliebsame Autoren und Komponisten, die vor 1933 – wenn auch in bescheidenem Umfange – Berücksichtigung gefunden hatten wie Hans J. Rehfisch, Carl Zuckmayer, Georg Kaiser, Arthur Schnitzler, Stefan Zweig, Kurt Weill. Stattdessen wurden »völkische Werkschöpfer« favorisiert.

Im Zuge der Gleichschaltung erfolgte im Freistaat auch die Ausgrenzung der jüdischen Künstler, die sich fortan, sofern sie das Land nicht verließen, im Kulturbund der Juden in Danzig ihr eigenes Kulturzentrum schaffen mussten und schufen. Auch die Leitung der Zoppoter Waldoper lehnte die Mitwirkung jüdischer Sänger und Musiker ab. Und im Programmheft der Richard-Wagner-Festspiele 1938 stand einleitend ein Artikel von Dr. Rainer Schlösser, inzwischen Leiter der Reichstheaterkammer, der ebenso gut im Völkischen Beobachter hätte stehen können. Die »Großmacht Wagner« wurde von ihm dargestellt in ihrer »ausgesprochene(n) Deutschheit, oder, weiter gefasst: germanische(n) Wesenheit«.

Der Festspielsommer 1938 umfasste acht Aufführungen und ein Eröffnungskonzert. *Lohengrin* stand – wie schon ein Jahr zuvor – auf dem Programm und wies eine Besonderheit auf, über die der Dresdner Anzeiger berichtete: »Als einzige Freilichtbühne verwendet Zoppot unter der Leitung von Generalintendant Hermann Merz die Bühnentechnik des Innentheaters. So fehlt im ersten Akt des *Lohengrin* nicht die riesige künstliche Eiche, während die Scheldelandschaft durch eine massive Brücke mit Brückenturm angedeutet wird, unter der der Schwan hindurchfährt. Im zweiten Akt sind die gewohnten Verhältnisse umgekehrt; das Münster steht hier in Form einer romanischen Stiftskirche zur Linken, den Hintergrund nimmt ein reich gegliederter romanischer Prachtbau ein, während der Söller mit einer breiten Freitreppe zur Rechten aufgebaut ist. Das Brautgemach ist diesem Bild zur Linken nur vorgesetzt, in Form einer offenen Terrasse, hinter der sich eine wie Marmor schillernde Fassade erhebt.«

Nach dem Anschluss Danzigs an das »Großdeutsche Reich« (September 1939) galten die Zoppoter Festspiele nun ganz und gar als »nordisches Bayreuth«. Zum bisherigen Ensemble gehörten auch die Dresdner Künstler Josef Herrmann und Bernd Aldenhoff.

Die Theater in der Neustadt

Das Albert-Theater

Seit seiner Selbstständigkeit 1913 konnte das Albert-Theater auf eine wechselvolle Geschichte zurückblicken, die vielleicht mehr als andere Bühnenhäuser der Stadt Zeitgeschichte widerspiegelte. Im Jahre 1873 nach zweijähriger Bauzeit fertiggestellt und vom Eigentümer, einem Aktienverein Dresdner Bürger, an den Hof verpachtet, übernahm die königliche Generaldirektion das Haus mit seinen eintausenddreihundert Plätzen und einer geschmackvollen Innenausstattung als Königliches Hoftheater, bis im September 1913 das Schauspielhaus an der Ostra-Allee seiner Bestimmung übergeben werden konnte. Im gleichen Monat eröffnete auch der erste Direktor des Albert-Theaters, Maximus René, den Spielbetrieb mit Raimunds *Verschwender* (in dem Stella David die Frau des Valentin spielte). Als Aufgabe der nun eigenständigen, privat geführten Neustädter Bühne wurde erkannt, »eine Ergänzung des Hoftheaters nach der Seite des Volkstümlichen und des Modernen zu sein« (Felix Zimmermann). Der Spielplan basierte auf Zeitgenössischem (Shaw, Gerhart Hauptmann), gemütvollen Lustspielen, Volks-, Salon- und Ausstattungsstücken, auch gelegentlich Klassikern. Als 1913 das Residenztheater auf der

Das Albert-Theater

Zirkusstraße sein Schauspiel aufgab, erweiterte sich zwar das Publikumsreservoir der Neustädter Spielstätte, doch eine klare Bestimmung und Zielstellung fanden die rasch wechselnden Direktoren nicht. Eine gewisse Konsolidierung trat erst ein mit der Direktionsübernahme durch Edgar Licho, einem Schüler Max Reinhardts, der von 1914 bis 1918 der Bühne vorstand und es auch an Programmatik nicht fehlen ließ. Unter seiner Leitung kamen Stücke von Ibsen, Tolstoj, Hauptmann (*Michael Kramer*), Sudermann, Schönherr, Wedekind (*Frühlings Erwachen, Erdgeist*), Wildgans, Strindberg (*Der Vater, Fräulein Julie*) neben Werken von Shakespeare und Schiller heraus, und er ebnete mit zwei wichtigen Inszenierungen dem expressionistischen Drama den Weg. Am 8. Oktober 1916 war *Der Sohn* von Walter Hasenclever zur Aufführung gelangt. Diese Premiere – acht Tage nach der Prager Uraufführung des Stückes als geschlossene Vorstellung realisiert – erregte Aufmerksamkeit, die nicht zuletzt der leidenschaftlich-expressiven Darstellung von Ernst Deutsch in der Titelrolle zuzuschreiben war. Ein Dreivierteljahr später – am 3. Juni 1917 – stellte Oskar Kokoschka in eigener Regie seine Einakter *Der brennende Dorn-*

busch, Hiob und *Mörder, Hoffnung der Frauen* vor und schuf durch eine imponierende Verschmelzung von Ton, Farbe, Licht, Sprache und Musik einen Bühnenstil, der nicht ohne Einfluss auf die weitere Inszenierungspraxis blieb.

Licho hatte ein Gespür für Talente und entdeckte bzw. förderte Darsteller wie Robert Müller, Fritz Kortner, Heinrich George, Günther Hadank und Olga Limburg. Seine Nachfolger im Amt versuchten, die Bühne durch Gastspiele namhafter Künstler attraktiv zu machen, sie holten Gertrud Eysoldt, Hermine Körner, Ernst von Possart, Alexander Moissi, Lucie Höflich; sie brachten Stücke von Georg Kaiser, Frank Wedekind, Carl Sternheim, Heinrich Lautensack und Paul Kornfeld, und dennoch vermochten sie nicht, das Theater, das ab 1921 den Namen »Neustädtisches Schauspielhaus« führte, aus seiner instabilen Lage herauszubringen.

1922 kam es unter der Direktion von Paul Willi zu einem Streik der Schauspieler, in dessen Folge sich eine Gruppe abspaltete und das »Neue Theater« gründete, das zunächst in der Kaufmannschaft (Ostra-Allee) ein Unterkommen fand, bis eine neue Spielstätte in der Reitbahnstraße entstanden war: das Komödienhaus (1926).

1924 übernahm Hermine Körner das Neustädter Schauspielhaus. Bei der Programmgestaltung setzte sie auf ihren Namen und bediente ihr bisheriges Repertoire, räumte aber auch dem modernen Drama Raum ein: Ernst Barlach, Carl Zuckmayer (*Der fröhliche Weinberg*) kamen zu Wort und Bertolt Brecht mit der Dresdner Premiere der *Dreigroschenoper* im Januar 1929. Zu Jahresbeginn 1930 gastierte die Berliner Gruppe junger Schauspieler mit Friedrich Wolfs heftig umstrittenem Stück gegen den Paragraphen 218 *Cyankali*, und vor ihrer Ausgrenzung durch die Nazis waren hier auch Zuckmayers *Hauptmann von Köpenick* und Erich Kästners *Emil und die Detektive* zu sehen. Interessant blieb das Haus am Albertplatz ferner für Uraufführungen und gastierende Bühnen- und Filmgrößen wie Lil Dagover, Henny Porten und Agnes Straub.

Das Jahr 1936 bedeutete in der Geschichte der Neustädter Bühne einen Einschnitt: Es ging nach Monaten der Schließung und Rekonstruktion in städtische Verwaltung über und wurde

Die Schauspielerin Hermine Körner,
Direktorin des Albert-Theaters 1925–1929

nach dem Vorbild von Häusern in Berlin, München und Breslau
zu einem »Theater des Volkes« umfunktioniert, an dessen Spitze Max Eckardt stand. Eckardt, gebürtiger Dresdner und an
Bühnen in Düsseldorf, Basel, Riga, Halle, Königsberg, Dessau
und Saarbrücken zum Schauspieler, Dramaturgen und Regisseur herangereift, erweiterte den künstlerischen Radius des
Theaters durch Einführung der Operette, war aber im Übrigen
gehalten, das Theater »im Geiste des neuen Deutschland« auszurichten. An seinem Spielplan ist der 1933 vollzogene politische Machtwechsel ablesbar. Jüdische Autoren sind ebenso

verschwunden wie solche, die dem Haus in der Vergangenheit mit ihren Zeitstücken zu Beachtung und Anerkennung verhalfen, in den Augen der Nazis jedoch als »Kulturbolschewisten« galten. Sowohl im Schauspiel wie in der Operette bewegten sich die künstlerischen Angebote in vorgegebenem Rahmen. Man sah im Theater des Volkes die erfolgreichen Lustspiele *Wenn der Hahn kräht, Der Etappenhase, Krach im Hinterhaus, Ehe in Dosen, Der verkaufte Großvater, Hochzeitsreise ohne Mann* und Werke von Franz Lehár, Nico Dostal, Fred Raymond neben Operetten von Johann Strauß, Franz von Suppé, Carl Zeller und Karl Millöcker. Gelegentlich kam auch Unübliches auf die Bühne: »Unter dem gemeinsamen Protektorat des Reichsstatthalters, Gauleiter Mutschmann, und des Botschafters der USA bot das Theater des Volkes in Dresden 1938 als deutsche Erstaufführung das Singspiel *Rosalind* – ein Shakespeare-Stoff – von der New Yorker Komponistin Florence Wickham.« (Fred K. Prieberg)

Natürlich blieb der Schauspiel-Spielplan nicht frei von NS-Tendenzdramen. Hans Steguweit war mit seinem vagen Versöhnungsstück um »rechts- und linksrheinische Erbfeinde« (*Der Nachbar zur Linken*) vertreten, Dietrich Eckart, der »Kampfgefährte« Hitlers aus den Münchner Jahren, mit seiner antisemitischen Abrechnung mit der »Systemzeit« (*Dunkle Wege*), und nach Kriegsbeginn erschienen Edgar Kahns *Oberst Vittorio Rossi*, dessen Titelheld in Abessinien und Libyen kämpft, und Walter Erich Schäfers Schauspiel *Leutnant Vary*, das den soldatischen Geist der Frontkameradschaft beschwört. Mit Ausnahme des volkstümlichen Lustspiels *Petermann fährt nach Madeira* von August Hinrichs, das Typen aus deutschen Landschaften auf einer »Kraft durch Freude«-Seereise vorführt, hinterließen diese Stücke kaum nennenswerte Eindrücke, im Unterschied zur zeitgenössischen Operette: *Clivia* von Nico Dostal und *Maske in Blau* von Fred Raymond erlebten zwischen 1936 und 1944 jeweils zwei Inszenierungen am Theater des Volkes. Max Eckardt war es gelungen, in relativ kurzer Zeit einen leistungsfähigen Spielkörper aufzubauen, wobei Rückgriffe auf Künstler erfolgten, die bisher am Residenztheater, das seinen Spielbetrieb hatte einstellen müssen, engagiert waren. Das Operettenpersonal verfügte über profilierte Sängerpersönlichkeiten wie Fee von Reichlin, Maria Horstwig, die Tenöre Robert von dem Bongart, Josef (Pepi) Schröger, Otto Falvay; ferner Kurt Wildersinn und Rudolf Fleck, die neben Willy von Hendrichs, Albert Willi, Ille Bork und Dora Max dem Schauspiel Profil gaben.

In Eckardts Amtszeit fielen auch einige Operetten-Uraufführungen, die von sich reden machten: *Die Perle von Tokay* (Raymond), *Traumland* (Künneke) – beide 1941 – und im Juni 1942 *Faschingstraum* von Rudolf Köller und Bruno Hardt-Warden mit der Musik des Filmkomponisten Michael Jary. Sie brachten ein Wiedersehen mit der 1940 ans Berliner Theater der Volkes gegangenen Fee von Reichlin, die in Dresden unvergessen geblieben war. Publikum und Presse reagierten euphorisch: »Glänzende Besetzung. Mit dem Gastspiel Fee von Reichlin war der Abend von vornherein entschieden. Sie war die gute Fee der Operette am Albertplatz, sie wird es – nach diesem neuen Erfolg – sicherlich und hoffentlich für eine geraume Zeit wieder sein. Das war ein freudiges Wiedersehen. Die Dresdner tobten. Und Fee von Reichlin scheint es auch Spaß zu machen,

Fee von Reichlin und Pepi
Schröger in der Operette
Die Landstreicher

in ihrem alten Dresden auftreten zu können. Sie ließ alle Minen ihrer guten Laune springen. Sie fegte als ein Sprühteufel über die Bühne. Die Toreroszene, die Suggestionsszene, beide mit Pepi Schröger, der gleichfalls seinen großen Abend hatte, waren ausgefüllt von einem wahrhaft hinreißenden, von einem urtümlichen, naturhaften Komödiantentum. Und wie charmant wirkt das alles! O gute Fee, o liebe Fee!« (Karl Laux)

Eine Veränderung bewirkte 1941 die Direktionsübernahme durch Curt Hampe. Der neue Intendant brachte von seiner bisherigen Wirkungsstätte, dem Theater in Karlsbad, die Gesangskräfte Ruth Lange und Werner Liebing, die Schauspieler Willy Court und Adolf Wiesner sowie den Kapellmeister Kurt Eichhorn mit und nahm neben Schauspiel und Operette auch die Oper in seinen Spielplan auf in der Erkenntnis, dass die Sächsische Staatsoper – ebenso wie 1913 das Schauspielhaus – einer volkstümlichen Ergänzung bedürfe. Mit selten aufgeführten Werken wie *Hans Heiling* (Heinrich Marschner), *Der Glöckner von Notre Dame* (Franz Schmidt) und *Enoch Arden* (Ottmar Gerster) begann diese Repertoire-Erweiterung, die bald auch *Die verkaufte Braut*, *Rigoletto*, den *Freischütz* und *La Bohème* umfasste.

1942 erfolgte eine stärkere Profilierung des Schauspiels. Albert Fischel kam vom Staatsschauspiel München als Oberspielleiter ans Haus, und mit ihm stießen Erika Dannhoff, Johanna Wilhelm, Reinhold Lütjohann, Wolf Goette und Ferdinand Mussi zum Ensemble. Sein Spielplan erstreckte sich auf Stücke wie *Schluck und Jau* (Gerhart Hauptmann) und sparte Klassiker nicht aus. Im Laufe von zwei Spielzeiten sahen die Dresdner am Albertplatz *Was Ihr wollt* und *Komödie der Irrungen* von Shakespeare, Goldonis *Listige Witwe* und Schillers Adaption von Gozzis *Turandot*. Auch Shaw war mit seiner Dramatischen Chronik *Die heilige Johanna* vertreten.

Wie alle Bühnen im Reich musste das Theater des Volkes am 31. August 1944 seinen Spielbetrieb einstellen. Das an den Oberbürgermeister der Stadt gerichtete entsprechende Schreiben vom Präsidenten der Reichstheaterkammer, Paul Hartmann, spricht zwar von einer »vorübergehenden Stillegung« des Theaters und Orchesters, doch konnte nach Kenntnis der

militärischen und politischen Lage niemand an der Endgültig-
keit dieser Maßnahme zweifeln. Sie war der Schlusspunkt
unter eine sechzigjährige Bühnengeschichte, die keine Fortsetzung fand. Weder das eingespielte Ensemble noch sein schönes
Haus am Albertplatz sollte es nach dem Kriege noch geben.

Die Landesbühne Sachsen

Auch eine zweite Bühne hatte in den dreißiger Jahren in
Dresden-Neustadt ihren Sitz: die Landesbühne Sachsen mit
Geschäftsstelle in der Görlitzer Straße. Am 1. September 1937
gegründet, war dieses Unternehmen als Wanderbühne konzi-
piert. »Die Landesbühne Sachsen bespielt mit zwei Spielgrup-
pen alle Orte Sachsens, in denen sich kein ständiges Theater
befindet. Die Erstaufführungen finden immer in Dresden statt«,
hieß es in einer Selbstankündigung. Zu den einhundertfünfzig
Orten, in denen das Theater auftrat, gehörten Oschatz, Mitt-
weida, Burgstädt, Schwarzenberg im Erzgebirge, Waldheim,
Pirna, Königsbrück, Olbernhau, Glauchau, Pulsnitz, Radebeul,
Löbau, Werdau und Dippoldiswalde. Das Gesamtpersonal umfasste neunzehn männliche und zehn weibliche Darsteller.
Rechtsträger des Unternehmens war der Sächsische Gemeindekulturverband; als Besucherorganisation fungierte die NS-
Gemeinschaft »Kraft durch Freude« sowie Besuchergemeinden
und Feierabendringe. Zuschüsse kamen vom Reich, vom Sächsischen Staat und vom Sächsischen Gemeindekulturverband,
der auch für Fehlbeträge aufkam.
    Neu war weder der Gedanke einer sächsische Städte be-
spielenden Wanderbühne noch dessen praktische Umsetzung.
Bereits in den zwanziger Jahren hatte es ein derartiges Unternehmen gegeben. 1919 von Maximus René, dem ersten Direktor des Albert-Theaters, gegründet, bespielte die Sächsische
Landesbühne, die ursprünglich »Künstlerische Schaubühne
des Sächsischen Künstlerhilfsbundes« hieß, neben zahlreichen
theaterlosen Städten Sachsens auch die Sommerbühne in
Olbernhau. Als gemeinnütziges Unternehmen von der Landes-
regierung anerkannt, erfolgte die Subventionierung haupt-

151

sächlich durch die Spielorte und Theatergemeinden, die auch die örtlichen Transportkosten trugen und Quartiere nebst Frühstück für die Darsteller stellten. »Gespielt wurde vom ›Klassiker‹ bis zum derben Schwank, von der Boulevardkomödie bis zum Weihnachtsmärchen einfach alles, aber immer im Rahmen der technischen und künstlerischen Möglichkeiten.« (Gabriele Zimmermann) Zum Kreis der Darsteller gehörten die später in Dresden geschätzten Künstler Charlotte Friedrich und Max Jähnig.

Anfang der dreißiger Jahre ging die Sächsische Landesbühne in ein Ensemble über, das sich »Sächsische Edelschmiere« nannte, dem aber ebenso wenig eine lange Lebensdauer beschieden war wie den daran anschließenden »René-Gastspielen Dresden«.

Die entstandene Lücke legte die Neugründung einer Sächsischen Landesbühne nach 1933 nahe. Der erste Intendant war Walter Heidrich, der Erfahrungen mit einem solch strukturierten Theater besaß. Ende 1933 hatte er in der Tschechoslowakei die »Sudetenbühne« mit Sitz in Reichenberg gegründet und nach dem »Führerprinzip« aufgebaut. Unterstützt von nationalistischen Kreisen der deutschen Minderheit ging dieses reine Schauspieltheater auf Tournee in Böhmen und Mähren, wobei in seinem Spielplan jüdische Autoren ausgespart blieben. Die »Sudetendeutsche Partei« von Konrad Henlein setzte in ihrem »Volkstumskampf« große Hoffnungen auf die Sudetenbühne, ohne sie allerdings erfüllt zu sehen. Im Sommer 1936 musste das Theater trotz finanzieller Zuwendungen aus Berlin seine Spieltätigkeit einstellen. Auch der Versuch einer Neuauflage im Jahre 1937 führte nicht zum Erfolg.

Der Start der beiden Spielkörper der Landesbühne Sachsen war Mitte September 1937 im Dresdner Künstlerhaus, unter anderem mit einem Lustspiel von Harald Bratt, das mit »Stürmen des Lachens und Beifalls« aufgenommen wurde. Bald nach dieser Spaßigkeit folgte ein Gesinnungsstück: *Bauer und Knecht* von Karl Bacher, das die Landesbühne am 11. Oktober 1937 im Komödienhaus zur Uraufführung brachte. Dieses Schauspiel hatte ein Preisausschreiben der Sudetenbühne für sich entschieden, und es wurde von der Presse als »wertvoller

Beitrag des Theaters zur Gaukulturwoche« angesehen. Der Autor, aus kleinbäuerlichen Verhältnissen in Mähren stammend und zum Professor der Germanistik in Wien aufgestiegen, legte in seinem Bauerndrama ein »Bekenntnis zu Volkstum und Scholle« ab und schilderte die Auseinandersetzung zwischen einem unbekümmert dahinlebenden verantwortungslosen Gutsbesitzer und seinem siebzigjährigen pflichtbewussten Knecht, der sein ganzes Leben und sein persönliches Glück der Arbeit und dem Erhalt des bäuerlichen Besitzes geopfert hat und sich als wahrer Herr und Bauer erweist. Heidrich hatte dieses »BluBo«-Stück inszeniert, das nun auf Tournee durch den Gau Sachsen ging, ebenso wie das KdF-Stück *Petermann ist dagegen* und Otto Erlers der germanischen Mythologie verhaftetes Drama *Thors Gast*.

Zeitweilig gehörte die Felsenbühne Rathen zum Spielbereich der Landesbühne, die ab 1940 unter der Direktion von Karl Kötschau stand. Der wusste sich auch Aufführungsrechte für die Karl-May-Spiele in Werder an der Havel und das Kurtheater in Bad Schandau zu sichern.

Sein Vorgänger Walter Heidrich wurde 1942 Intendant des Theaters der Gauhauptstadt Reichenberg/Sudetenland, trat aber im März 1943 nochmals mit einer Inszenierung in Dresden hervor. Das Stück hieß *Die Stadinger*, verfasst von Bruno Nowak, der sich auf diesem Gebiet bereits zwei Jahre zuvor mit *Stefan Fadinger* versucht hatte. In beiden Fällen geht es um Blut und Boden, den Erhalt der Scholle und den Bestand echten, gesunden Bauerntums, weshalb sich in den *Stadingern* die Bauern des Hadelner Landes gegen die Besitzgier der hanseatischen Bremer erheben.

Die Aufführung basierte – wie es im Dresdner Anzeiger hieß – auf »einer kameradschaftlichen kulturellen Arbeitsgemeinschaft«, zu der sich »Berufsschauspieler, namhafte Mitglieder des Staatsschauspiels, Nachwuchskräfte, Laienspieler und Spieleinheiten der Hitler-Jugend« zusammenfanden, und hatte im Schauspielhaus Premiere.

Nach dem Zusammenbruch des Hitler-Staates existierte die Landesbühne Sachsen noch einige Monate, spielte in den wenigen unzerstörten Gasthöfen Dresdens und in der Umge-

bung der Stadt und verschwand mit dem ersten Nachkriegs-
jahr.

Fünf Jahre später sollte es die »Landesbühnen Sachsen«
geben, ein Dreispartentheater mit Sitz in Radebeul, das aus der
1945 in Gittersee gegründeten und ansässigen Volksoper hervorgegangen war.

Die privaten Bühnen

Von den vier wesentlichen Privattheatern, die es Ende der
zwanziger Jahre in Dresden gab, existierten Mitte der dreißiger
Jahre nur noch zwei: das Central-Theater in der Waisenhausstraße und das Komödienhaus auf der Reitbahnstraße. Das tra-
ditionsreiche Residenztheater in der Zirkusstraße, schon 1933
in finanzieller Bedrängnis, war 1934 nach über sechzigjähri-
gem Bestehen wegen baulicher Mängel geschlossen worden,
und das Albert-Theater 1936 in städtische Verwaltung überge-
gangen.

Das Central-Theater

1898 erbaut, gehörte das Central-Theater mit seinen über ein-
tausendachthundert Plätzen zu den größten Bühnen der Stadt.
Eigentümer war die Bank für Bauten AG, die es jeweils an
Theaterunternehmer verpachtete. Dominierte in diesem Haus
zunächst das Varieté, eroberte sich die Operette schon bald
einen festen Platz im Spielplan. Hier sahen die Dresdner erstmals *Die Dollarprinzessin*, *Die geschiedene Frau* und *Der fidele
Bauer* von Leo Fall, die *Faschingsfee* und *Csárdásfürstin* von
Emmerich Kálmán, Leon Jessels *Schwarzwaldmädel*, Eduard
Künnekes *Vetter aus Dingsda* und die Operetten von Franz
Lehár. Nach dem *Rastelbinder* und *Wo die Lerche singt* wurde in
der Waisenhausstraße 1927 *Der Zarewitsch* mit Richard Tauber
aus der Taufe gehoben und 1930 *Das Land des Lächelns*. Im
gleichen Jahr trat Paul Abraham mit *Victoria und ihr Husar* auf
den Plan, gefolgt von *Die Blume von Hawaii*, Ralph Benatzkys

Revueoperette *Im Weißen Rössl* und Millöcker/Mackebens *Die Dubarry*. Auch gab es zahlreiche Gastspiele von Prominenten: Fritzi Massary in *Madame Pompadour*, Richard Tauber in *Land des Lächelns*, später Claire Waldoff in *Die wilde Auguste*. Und immer wieder standen die Komponisten bei Erstaufführungen ihrer Werke selbst am Pult. Das Central-Theater – nach 1933 mehrere Jahre von Carl Sukfüll und Georg Wörtge geleitet und vorübergehend auch in Pacht von Heinz Henschke, dem Direktor des Berliner Metropoltheaters – ging 1937 in die Hände von

Programmheft des Central-Theaters
mit der Silhouette des Hauses im Hintergrund

Hermann Jardin über, der die Direktion – zeitweise mit Fritz Randow – bis 1944 innehatte.

Jardin, aus der Düsseldorfer Theaterverwaltung hervorgegangen und zuletzt Direktor des Neuen Operettentheaters in Leipzig, setzte bei seinem Theater- und Geschäftskonzept nicht nur auf ein Genre. Sein Radius umfasste Operettenaufführungen als Schwerpunkt, daneben aber Revuen, Gastspiele anderer Künstler und Ensembles und hauseigene Inszenierungen in anderen Städten. Auch gab es – vor allem während des Krieges – Kooperationen mit Bühnen in Berlin. Der Spielbetrieb im Stammhaus erfolgte en suite. Tanz und Ausstattung waren ein wesentlicher Bestandteil der Inszenierungen, selbst in klassischen Operetten. In einer Rezension zum *Obersteiger* von Carl Zeller (1937) heißt es hierzu: »Eine Labe fürs Auge bildeten wieder die Vorführungen des von Gertrude Baum-Gründig betreuten Central-Theater-Balletts in seinen prachtvollen Kostümen. Ihm war neben seiner Betätigung während des Spiels auch noch die revueartige Unterhaltung der Zuschauer während der Verwandlungspausen auf dem Bühnenstreifen vor einem weißen Seidenplüschvorhang zugewiesen, was im Hause dankbare Würdigung fand.« (Georg Striegler)

Nach dreijähriger Direktionszeit konnte Hermann Jardin erstmals eine Saison durchhalten und stand damit geschäftlich auf eigenen Füßen. Neben den Vorstellungen in Dresden fanden – vorzugsweise während der Sommermonate – Gastspiele in anderen deutschen Städten statt wie Nürnberg (Apollo-Theater), Frankfurt/Main (Schumann-Theater) und während des Krieges auch in Breslau (Konzerthaus) und Chemnitz (Central-Theater). Das Central-Theater verfügte über ein umfangreiches Ensemble und hatte wie das Theater des Volkes seine Publikumslieblinge: Madeleine Lohse, Hugo Ernst Rucker, Heinz Schlüter, Hans Hansen, Rudi Schiemann, Ingeborg Fanger. Der Spielplan reichte von der klassischen Operette bis zu den zeitgenössischen Kreationen, die in Berlin Furore machten wie *Lauf ins Glück* oder *Ball der Nationen*. Die Zuschauer sahen während mehrerer Spielzeiten bei Jardin auch Lehárs *Zarewitsch*, *Zigeunerliebe* und *Paganini*, der es auf über hundert Vorstellungen brachte; ferner Künnekes *Glückliche Reise* und Werke von Robert Stolz und Walter Kollo. Daneben gab es immer wieder Revuen wie *Sonnenschein für alle* (1937) oder *Himmel voller Sterne* (1942; nach einem Buch von Jardin), die neben Gesangs- und Tanznummern (Musik: Siegfried Schulz) auch artistische Darbietungen brachten.

Zum fünfundzwanzigjährigen Bühnenjubiläum des Hausherrn 1940 gab es eine Uraufführung (nicht die einzige in der Geschichte des Hauses): *Franzi* von Ernst Marischka mit der Musik von Peter Kreuder. Der versierte Film- und Schlagerkomponist hatte die harmlose Handlung um drei Paare wirkungsvoll und geschickt aufgepeppt und die Resonanz den Darstellern anheim gestellt. Und die enttäuschten nicht. »Der Erfolg des Jubiläumsabends äußerte sich in stürmischen Ovationen und in einer Flut von Blumen.« (Dresdner Anzeiger)

In den vierziger Jahren fanden auch andere Berliner Novitäten den Weg auf die Waisenhaus-Bühne: *Die oder keine* von Ludwig Schmidseder und – mit langer Laufzeit – Friedrich Schröders *Hochzeitsnacht im Paradies* (1944), die zu Gastauftritten von Johannes Heesters führte und durch ihre eingängigen Lieder und Schlager die Dresdner die Not der Zeit für Stunden vergessen ließ.

Im Februar 1945 wurde auch das Central-Theater Opfer des Feuersturms. Nach der Kapitulation fand sich eine kleine Gruppe ehemaliger Darsteller zusammen, um mit Heinz Schlüter, Hans Hansen und Rudi Schiemann die künstlerische Arbeit – wenngleich in stark verminderter Form – fortzusetzen. Man nannte sich Central-Theater-Spielgemeinschaft und begann im August 1945 im Kino Faunpalast auf der Leipziger Straße mit dem musikalischen Lustspiel *Lisa, benimm Dich*, das die Wiener Gäste Friedl Czepa und Rolf Wanka bereits 1940 im alten Haus vorgestellt hatten. Die Central-Theater-Spielgemeinschaft bestand mit wechselnden Spielorten bis 1950.

Das Komödienhaus

Die Spielstätte vom Komödienhaus war ein 1926 zum Theater umgebauter Konzertsaal in der Reitbahnstraße, der im September desselben Jahres seiner Bestimmung übergeben wurde. Hier waren Unterhaltungsstück, Kammerspiel und Komödie zu Hause.

Eine erfolgreiche und viel beachtete Anfangsphase bot »unter der Direktion Hannes Fischers einen Spielplan, der vom *Herrn Senator* bis zu Versuchen einer Jungen Bühne« reichte (Herbert Ihering) und in dem auch eine unbequeme Komödie wie *Pioniere in Ingolstadt* von Marieluise Fleißer Berücksichtigung fand. Das im März 1928 in Dresden uraufgeführte Stück um den Bau einer Brücke über das Altwasser durch Pionier-Soldaten, die für Unordnung in der Bürgerschaft – vor allem der weiblichen – sorgen, hatte Renato Mordo einstudiert. Seine Inszenierung fiel – nach Ansicht von Herbert Ihering – »dadurch angenehm auf, dass er mit seiner durchaus zuverlässigen, für diese Partien durchaus geeigneten Schauspielern (...) unverkrampft, ohne Bemühung um Stil, ohne Lärm, einfach mit Theaterinstinkt die Szenen abspielen ließ (...) und ehrliches, dieser Bühne angemessenes Theater gab«.

Auch unter Fritz Fischers Leitung wusste sich das Komödienhaus einen Platz im Dresdner Theaterleben zu sichern: Er brachte Anfang der dreißiger Jahre Georg Kaisers *Zwei Krawatten* und Franz Molnárs *Liliom* heraus. Die Weltwirtschaftskrise hatte Direktionswechsel, Schauspieler-Notgemeinschaft und Konkurs zur Folge. Nach vorübergehender Schließung des Hauses und einem Umbau erfolgte die Wiedereröffnung im Oktober 1933 unter der glücklosen Leitung von Jürgen von Alten und die Konsolidierung durch den erfolgreicheren Heinz Pabst, der das Theater als Pächter und Direktor ab Januar 1934 übernahm und bis 1946 leitete. Pabst, vor seinem Dresdner Engagement Oberspielleiter an den Städtischen Theatern Chemnitz, war ein erfahrener Theatermann und versierter Darsteller. Er legte für das siebenhundert Zuschauer fassende Kammerspielhaus eine ganzjährige Spielzeit auf, es fanden Doppelvorstellungen und Abstecher statt. Sein künstlerisches

Personal umfasste ungefähr fünfzehn Darsteller (davon neun oder zehn Herren), ergänzt durch Gäste. Der Spielplan, auf das Konversationsstück ausgerichtet und den beengten Bühnenverhältnissen Rechnung tragend, erschöpfte sich aber nicht im Boulevard; auch Werke der Weltdramatik fanden von Zeit zu Zeit ihren Weg auf die kleine Bühne wie *Der Lügner* von Carlo Goldoni (1937/38). Und das Komödienhaus brachte zahlreiche Uraufführungen. Fast in jeder Spielzeit lassen sie sich nachweisen. So sahen die Dresdner im April 1936 *Meine Freundin Barbara*, ein Stück von Willi Kollo um einen lebensfremden Wissenschaftler, dem eine kesse Kinoplatzanweiserin mit ein bisschen Schwindel zu beruflicher Anerkennung und obendrein zu einer glücklichen Ehe verhilft. Grete Weiser war als Gast diese couragierte, nie verlegene Berlinerin – eine Rolle, die sie auch anderthalb Jahre später im Film spielte, diesmal mit Paul Hoffmann vom Staatsschauspiel als Partner.

Aus dem Ensemble des Komödienhauses gingen Darsteller hervor, die später von sich reden machten wie Gisela Schlüter, Carla Rust, Erich Fiedler, Heinz Welzel, Eduard Wenck, Otto Stoeckel. Und namhafte Künstler gastierten: Rotraut Richter, Maria Paudler, Henny Porten, Ida Wüst, Hilde Hildebrand und Ursula Grabley, um nur einige zu nennen.

Mit dem Lustspiel *Die Freundin eines großen Mannes* von Alfred Möller und Hans Lorenz hatte Heinz Pabst am 15. Januar 1934 begonnen und dieser heiteren Begebenheit ein Schauspiel mit Weltkriegsthematik folgen lassen: *Die Marneschlacht* von Paul Joseph Cremers (März 1934), das an diesem Theater seine letzte Inszenierung erleben sollte. Ein hoher Reichswehroffizier hatte gegen das Stück Einspruch erhoben, da es – seiner Meinung nach – eine unberechtigte und unzulässige Kritik an der Obersten Heeresleitung übe. Die ganze Angelegenheit zog weite Kreise und führte schließlich zum Verbot des Stückes.

Mit Komödien und Schwänken versuchte Pabst sein Theater aus der wirtschaftlichen Talsohle herauszubringen, was allmählich gelang. Doch bei aller Vielfalt des Repertoires, ging es auch für dieses Haus nicht ohne politische Zugeständnisse ab: 1937 erschien als Uraufführung ein Stück von Herbert Lippe,

Volksverräter, das – wie es im Dresdner Anzeiger hieß –»deutlich aus der bisher innegehaltenen Stilrichtung dieses Theaters herausfällt«. Der Autor hatte nach eigener Aussage versucht, »den geheimen Kampf Sowjetrusslands gegen unser Volk und die Kraftquellen Deutschlands zu gestalten.« Das Resultat war entsprechend. GPU-Sendlinge planen einen Terrorakt – die Sprengung einer großen Fabrik – mit Hilfe des verblendeten Juniorchefs, was in letzter Minute verhindert wird, da dem moskauhörigen jungen Mann die Wahrheit über seine Auftraggeber wie Schuppen von den Augen fällt.

Dass dieses plumpe Machwerk überhaupt Publikum fand, war Darstellern wie Walter Tautz, Charlotte Friedrich und Reinhold Wolf zu danken, die sich in den folgenden Inszenierungen – unter anderem *Der Raub der Sabinerinnen* – von einer angenehmeren Seite zeigen konnten. 1939 war Gerhart Hauptmann Gast des Theaters, das seine Diebskomödie *Der Biberpelz* spielte. Und 1942 brachte Heinz Pabst zum 80. Geburtstag des Dichters dessen Jugendwerk *Einsame Menschen* heraus.

Auch während des Krieges blieb das Komödienhaus eine erste Adresse für Autoren, gastierende Künstler und Vortragende. Mit ihren Stücken kamen hier zu Wort: Axel von Ambesser (*Wie führe ich eine Ehe?*), Helmut Weiß (*Sophienlund*), Curt Johannes Braun (*Die große Kurve*, *Die Sonntagsfrau*), Leo Lenz (*Meine Tochter – Deine Tochter*) und Curt Goetz (*Dr. med Hiob Prätorius*).

Erich Ponto, Bruno Decarli und Paul Hoffmann fanden auf der Reitbahnstraße ein geeignetes Podium für ihre Vortragskunst, und in die gastierenden Künstler reihten sich auch Tänzer wie Harald Kreuzberg ein. Für einen Autor wie Paul Helwig war das Komödienhaus eine der wenigen Bühnen, die ihn noch beachteten, nachdem er wegen einer Handgreiflichkeit mit einem Rezensenten des Völkischen Beobachters aus der Reichskulturkammer ausgeschlossen worden war, was nicht ohne Konsequenzen für den Vertrieb seiner Stücke blieb. Sein erfolgreiches Lustspiel *Flitterwochen* (1939 auch im Schauspielhaus gegeben) erschien im Sommer 1943 als Nachmittagsvorstellung im Komödienhaus, wobei der Darstellerin Charlotte Friedrich noch eine Sonderrolle zufiel: »Mit Recht hat sie die

Theaterleitung in der Pause zum Sammeln für das Kriegshilfswerk ins Parkett geschickt. Diesem schwiegermütterlichen Charme konnte keiner widerstehen.« (Dresdner Zeitung)

Nach Schließung der Theater ab September 1944 wurde im Komödienhaus weitergespielt. Es fanden Aufführungen statt »für die ausländischen Gastarbeiter durch Darbietungen in der jeweiligen Landessprache bzw. musikalischer Art (...): Litauer, Franzosen, Flamen, Niederländer, Italiener, Tschechen und Wallonen«, wie aus einem Schreiben des Theaters vom Oktober 1945 an das Kulturamt der Stadt Dresden hervorgeht.

Zum Zeitpunkt dieses Briefes hatte das Theater, dessen Spielstätte am Hauptbahnhof ein Opfer des Feuersturms geworden war, Unterkommen in der Aula des Wettin-Gymnasiums gefunden und dort den Spielbetrieb in reduzierter Form wieder aufgenommen. Eine Saison stand Heinz Pabst noch an der Spitze des kleinen Ensembles, zu dem vom »alten Stamm« Herta Windschild, Hertha Roth, Walter Tautz und Reinhold Wolf gehörten und das in den folgenden Jahren für Nachwuchsdarsteller wie Helga Göring und Horst Schulze ein Sprungbrett war.

Im Frühjahr 1949 musste die privat geführte Bühne aus wirtschaftlichen Gründen ihren Betrieb einstellen.

Probleme mit der Operette

Eine Hauptaufgabe ihrer Theaterpolitik sahen die Nazis in der »Säuberung der Spielpläne von artfremden Elementen und Werken«, doch das Ergebnis ihres Vorgehens schien sie am Ende der Spielzeit 1933/34 selbst nicht zu befriedigen. »Unsere nationalsozialistische Staatleitung (sic) hat schon viel zur Bereinigung der Spielpläne getan und manchen Weg zu deutscher Kunst gewiesen (...). Aber vieles liegt noch im Argen, bedingt durch die Urteilslosigkeit der Theaterbesucher oder durch die Intendanten selbst, denen es um volle Kassen, aber nicht um deutsche Kunst geht. Es ist wohl der Gipfel der Verantwortungslosigkeit, wenn das deutsche Nationaltheater in Weimar noch mitten in dieser Spielzeit das *Weiße Rössl*, die jüdische Kitschoperette von Benatzky auf die Bühne zerrt. Einige Male sogar in geschlossenen Vorstellungen für die NS-Kriegsopferversorgung.« (Zeitschrift für Musik, 1934)

Noch gravierender als bei Schauspiel, Oper und Konzert waren auf dem Gebiet der Operette und des musikalischen Unterhaltungsstücks die entstandenen Lücken und der damit verbundene Substanzverlust spürbar. Standen doch die erfolgreichsten und tonangebenden Komponisten dieses Genres nun auf dem Index. »Es genügt« – hieß es in einer Veröffentlichung aus dem Jahre 1939 – »einige der bekanntesten Namen herauszugreifen, um das absolute Übergewicht des Judentums auf diesem Sondergebiet zu kennzeichnen: Bogumil Zepler, Jean Gilbert (Winterfeld), Leo Fall, Oscar Straus, Leon Jessel, Emmerich Kálmán, Leo Ascher, Edmund Eysler, Victor und Friedrich Hollaender, Bruno Granichstaedten und Paul Abraham. Wer kannte sie nicht, diese Monopolbesitzer des internationalen Operettenmarktes? Auch die amerikanischen Juden Gershwin und Irving Berlin, mit deren öden Reißern das deutsche Publikum jahrelang überschwemmt wurde, sollen hier nicht vergessen werden.« (Zitiert nach Joseph Wulf)

Doch in den Anfangsjahren der Naziherrschaft, als das Verdikt vor allem Jacques Offenbach getroffen hatte, konnte von einer durchgreifenden »Reinigung der Spielpläne« nicht die Rede sein.

Immer wieder erschienen Werke jüdischer Autoren, auch in Dresden. Das Komödienhaus brachte 1934 das von Walter Kollo mit Musik versehene Lustspiel *Lieber reich – aber glücklich* der Stückeschreiber Arnold und Bach heraus, und im Central-Theater lief unter der Direktion von Sukfüll und Wörtge noch im Januar 1935 Leon Jessels *Schwarzwaldmädel*.

Als jüdische Komponisten durch Verbote weitestgehend ausgeschaltet waren, tauchte ein neues Problem auf: »Wenn wir auf die leichte Muse zurückkommen, so treffen wir in den Spielplänen der deutschen Bühnen zwar selten auf nichtarische Musiker, dafür umso häufiger auf jüdische Textverfasser. Die Operetten des Ariers Franz Lehár sind ausnahmslos von Juden textiert. Bei den meisten Theatern hat sich die Gewohnheit eingebürgert, die Namen der jüdischen Mitverfasser auf dem Programmzettel fortzulassen.« (Nationalsozialistische Monatshefte, Januar 1936)

Eine andere Form der Verwendung von Werken, »die uns allein auf Grund des schöpferischen Anteils ihrer Komponisten wertvoll genug sind, um sie weiterhin in den Spielplänen zu lassen«, war eine grundsätzliche Bearbeitung, die das Original auf »braune Füße« stellte.

Namentlich zwei dieser »Rettungsversuche« wurden Anfang der vierziger Jahre in Dresden gezeigt: Millöckers *Bettelstudent* im Central-Theater und Oskar Nedbals *Polenblut* im Theater des Volkes.

Millöckers Operette hatte zuletzt 1938 im Theater des Volkes im Spielplan gestanden – in der bekannten Fassung. Die Figuren hießen noch so, wie sie die Librettisten F. Zell und Richard Genée getauft hatten, und die Geschichte spielte wie im Original Anfang des achtzehnten Jahrhunderts in Krakau.

Anders vier Jahre später: Gustav Quedenfeld und Richard Bars hatten das Libretto einer Operation unterzogen, da – wie es in den Dresdner Neuesten Nachrichten hieß – »der ursprüngliche Text in der heutigen Zeit untragbar geworden war«. Die Palmatica, Gräfin Nowalska, nannte sich nun Gräfin von Schönau, und von ihren beiden Töchtern durfte nur Laura ihren Namen behalten; aus der Bronislawa war eine Christina geworden. Schauplatz des Geschehens war in der Neufassung Breslau, wobei der im Original ohnedies nur angedeutete historische Hintergrund – der nordische Krieg und die nationalpolnische Erhebung – den Bearbeitern so wenig zeitgemäß erschienen wie das Loblied auf die schönen Polinnen. Die Premiere dieses »entslawinisierten« *Bettelstudent* fand 1942 vor Verwundeten der Dresdner Lazarette statt.

Die Liquidierung des polnischen Elements musste sich auch Oskar Nedbals Operette gefallen lassen. *Polenblut* spielt vor dem Ersten Weltkrieg im russisch besetzten Teil Polens und beginnt mit einem Faschingsball in Warschau. Auch die Bearbeitung von Hermann Hermecke (von ihm stammt die Operette *Liebe in der Lerchengasse*) beginnt mit einer Ballszene und geht dann über in eine Rittergutsgeschichte, die in Böhmen angesiedelt ist. Der Freiheitskampf lieferte die Begründung: »Böhmische Rasse gibt der Musik Oskar Nedbals, des Dvořák-Schülers, ganz eindeutig das Kennzeichen. Es war deshalb nur ein Schritt weiter in der künstlerischen Logik, dass die Handlung der von Hermann Hermecke bearbeiteten *Erntebraut* nach Prag und auf ein böhmisches Gut verlegt wurde.« Verändert waren nicht nur Titel und Handlungsort, sondern auch die Personage: Aus dem Leichtfuß Boleslaw Baransky war Graf Bodo Lichnowitz geworden und aus seinem Freund Bronio von Popiel – dem Buffo im Stück – ein Hubert von Egloffstein. Und der Gutsbesitzer Jan Zaremba, dessen Tochter Helena das heruntergewirtschaftete Gut des Grafen Baransky wieder hochbringt, nannte sich nun Johann Cornelis. Alles Polnische war im Text getilgt worden – wie auch in der Wirklichkeit, denn dieses Territorium hieß nun (seit 1940) »Generalgouvernement«.

Welche Eingriffe sich *Polenblut* im Dritten Reich noch gefallen lassen musste, geht aus einem Schreiben von Hermann Jardin vom Oktober 1934 an den Reichsdramaturgen Dr. Rainer Schlösser hervor. Jardin, zum damaligen Zeitpunkt Direktor des Neuen Operettentheaters Leipzig, beabsichtigte, Nedbals Operette am 9. November sowie am Bußtag und Totensonntag 1934 aufzuführen und hatte – wie er fand – eine diesen Tagen angemessene Fassung geschaffen. »Alle Stellen mit den roten Strichen fallen weg. Außerdem werden sämtliche Duette und Tänze fortgelassen. Durch das von mir besonders groß aufgezogene Erntedankfest im letzten Akt, erhält dann die Vorstellung einen wirklich ernsten Charakter.«

Jardin, dessen Theater keine Zuschüsse bekam, hoffte auf Zustimmung höheren Orts, da es für ihn ein »nicht wieder einzuholender Verlust« wäre, wenn er an den genannten Tagen schließen müsste.

Die Antwort aus der Reichsdramaturgie war knapp und eindeutig: »Auch nach Prüfung des von Ihnen übersandten Regie-Buches kann ich *Polenblut* wenigstens für den 9. November nicht für geeignet halten. Gegen eine Aufführung der vorliegenden Fassung am Bußtag und Totensonntag will ich mit Rücksicht auf ihre wirtschaftliche Lage keinen Einspruch erheben.«

Die Staatstheater im Krieg

Der Kriegsbeginn 1939 schlug sich anders im Spielplan nieder, als das 1914 der Fall gewesen war, als patriotische Euphorie vorübergehend zum entscheidenden Kriterium bei der Auswahl der Stücke hatte werden können. Goebbels verfügte am 1. September, dass »die Spielplan- und Programmgestaltung der deutschen Bühnen (...) wie vorgesehen durchgeführt werden« kann, mit der Einschränkung, Werke zu entfernen, »die dem Nationalempfinden in der heutigen Zeit überhaupt entgegenstehen, sei es durch das Ursprungsland des Werkes, seinen Autor oder sein Milieu.«

Fünf Wochen danach ging vom Propagandaministerium die Anweisung an die Intendanten, »dass jedes einzelne Werk im Spielplan (...) im gegenwärtigen Augenblick mehr denn je zur seelischen Stärkung der Nation beitragen muss«. Dazu die Ergänzung: »Innere Erhebung und Besinnung kann sowohl durch ernste wie durch heitere Werke erreicht werden«, und: »Auf keinen Fall ist es zu rechtfertigen, jetzt Werke pessimistischer oder depressiver Grundhaltung zur Debatte zu stellen.«

Diese Direktive hatte eine neue Gewichtung der Spielpläne zur Folge. Konnten die bisherigen Repertoire-Schwerpunkte Klassik, zeitgenössische Dramatik und Unterhaltungsstücke allgemein als verbindlich gelten, ergaben sich nun Verschiebungen zugunsten des Konversationsstücks wie heiterer Werke generell, die sich neben der Klassik positionierten, während das NS-Drama an Einfluss verlor. Angedeutet hatte sich diese Tendenz bereits vor Kriegsausbruch. In seiner Bilanz der Spielzeit 1937/38 kam Hellmut Fleischhauer – trotz einer groß aufgezogenen Gaukulturwoche im Oktober 1937 – zu der Feststellung, dass von neunzehn Neueinstudierungen nur eine »(...) ein künstlerisch anständiges und ehrliches Beispiel unserer jungen Dramatik ist: Helkes *Herzog von Enghien*. Und das ist, so will es uns grundsätzlich und nach den letzten Ausführungen von Dr. Goebbels bei der Reichstheaterfestwoche in Wien scheinen – das ist zu wenig.« (In Wien hatte Goebbels moniert: »Wir spielen an unseren Bühnen zu viel Klassik und vernachlässigen deshalb übermäßig die moderne Dramatik.« (Die Zeit))

Fleischhauers Urteil im Dezember 1939 fiel nicht positiver aus: »Es lässt sich nicht leugnen, dass eine intensivere Beziehung zur Zeit fehlt.« Erklärt und entschuldigt wird dies mit Umdispositionen durch den Kriegsausbruch. In der Bilanz der Spielzeit 1940/41 ist von einer solchen Bewertung nicht mehr die Rede: »Von den fünfzehn Stücken, die neu herausgekommen sind, waren sieben ernste Werke, fünf klassische (...), zwei von Lebenden (...), dazu Ibsens *Stützen der Gesellschaft*. Das ist eine durchaus repräsentative Reihe, in der nachhaltiges und umfassendes künstlerisches Streben zum Ausdruck kommt. Das Dresdner Schauspielhaus hat damit zu der auch im Kriege unvermindert starken deutschen Kulturarbeit sein gutes Teil beigetragen«, nicht zuletzt durch »die Pflege des guten Lustspiels«.

Der Rückgang der NS-Dramatik zeigte sich auch quantitativ: Weder das antibritische Schauspiel *Brommy* von Heinrich Zerkaulen (1939) noch Werner Deubels Kolberg-Stück *Die letzte Festung* (1942), auch nicht Fritz Helkes historisches Schauspiel *Maximilian von Mexiko* (1942) oder Ernst Bacmeisters Tragödie *Kaiser Konstantins Taufe* (1943) behaupteten sich lange im Dresdner Spielplan. Einzig die Stücke Otto Erlers konnten – nicht zuletzt durch entsprechende Förderung – beachtliche

Bruno Decarli, Carl Günther, Antonia Dietrich und Walther Kottenkamp in *Maximilian von Mexiko* (1942)

Aufführungszahlen erzielen, wobei *Struensee* mit über siebzig Aufführungen an der Spitze stand.

Von diesem Einzelfall abgesehen, hatte das Unterhaltungstheater in den zwölf braunen Jahren und besonders während des Krieges immer Konjunktur, und in mancher Spielzeit machten sich die Stücke gegenseitig Konkurrenz. Ende Juni 1942 erschien die Komödie *Der blaue Strohhut* von Friedrich Michael im Spielplan, ein duftiges Lustspiel um eine berauschend schöne Kopfbedeckung. Stück, Inszenierung und Besetzung (Alice Verden, Carl Günther, Manja Behrens) fanden die ungeteilte Zustimmung von Presse und Publikum. Als sich zehn Tage darauf ein ebenso wirkungsvolles Stück – Hans Schweikarts *Ich brauche Dich* – anschloss, hatte der Dresdner Anzeiger Veranlassung zu der Feststellung: »Dass eine so gute, so dankbare Komödie unmittelbar auf die scherzende Eleganz und graziöse Geistigkeit von Michaels *Blauem Strohhut* folgt, muss man für die Wirkung und das so seltene Vergnügen an solchen Stücken bedauern. Doch hat man nun die Freude, fast unser gesamtes ›Konversationsensemble‹ sozusagen an zwei Flügeln spielen zu sehen, die einen auf italienische, die anderen auf deutsche Manier.« Zu letzteren gehörten Ruth Wolfsperger und Paul Hoffmann – »ein fesselndes und elegantes Paar mit großer Vollkommenheit des Zusammenspiels« (Hellmut Fleischhauer). *Ich brauche Dich* verzeichnete wie *Kirschen für Rom* (1940) weit mehr als dreißig Aufführungen, *Der Lügner und die Nonne* von Curt Goetz brachte es auf über fünfzig Wiederholungen. Beachtliche Aufführungszahlen erreichten auch Selma Lagerlöfs Komödie *Onkel Theodor*, Forzanos Lustspiel *Ein Windstoß*, *Madame Kegels Geheimnis* von Joachim Zimmermann, *Die Prinzipalin* von Karl Zuchardt sowie Asztalos' und Schreyvogels *Die Nacht in Siebenbürgen*. An der Spitze dieser heiteren Stücke rangierte konkurrenzlos Müller-Schlössers *Schneider Wibbel*, der am 6. Februar 1941 seine 100. Aufführung verzeichnen konnte.

Je stärker der Krieg in das Leben der Menschen eingriff, umso wichtiger wurde für viele das Theater als Trostspender und unentbehrliches Überlebensmittel, das der Ablenkung und Zerstreuung wie der Erbauung diente. Davon zeugte der starke

Besuch der Vorstellungen. Hatten in der Spielzeit 1938/39 noch 247 617 Personen (davon 35 156 Anrechtler) das Schauspielhaus besucht, so waren es in der Spielzeit 1940/41 bereits 301 641 Personen (davon 29 868 Anrechtler), und in der Spielzeit 1942/43 sogar 410 971 Personen (davon 60 405 Anrechtler). Auch die Zahl der Vorstellungen stieg: von 307 (1938/39) auf 308 (1940/41) und 1942/43 schließlich auf 325. Ein Teil davon waren geschlossene Aufführungen für die NSDAP, die Hitler-Jugend und das Winterhilfswerk, hauptsächlich aber für die NS-Gemeinschaft »Kraft durch Freude« und die Wehrmacht.

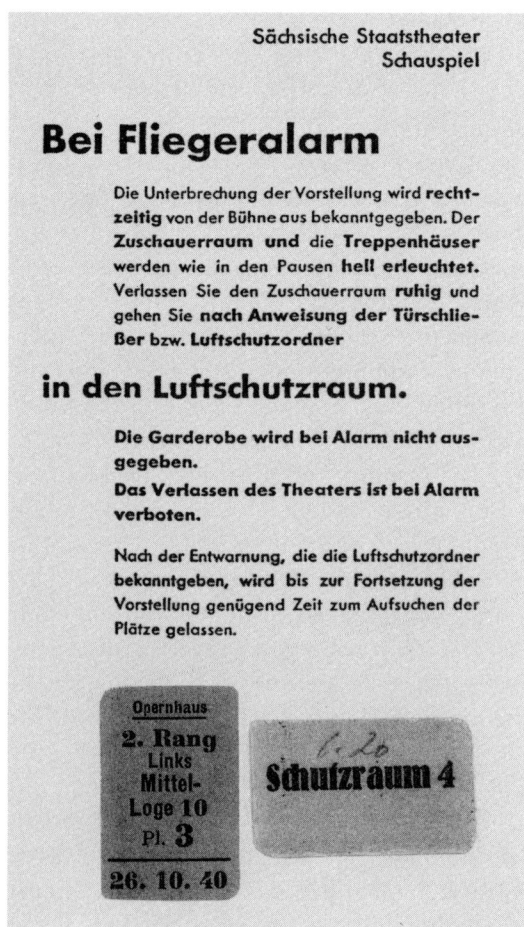

Kriegsalltag in Dresdner Theatern

Einen hohen Anteil an der Auslastung der Vorstellungen hatten ohne Zweifel die Klassiker-Inszenierungen, doch bei ihrer Vielzahl dürfte es nicht allen Theaterbesuchern aufgefallen sein, dass es seit Kriegsbeginn erhebliche Repertoire-Einschränkungen gab. Denn Goebbels' Verfügung vom Oktober 1939 bezog sich nicht zuletzt auf ausländische Autoren, die nun durch ihr »Ursprungsland« dem »Nationalempfinden« entgegenstanden. Auf diese Weise verschwanden nach Kriegsbeginn aus den Theaterspielplänen französische, englische, russische und andere »ausländische« Autoren. Doch die Einschnitte gingen noch weiter. Waren aus dem Spektrum der als inakzeptabel geltenden klassischen Dramen seit 1933 bereits Lessings *Nathan der Weise*, Hebbels *Judith* und Grillparzers *Die Jüdin von Toledo* herausgefallen und Stücke wie *Weh dem, der lügt!* (Grillparzer) oder *Herodes und Mariamne* (Hebbel) als »unerwünscht« eingestuft, brachte die Entwicklung ab 1940 weitere Autoren auf den Index in Form Schwarzer Listen, die seitens der Reichsdramaturgie den Intendanten zugingen. Je nach Kriegsverlauf und außen- bzw. innenpolitischen Konstellationen traf es deutsche Dichter und ausländische, so dass jetzt auch Shakespeares Königsdramen vom Spielplan verschwanden.

1941 wurde *Wilhelm Tell* verboten. Obwohl angeblich das Lieblingsstück Hitlers, musste das Schauspiel ohne Angabe von Gründen aus den Spielplänen der Theater, den schulischen Unterrichtsprogrammen und aus den Bibliotheken entfernt werden. Auch in Dresden wurde die Inszenierung, die seit Oktober 1932 über einhundert Vorstellungen – hauptsächlich für die Jugend – erzielt hatte, abgesetzt. Ob dieser Schritt in der Öffentlichkeit als Eingriff wahrgenommen wurde, muss dahingestellt bleiben. Nach einer so langen Laufzeit konnte das Stück durchaus als »abgespielt« gelten. Zudem standen ab Spielzeit 1941/42 die Jugendwerke des Dichters in beeindruckenden Neuinszenierungen wieder auf dem Spielplan. Bei *Fiesco* hatte sich Regisseur Rudolf Schröder für die Fassung der Buchausgabe, das republikanische Trauerspiel, entschieden, die Handlung gestrafft und das Streben des Helden, den Tyrannen zu stürzen und selbst die Macht zu ergreifen, das ihm letztendlich zum Verhängnis wird, schlüssig herausgearbeitet. Paul Hoffmann war der »große fruchtbare Kopf«, dessen »heimliches Feuer nur einmal ganz echt hervorbricht, schwelgerisch und doch überlegt: in dem berühmten Selbstgespräch beim Anblick des morgendlich schimmernden Genuas« (Dresdner Anzeiger). Mit dieser Inszenierung, im Juli 1941 herausgekommen, wurde auch die neue Saison eröffnet. »Das Haus war seit Tagen ausverkauft, denn der erste Abend versprach das Erlebnis einer der stärksten Leistungen, die noch die letzten Tage der vergangenen Spielzeit hervorgebracht haben: *Fiesco*.« (Dresdner Anzeiger) Rudolf Schröder zeichnete auch als Regisseur für *Kabale und Liebe* verantwortlich. Das Stück hatte im Januar 1942 Premiere, als die Kriegsauswirkungen bereits spürbar waren. Die Personalreduzierung, vor allem bei der Technik, machte Dispositionen erforderlich, die »aufwendige Vorstellungen an zwei aufeinander folgenden Tagen« vermied (Emil Ulischberger) und den Einsatz der Kräfte zwischen beiden Häusern der Sächsischen Staatstheater überlegt koordinierte. Und die Materialknappheit zwang zu Sparsamkeit auf allen Gebieten, was sich auch bei *Kabale und Liebe* zeigte: »Allerdings ist diesmal keine volle Neuinszenierung durchgeführt worden, wohl vor allem wegen der durch den Krieg bedingten technischen Schwierigkeiten; die Aufführung spielt sich wiederum in den damaligen Bühnenbildern Mahnkes ab, die ja vortrefflich die Stimmung des Werkes erfassen und nun nur wenig geändert sind.« (Dresdner Anzeiger)

Kabale und Liebe war Bestandteil einer Festwoche im Juni 1943, die das Werk des jungen Schiller umfasste, der nach den Worten des Dramaturgen Dr. Doering-Manteuffel »in einer Zeit, die wie die unsrige, von jedem Deutschen härteste Opfer und höchste Bewährung fordert, gerade als Mensch leuchtendstes Vorbild sein kann und sein muss, und der darum auch immer der Dichter der deutschen Jugend gewesen ist und bleiben wird.« Neben jeweils zwei Aufführungen der *Räuber*, von *Fiesco* und *Kabale und Liebe* stand nach längerer Spielplan-Abwesenheit auch der *Don Carlos* zwei Mal auf dem Programm (mit unterschiedlicher Besetzung der Titelrolle: Klingenberg und Keller). Die 1934 von Will Vesper befürchteten Reaktionen stellten sich 1943 immer noch ein: Das Stück verschwand vom Spielplan.

Shakespeare-Inszenierungen, so hat eine Forschungsgruppe unter Henning Rischbieter an der Freien Universität Berlin ermittelt, unterlagen ab März 1941 »einer ausdrücklichen Genehmigung der Reichsdramaturgie. Über die Gründe sind keine offiziellen und inoffiziellen Stellungnahmen überliefert.« (Thomas Eicher) Resultat dieser Zensurmaßnahme war die Sperrung einer in Weimar geplanten Shakespeare-Woche und andere Einschränkungen, die einen rapiden Rückgang von Shakespeare-Inszenierungen zur Folge hatten. Dennoch gab es 1941 trotz dieses Verbots Inszenierungen anlässlich des 325. Todestages des großen Briten – unter anderem in Dresden, wo am 15. Mai *Antonius und Cleopatra* herauskam. Es muss dahingestellt bleiben, ob dafür eine Sondergenehmigung der Reichsdramaturgie vorlag oder die Berliner Anweisung ignoriert wurde. Es kann aber als sicher gelten, dass die generelle Werk-Sperrung nicht länger als sechs Monate in Kraft blieb und danach eine Lockerung eintrat. In Dresden wurde in den folgenden Spielzeiten mit *Othello* (1942) und *Macbeth* (1944) die Shakespeare-Rezeption fortgesetzt, wobei vor allem *Macbeth* einen beklemmenden Gegenwartsbezug erkennen ließ. »Nicht ohne Grauen erinnern wir uns (...) einer Aufführung von Shakespeares *Macbeth*, die eine, von der Theaterleitung zwar unbeabsichtigte, aber um so unheimlichere Aktualität ausströmte: der Verbrecher, immer enger in das Netz seiner Schuld verstrickt, begeht Bluttat auf Bluttat, verschanzt sich hinter der Feste und verfällt doch unausweichlich einem hoffnungslosen Untergang.« (Karl Zuchardt)

Angesichts dieser und vorangegangener Einschätzungen fällt es schwer, von ideologischer Gleichschaltung in allen künstlerischen Belangen zu sprechen, und es stellt sich die Frage, ob es in den Jahren zwischen 1933 und 1944 bei der Vielzahl von klassischen Stücken im Spielplan nicht auch Inszenierungen gab, die von Anpassung an die Ideologie des Regimes, von Vereinnahmung durch die Machthaber nichts erkennen ließen, sondern ihr humanistisches Gedankengut unverbogen und unbeschädigt zum Ausdruck brachten und bringen konnten. Zweifellos finden sich solche Beispiele nicht nur bei den Inszenierungen, die vor 1933 Premiere hatten wie die Goethe'-sche *Iphigenie* (1931) und *Faust* oder bei »unanfechtbaren« Werken wie *Die Braut von Messina, Clavigo, Tasso, Des Meeres und der Liebe Wellen, Gyges und sein Ring* und Shakespeare-Lustspielen. Mitunter drückte sich das Nicht-Konforme bereits in der Wahl eines Stückes aus oder in Rezensionen zwischen den Zeilen, wie im Falle von *Don Carlos* (1936). Wie diese Inszenierung wirkte und welches Anliegen der Regie ablesbar war, hat der Kritiker des Dresdner Anzeigers festgehalten: »Es ist die Aufführung eines politischen Stückes. Wir fühlen es mit dem Augenblick, da in den von menschlichen Spannungen überschatteten Frieden von Aranjuez der harte Tritt der königlichen Leibwache fällt, die den Ausblick durch Tore und über Treppen in eine stille Landschaft sperrt, die Gasse ist für einen despotischen König und für ein dunkles Gefolge von Räten, Soldaten und Mönchen. Das erste Wort des Königs, das schwer in die Stille fällt, gleicht einer Freiheitsberaubung, und von diesem Augenblick an herrscht offen das Gesetz dieses Herrschers (...) Wehe dem, der sich gegen ihn auflehnt. Die Inszenierung Georg Kiesaus stellt bewusst den Kampf des Königs um seine Alleinherrschaft in den Mittelpunkt (...) Es ist ein kalter, erbitterter Kampf von fürchterlicher Folgerichtigkeit (...) Selten hat man die Unentrinnbarkeit dieser tragischen Entwicklung so klar, so unmittelbar empfunden wie in dieser Aufführung.« (Diese Rezension von Hellmut Fleischhauer stammt wohlgemerkt aus der Zeit, in der es noch Kritik gab und nicht nur »Kunstbetrachtung«, wie von Goebbels Ende 1936 verordnet.)

Zum Nicht-Konformen im Dresdner Spielplan dürften auch die Stücke gehören, die – obwohl staatlicherseits gewünscht – nicht gespielt worden sind. In erster Linie ist hier *Der Kaufmann von Venedig* zu nennen. Obwohl diese Shakespeare-Komödie von 1933 bis 1944 an deutschen Bühnen über dreißig Inszenierungen erlebte und in einer eigenen Fassung der Reichsdramaturgie vorlag, die Jessica zur »Pflegetochter« Shylocks machte, obwohl das Stück eine antisemitische Zuspitzung zuließ (was mancherorts genutzt wurde) und es für eine Inszenierung in Dresden bestimmt keine Besetzungsprobleme gegeben hätte (schließlich hatte Erich Ponto den Shylock in den zwanziger Jahren mit großem Erfolg gespielt), stand das Werk nicht zur Debatte. Das trifft auch auf *Die Hermannsschlacht* von Heinrich von Kleist zu, die zwischen 1933 und 1944 insgesamt neununddreißig Inszenierungen an deutschen Bühnen erlebte. Hatte schon Ende des neunzehnten Jahrhunderts ein Mann wie Heinrich Bulthaupt in seiner »Dramaturgie des Schauspiels« den Cheruskerfürsten als »eine der wundervollsten Verkörperungen deutschen Wesens« bezeichnet und hervorgehoben, dass das Stück »bei festlichen Gelegenheiten, an den Tagen großer patriotischer, politischer und sozialer Versammlungen« auf die Bühne gebracht, immer noch eine »wahrhaft aufstachelnde und berauschende Wirkung« ausübe, wurde es von der NS-Ideologie völlig vereinnahmt. Hier war der allein auf sich gestellte Held, vom Schicksal zum Führer seines Volkes bestimmt, der das Einigungswerk der entzweiten germanischen Stammesfürsten vollbringt, die Fremdlinge besiegt und zum Retter und Befreier des Vaterlandes wird. Der Reichsdramaturg sah in der *Hermannsschlacht* die Gestaltung des »deutschen Schicksals schlechthin«, und für ihn war Kleists Lebenswerk »Geist vom Geiste Steins, Bismarcks, Geist von unserem Geiste, Hitlergeist, gespiegelt im Gedicht«.

Das Staatsschauspiel Dresden wich diesem Stück ebenso aus wie dem Lustspiel *Der Diamant* von Friedrich Hebbel, das nach Kriegsbeginn von der Dienststelle Rosenberg favorisiert wurde, da es die Möglichkeit zu einer antisemitischen Interpretation bot.

Diese Beispiele – es ließen sich weitere anführen – machen deutlich, dass es trotz straff-zentralistisch ausgerichteter Theaterpolitik einer Bühne möglich war, gewisse Stücke zu meiden und einen eigenen Weg zu gehen. In Dresden bedeutete das, dass zu Ostern selbstverständlich der *Faust* und in der Oper *Parsifal* auf dem Spielplan standen. Einige Einstudierungen der letzten Spielzeiten vor Schließung der Theater ließen zudem eine Tendenz zum tragisch-heroischen Untergang erkennen, nicht vordergründig und wohl auch kaum beabsichtigt, eher zufällig, aber doch aussagekräftig durch die Häufung von »verwandten Schicksalen«. Kaiser Montezuma (*Der Weiße*

Sterbeszene aus
*Der weiße
Heiland* (1942)

Heiland) wird Opfer seines Irrtums, die fremden Eindringlinge als Erlöser und Freunde angesehen zu haben; König Ottokar von Böhmen verliert auf der Höhe seiner Macht den Sinn für Recht, Ordnung und Moral und fällt seiner Hybris zum Opfer. Othello stürzt selbstverschuldet in den Abgrund, und Penthesilea zerstört sich und ihre Liebe.

Und in der Spielzeit 1943/44 sind es Macbeth, der seine Macht auf Blut und Mord gründet, und Gerhart Hauptmanns *Iphigenie*-Dramen, die die Verzweiflung des Dichters an Deutschland zum Ausdruck bringen: »Oh, große Lüge, große Lüge! Bist du nicht die schwarze Kuh, aus der wir weiße Milch wie süßes Leben einzutrinken glauben und die uns doch nur eins: den Wahnsinn, bringt?« (*Iphigenie in Delphi*) Und in seiner *Iphigenie in Aulis*, die Dresden als eines der wenigen Theater vor der Schließung noch herausbrachte, musste der Zuschauer das Wort Hellas nicht einmal durch Deutschland ersetzen, um zu verstehen: »Der Wahnsinn herrscht! Ganz Hellas ist ein fürchterlicher Herd, auf ihm verbrennt zu Asche, was den Griechen dem Unflat der Barbarenwelt enthob, und köpflings stürzt er sich in ihren Blutsumpf.«

Hauptmann, der mit seinem feingliedrigem Schauspiel *Die Tochter der Kathedrale* noch 1940 seine Helden und das Publikum mit der zuversichtlichen Botschaft entlassen hatte: »Euch aber blüht das Paradies der Liebe und das Leben«, zerbrach an der Zeit, und der Untergang des Atriden-Geschlechts erschien

ihm »wie eine Parallele zum deutschen Schicksal des Kriegs-
endes, das sein Vaterland im Chaos versinken ließ« (Karl H.
Ruppel).

Mit Kriegsbeginn kam es – analog der Situation im Schauspiel – auch im Musiktheater zu Spielplaneinschränkungen.
Nach dem Verbot jüdischer Komponisten von 1933 hatten nun
Werke aus »Feindstaaten« aus dem Repertoire für Oper und
Konzert zu verschwinden, lediglich Chopin und Bizet wurden
weiterhin geduldet. Nach dem Überfall auf die Sowjetunion
1941 trat eine Anweisung des Propagandaministeriums vom
12. Juli 1941 in Kraft; »(...) nach ihr sollten ›die Werke russischer Komponisten bis auf weiteres ausnahmlos nicht aufgeführt werden. Sinngemäß ist auch die öffentliche Darbietung
russischer Volkslieder unstatthaft.‹ (...) Als einzige Slawen fi-
gurierten Smetana und Dvořák.« (Fred K. Prieberg)

Werken von Komponisten neutraler oder befreundeter Staa-
ten blieben die deutschen Bühnen weiterhin offen, so Wolf-
Ferrari, Casella, de Falla, Sutermeister, Schoeck, Kodaly, um
nur diese zu nennen. Die staatlichen Eingriffe hatten zwangs-
läufig eine Konzentration auf das deutsche und klassische
Repertoire zur Folge, und daran änderten auch gelegentliche
»Abweichungen« wie *Jenufa* 1944 nichts. Ausnahmen bildeten
Gastspiele. Als das Ballett der Königlichen Oper Rom im Oktober 1941 in Dresden auftrat, gehörten zum Programm neben
Strawinskys *Petruschka* und *Der große Krug* von Alfredo Casel-
la auch die Polowetzer Tänze aus *Fürst Igor*.

Trotz kriegsbedingter Einschränkungen (Personal- und Ma-
terialmangel) hielt die Dresdner Oper ihren Spielbetrieb mit
durchschnittlich dreihundertzwanzig Aufführungen pro Saison
und fünfzig bis siebzig Werken im Repertoire aufrecht. Auch an
den Spielplanakzenten änderte sich nichts: Neben Neueinstudierungen und Wiederaufnahmen standen Ur- und Erstaufführungen. Die klassische Operette, ein Bestandteil des Repertoires, fand mit der *Fledermaus*, dem *Zigeunerbaron*, *Gasparone*,
dem *Vogelhändler* und *Boccaccio* ihren Platz. Und die alljährlichen Weihnachtsvorstellungen mit *Hänsel und Gretel*, gekoppelt mit dem Ballett *Die Puppenfee* blieben ein Angebot an die
jugendlichen Besucher, das aber – so hieß es in einer Kritik –

»für die vielen ausgehungerten Kinderseelen, die das Opernhaus bis zur Höchstgrenze polizeilicher Zulässigkeit bevölkern«, kaum ausreichte. (Dresdner Anzeiger)

Wie im Schauspiel waren auch in der Oper die Besucherzahlen seit Kriegsbeginn steigend. Wies die Spielzeit 1938/39 337 543 Besucher (davon 38 874 Anrechtler) aus, waren es 1941 bereits 415 513 Besucher (davon 55 392 Anrechtler) und 1942/43 452 830 Besucher (davon 64 997 Anrechtler). Auch die Zahl der »Geschlossenen Vorstellungen« stieg: 1941/42 hatte es für »Kraft durch Freude« achtundzwanzig Vorstellungen und ein Konzert gegeben; 1942/43 waren es achtundzwanzig Vorstellungen, ein Konzert und zwei Gastspiele des so genannten

Einreisegenehmigung des Ensembles der Sächsischen Staatsoper in das Protektorat Böhmen-Mähren

Reichsballetts, dazu kamen neunzehn Vorstellungen für die Wehrmacht.

Eine Intensivierung erfuhren auch die Auswärts-Gastspiele des Hauses, doch sie ließen sich in den von deutschen Truppen besetzten Gebieten Europas nicht mehr als »Kulturaustausch« – wie 1936 – deklarieren. Als »Jugoslawisches Gastspiel der Sächsischen Staatsoper« wurden die Vorstellungen in Belgrad, Zagreb und Agram im Februar/März 1941 bezeichnet, auf dessen Programm in allen drei Städten *Der Rosenkavalier* und *Fidelio* standen. Im gleichen Jahr, es war das Mozart-Gedenkjahr anlässlich des 150. Todestages des Komponisten, gastierten die Dresdner mit *Cosi fan tutte* in Prag und mit *Figaros Hochzeit* in Wien. Anfang Mai 1942 fanden vier Vorstellungen von *Der Rosenkavalier* und *Fidelio* in Florenz statt. Karl Böhm leitete auch diese Gastspiele. Den Schlusspunkt unter die Auswärtsverpflichtungen setzte Karl Elmendorff, der Nachfolger Böhms als Dresdner Operndirektor, mit einem *Walküre*-Gastspiel in Prag (1943).

Karl Elmendorff, 1891 in Düsseldorf geboren, und unter anderem bei Hermann Abendroth musikalisch ausgebildet, hatte seine Dirigentenlaufbahn von Köln, Mainz, Hagen, Aachen nach München geführt, wo er neben Karl Böhm an der Staatsoper wirkte. Seine nächsten Stationen waren Wiesbaden und Mannheim, auch dirigierte er an der Berliner Staatsoper und seit 1927 in Bayreuth.

Um seine Dresdner Bewerbung hatte es hinter den politischen Kulissen Gerangel gegeben. Mutschmann favorisierte als Nachfolger von Karl Böhm den Leiter des Deutschen Philharmonischen Orchesters Prag, Generalmusikdirektor Joseph Keilberth, »aber die ›höchste Entscheidung‹ fiel zugunsten Elmendorffs« (Boguslaw Drewniak). In den anderthalb Jahren, die Elmendorff bis zur Schließung der Theater in Dresden verblieben, war er bestrebt, den überkommenen künstlerischen Besitzstand zu wahren und sich für »die Wiedererweckung wertvoller, aber vergessener oder hier unbekannter Opern« einzusetzen (Hans Böhm). Er ergänzte das Repertoire durch Dvořáks *Der Jakobiner*, Hermann Goetz' *Der Widerspenstigen Zähmung* und Leoš Janáčeks *Jenufa*, förderte die zeitgenössische Oper mit Orffs *Die Kluge*, Wolf-Ferraris *La dama boba*, und setzte mit *Capriccio* und *Ariadne auf Naxos* (beide 1944) die Pflege des Werkes von Richard Strauss fort. Auch unterstützte er begabten Nachwuchs und stand bei der Uraufführung des Balletts *Prinzessin Turandot* von Gottfried von Einem (Januar 1944) selbst am Pult. Neben der Bekanntschaft mit dem Werk des sechsundzwanzigjährigen Komponisten war das Ereignis des Abends die Choreografie von Tatjana Gsovsky, die »heute als eine der eigenwilligsten und interessantesten Tanzgestalterinnen Deutschlands« gilt (Leonie Dotzler), und deren Leistung ungeteilte Anerkennung fand.

Elmendorffs letzter künstlerischer Einsatz galt dem Komponisten Josef Haas, dessen Oper *Die Hochzeit des Jobs* Dresden am 2. Juli 1944 zur Uraufführung brachte. Nach der Sommerpause begann am 10. August 1944 mit *Fidelio* der Spielbetrieb, um am 31. August mit dem *Freischütz* ein gewaltsames Ende zu finden. Die Schließung der Theater bedeutete auch das Ende der Amtstätigkeit Karl Elmendorffs in Dresden und das Ende einer operngeschichtlichen Entwicklung, in der seit Anfang des Jahrhunderts die Dresdner Oper zur Weltgeltung aufgestiegen war.

Das Ende im Feuersturm

Am 24. August 1944 – vierzehn Tage nach Spielbeginn der Oper – wurde mit der Goethe'schen *Iphigenie* die neue Schauspielsaison eröffnet, doch bereits am folgenden Tag gaben die Zeitungen die Verfügungen des Reichsbevollmächtigten für den totalen Kriegseinsatz Goebbels bekannt, deren Kernsatz lautete: »Sämtliche Theater, Varietés, Kabaretts und Schauspielschulen sind zum 1. September zu schließen.« Die Bühnenkünstler waren als Arbeitskräfte der Kriegswirtschaft zuzuführen, zu Wehrmacht oder Volkssturm einzuziehen.

Traute Richters letzter Auftritt fand am 30. August in der Komödie *Clavigos Erbe* von Georg Döring statt. In einem Brief berichtet sie über diesen Abend: »Was sich bei meiner letzten Vorstellung getan hat, war unglaublich (...) Das Publikum hat am Schluss geheult, getrampelt, geschrien, und Blumen zugeworfen, gewinkt – es war einfach toll! Unzählige Male mussten wir vor den Vorhang kommen, und als der ›Eiserne‹ bereits herunterging, tobte man draußen immer noch weiter.« Nicht nur die Künstler, auch die Zuschauer wussten, was Goebbels' Maßnahme bedeutete und was sie mit dem Theater verloren. »Und am Bühnentürl!! – Menschenscharen drängten sich, rufend und klatschend, und überschütteten uns mit Blumen und Liebkosungen. Wildfremde Menschen fielen mir um den Hals, küssten mir das Gesicht und die Hände und brachten vor Schluchzen kein Wort heraus. Scharen begleiteten uns, immer wieder für die erhebenden Stunden dankend, die man ihnen bereitet hätte.« (Traute Richter) Dasselbe erlebten am 31. August, dem letzten Vorstellungstag, die Darsteller der *Iphigenie auf Tauris*. Dann erfolgte ihre Übergabe an die Kriegswirtschaft.

Dieser Vorgang ist in einem Bericht über eine Belegschaftsversammlung am 6. September 1944 aus dem Theater des Vol-

179

kes überliefert. Darin heißt es: »Zunächst ergriff der Kreisobmann der DAF (Deutsche Arbeitsfront; Anmerkung des Autors), Pg. Oppelt, das Wort. Er erläuterte in eindringlichen Worten die Notwendigkeit der getroffenen Maßnahme zur Schließung der Theater im Hinblick auf den Ernst der Kriegslage. Er zeigte auch den Zuhörern noch einmal den Vorzug auf, bis jetzt ihrem künstlerischen Beruf nachgehen zu können, dank der Waffen, die unsere Heimat schützen. Diese Waffen nun selbst zu schmieden, ist nun ihre Aufgabe. Zum Schluss appellierte er an ihre Einsicht und endete mit dem Wunsch, dass jeder einzelne Zuhörer in der rechten Aufgeschlossenheit und willigen Bereitschaft an seinen neuen Arbeitsplatz gehen möge.

Unter der Stabführung von Kapellmeister Kurt Eichhorn erfreute uns das Orchester zum letzten Mal mit seinen Klängen und brachte den I. Satz aus der VII. Bruckner-Sinfonie zu Gehör (...) Im Anschluss daran verabschiedete Herr Stadtrat Döhler – dem das Theater des Volkes als kommissarischer Leiter anvertraut ist – in bewegten Worten die Gefolgschaft. Gewissermaßen als Trost gab er die Versicherung mit auf den Weg, dass die Verbindung zwischen Theater und Gefolgschaft nicht gelöst sein soll, sondern durch Zusammenkünfte immer wieder gestärkt werden. Auch soll den ausübenden Künstlern Gelegenheit gegeben werden, hin und wieder einmal zur Erbauung anderer und zur eignen Freude zu spielen. Ebenso sind Übungsstunden des Balletts geplant.

Nun erfolgte die Übergabe der Bühnenangehörigen an den Präsidenten des Arbeitsamtes Dresden Link, zum weiteren Einsatz. Dieser gab zunächst ein Bild über die geplante Verwendung der Gefolgschaft, dann Einzelheiten der Durchführung des Einsatzes, der als Dienstverpflichtung erfolgt, zu erläutern. Vor allen Dingen stellte er durch entsprechende Maßnahmen die finanzielle Sicherstellung der Dienstverpflichteten fest.«

Die als »Appell« bezeichnete Belegschaftsversammlung klang nach dem Bericht der Protokollantin aus mit dem Gelöbnis für treue Pflichterfüllung auch am neuen Arbeitsplatz und einem »Sieg Heil« auf Führer und Vaterland.

In den Staatstheatern dürfte dieser »Appell« ähnlich verlaufen sein. Traute Richter wurde am 7. September in der Rüstung eingesetzt. Mit ihr arbeiteten in der »Universelle« Lotte Gruner, Edna Vihrog und die Darsteller Kottenkamp, Kleinoschegg, Finohr und Mühlhofer. Gelegentlich gab es auch noch literarische und musikalische Veranstaltungen, so im September 1944 einen Abend im Schauspielhaus, der sich »Unsterbliches Theater« nannte, von Alice Verden, Stella David, Antonia Dietrich, Grethe Volckmar und den Herren Ponto, Hoffmann, Kottenkamp und Kleinoschegg gestaltet wurde und Ausschnitte brachte aus *Wallenstein*, Lessings *Hamburgische Dramaturgie*, Goethes *Willhelm Meisters theatralische Sendung* und *Regeln für Schauspieler* und nach Meinung eines Kritikers zum Besten zählte, »das wir seit langem auf dem Gebiete einer künstlerisch gestalteten Rezitation gehört haben«.

Ein Querschnitt durch beide Teile des *Faust* wurde am 21. Januar 1945 in der Semper-Oper geboten, und am 13. Februar ein Kammermusikabend. Wenige Stunden später waren Oper und Schauspielhaus, war die ganze Stadt ein Raub der Bomben und Flammen. Gerhart Hauptmann, der sich an diesem Tag in einem Sanatorium auf der Loschwitzhöhe aufhielt, wurde Zeuge des Infernos: »Wer das Weinen verlernt hat, der lernt es wieder beim Untergang Dresdens. Dieser heitere Morgenstern der Jugend hat bisher der Welt geleuchtet (...) Von Dresden aus, von seiner köstlich gleichmäßigen Kunstpflege in Musik und Wort, sind herrliche Ströme durch die Welt geflossen, und auch England und Amerika haben durstig davon getrunken. Haben sie es vergessen?«

Die Bombenangriffe forderten Opfer auch unter den Künstlern. Oberspielleiter Dr. Karl Hans Böhm, Ausstattungsleiter Prof. Adolf Mahnke und Kostümbildnerin Elisabeth von Auenmüller blieben gleich unzähligen anderen Dresdnern unter den Trümmern.

Fünf Monate nach dem Feuersturm wurde in der zerstörten Stadt wieder Theater gespielt, in Notunterkünften und Provisorien. Und es sollten weitere drei Jahre vergehen, bis sich auch im Schauspielhaus der Vorhang wieder hob.

Porträts

Ob Theater – in welcher Zeit auch immer – den Menschen etwas zu geben hat, entscheiden vor allem die Schauspieler, und je stärker sie sind, umso intensiver werden sie das Publikum ergreifen.

Diese Erfahrung habe ich in meiner Dresdner Zeit wiederholt machen können bei einem Ensemble, das schon imponierend war.

Victor Ahlers,
Oberspielleiter des Staatsschauspiels (1941–1945), 1947

Unterstützt ein Darsteller ein hässliches Regime, wenn er unter diesem Regime – nicht *für* das Regime – auftritt, weil er gerne spielt?

Michael Verhoeven,
Regisseur, 2002

Die Staatsschauspieler:
Alice Verden, Grethe Volckmar, Antonia Dietrich, Stella David, Erich Ponto, Paul Hoffmann, Walther Kottenkamp und Willi Kleinoschegg

Das Dresdner Schauspielensemble umfasste in der Regel fünfundvierzig Darsteller (davon ungefähr fünfzehn Damen), von denen neun den Titel Staatsschauspieler führten, der im Dritten Reich seit April 1934 verliehen wurde. Er galt als Auszeichnung, die die Geehrten dem Staat verpflichten sollte, und war nicht mehr – wie vor 1933 – an eine bestimmte Kunststätte gebunden, sondern galt auf Lebenszeit.

Alice Verden

Sie war die große Dame des Dresdner Staatsschauspiels, gehörte dem Ensemble achtunddreißig Jahre an und hat in dieser Zeit wie kaum ein anderes weibliches Mitglied – mit Ausnahme von Antonia Dietrich – Dresdner Theatergeschichte geschrieben.

Alice Verden

Über ihren Weg in die Kunst äußerte die als zehntes Kind des Opernsängers und späteren Theaterdirektors Georg Brandes 1888 in Breslau geborene Bühnenkünstlerin ihre erste klare Erinnerung:»Dienstwohnung im Theater! Vormittags mit dem Puppenwagen in einer Zweiten-Rang-Loge mäuschenstill hockend, der Probe zuhörend, bis Vater, der Regie führte, es merkte und ich mitsamt dem Puppenwagen hinausbefördert wurde.« Am Nachmittag übte sie allein im Ballettsaal – abends schlich sie sich in die Direktionsloge, um den ersten Akt der Oper anzuhören. »Dann erschien das furchtbare Kinderfräulein: ›Alice ins Bett!‹ So hab ich von vielen Opern erst als Erwachsene den Schluss gehört. Mit sechzehn Jahren sprach ich heimlich meinem Vater vor – Mutter war ganz dagegen – sie kannte, da schon vier Geschwister beim Theater waren, die Schwere des Berufes.« Ihr Vater war bereit, sie zu unterrichten, doch er starb kurze Zeit später, »(...) und nun sollte und musste ich in die Lehre – aber da hatte der liebe Gott ein Einsehen – ließ einen Freund in Hanau a. M. engagiert sein, Benefiz haben – die dortige Naive gerade an dem Tage anderwärts gastieren müssen und mich mit einer Probe und einem geborgten Kleid (...) heimlich einspringen. – Geborgte Sachen bringen Glück (...) ich ging zum Theater – mit sechzehn Jahren! Ein Jahr Hanau a. M., ein Jahr Stadttheater Köln a. Rh., und dann Dresden!« (Künstlerbuch der Sächsischen Staatstheater zur 1. Reichs-Theaterfestwoche in Dresden)

1906 kam sie ans Königliche Hoftheater und stand noch mit Pauline Ulrich, Clara Salbach und Charlotte Basté – schon zu ihrer Zeit Theaterlegenden – auf der Bühne. Sie erlebte in ihren Dresdner Anfangsjahren den von Dr. Karl Zeiß betriebenen Umbruch des Spielplans, die Öffnung für zeitgenössische Werke und bisher vernachlässigte Autoren und die Entrümpelung der Ausstattung, deren Überladung sich vor allem in den Klassiker-Inszenierungen breit gemacht hatte. Mit vereinfachtem Dekor gelangte im September 1911 *Othello* zur Aufführung, und im Februar 1912 spielte Alice Verden in dieser Inszenierung erstmals die Desdemona. Die Presse horchte auf: »Die Desdemona von Alice Verden war eine große Überraschung. Dass die bildmäßige Erscheinung gelingen werde, konnte man schon von vornherein annehmen, dass aber die Darstellerin ihre Rolle so vertiefen würde, war nicht vorauszusehen und darf als eine hoffnungsvolle Verheißung und auch als eine Gewähr für die Zukunft betrachtet werden.« (Friedrich Kummer)

Es schlossen sich Rollen verschiedener Couleur an wie die Christine in Schnitzlers *Liebelei*, die Karla, Hauptfigur des Lustspiels *Meine Frau, die Hofschauspielerin* von Afred Möller und Lothar Sachs und die Adelheid Runeck in Freytags *Journalisten*. Das war 1920, wo sie auch in Berlin bei Carl Meinhard die Prinzessin Alma in Wedekinds *König Nicolo* spielte. »Frisch, saftvoll, ungelenk und lieblich. Man wittert etwas von der Blume heurigen Weins. Alles an diesem hochgeschossenen Mädel ist unzulänglich, doch von kernhaft holder Artung. Lachen müsste sie, volksmäßig, drauflos; nicht schmerzvoll sein, wo sie langweilig wird.« So bewertete Alfred Kerr den Berliner Auftritt von von Alice Verden.

Im *Sommernachtstraum* (1921; Regie: Berthold Viertel) überraschte sie das Dresdner Publikum als Oberon. »Eine glückliche Wahl. Rank und schlank stand und ging der Elfenkönig (...) und war seiner Titania gleichwohl an Zartheit und Grazie unendlich überlegen.« (Julius Ferdinand Wollf) Und dann folgte auf der Klaviatur der Weltdramatik eine reizvolle Aufgabe der anderen: die Vasantasena, die Porzia (*Der Kaufmann von Venedig*), Helena (*Troilus und Cressida*), Orsina (*Emilia Galotti*). In *König Lear* (1929) standen die drei Dresdner Heroinen – Alice Verden, Grethe Volckmar und Antonia Dietrich – als Königstöchter gemeinsam auf der Bühne. Alice Verden war Regan, Antonia Dietrich Cordelia, und Grethe Volckmar Goneril.

1935 sorgte Alice Verden für Aufsehen in der Semper-Oper-Neueinstudierung der *Josephslegende* von Richard Strauss. »Potiphars Weib war Alice Verden. Auch selbst unter den besten berufsmäßigen Tänzerinnen kann man sich keine vollendetere Verkörperung dieser Gestalt denken als durch diese tanzende Schauspielerin. Sie zeigt nicht nur das übersättigte, gelangweilte, ichsüchtige, gefühllose Geschöpf, sie zeigt auch den wirklichen Menschen, zeigt eine Frau, die kämpft, ringt und leidet, die in all ihrer Verderbtheit sich noch einen Funken von Mütterlichkeit, von Güte bewahrt hat und die selig-unselig an der Erkenntnis der Reinheit und Unschuld zerbricht.« (Leonie Dotzler)

Zu ihrem Repertoire gehörten ferner Schillers und Ferdinand Bruckners Elisabeth (*Elisabeth von England*), die Adelheid in Goethes *Götz von Berlichingen*, die sie auch 1938 bei den Heidelberger Festspielen gab, Lessings *Witwe von Ephesus* und *Die Prinzipalin*, eine Rolle, die der Dresdner Karl Zuchardt der Verden auf den Leib geschrieben hatte (obwohl das Stück seine Uraufführung nicht in Dresden, sondern in Berlin erlebte). Und es ist noch eine zweite Rolle, die sie gewissermaßen durch ihre Dresdner Zeit begleitete: die Fin an der Seite von Erich Ponto in *Schneider Wibbel*. Beide spielten das Paar seit 1916 über Jahrzehnte hinweg.

Neben klassischen Aufgaben ist Alice Verden immer wieder in Konversationsstücken eingesetzt worden: *Wolken am Himmel*, *Der blaue Strohhut*, *Die beiden Klingsberg* und *Clavigos Erbe* werden nicht zuletzt dank ihrer souveränen Mitwirkung zu Publikumserfolgen. Sehr beliebt war auch ein Stück, das 1943 im Spielplan erschien und als »Wiederentdeckung« angesehen werden kann: *Das Fräulein von Scuderi* von Otto Ludwig in der Regie von Paul Hoffmann. Dieses nach einer Vorlage von E.T.A. Hoffmann entstandene Schauspiel war in Dresden noch nie gespielt worden. Otto Ludwig hatte es zwar 1848 an den damaligen Hoftheaterdramaturgen Karl Gutzkow gesandt, der aber dem Verfasser einen abschlägigen Bescheid zukommen ließ mit der Begründung, »dass sein Stück zwei Stücke sind, dass sein Schauspiel zwei Helden hat, das im Titel benannte Fräulein von Scuderi und Cardillac, den Goldschmied von Paris, eine Gestalt, vor der jene zu verblassen droht.« (Dresdner Zeitung)

Von dieser Befürchtung ließ die Aufführung nichts erkennen. Neben Willi Kleinoschegg als Cardillac dominierte das Bühnengeschehen Alice Verden. Die Meinung der Kritik: »Dass sie das Fräulein von Scuderi spielt, wäre schon Grund genug, das Werk in den Spielplan zu nehmen. Sie ist ganz das Fräulein, wie es der Dichter zeichnen wollte. Wie? (...) Aus dem Munde des Grafen Miossens kommen die Worte: ›Bewunderungswürdig ist, ja unbegreiflich, / Wie dieses Fräulein aus des Alters Schiffbruch / Der Jugend Reize sich gerettet hat, / Von siebzig Jahren zeigen sich kaum dreißig. / Der süße Duft der Mädchenhaftigkeit / Liegt über die Erfahrung hier gebreitet, / Die nur ein langes Leben geben kann. / Und so vereinigt sie, was beide Zeiten, / Den Winter und den Sommer reizend macht.‹« (Karl Laux)

Es war eine der letzten großen Aufgaben Alice Verdens vor der Schließung der Theater. Ihr Haus auf der Wiener Straße, das auch Erich Ponto bewohnte, wurde im Feuersturm ein Raub der Flammen. Sie ging nach Süddeutschland und trat nach dem Krieg in München auf. Auch in kleineren Filmrollen war sie zu sehen. 1957 starb sie in Bad Tölz.

Grethe Volckmar

Das Stück trug den Titel *Madame Kegels Geheimnis*, stammte von Joachim Zimmermann und wurde dominiert von einer großen Frauengestalt. Am Wiener Burgtheater brillierte in dieser Rolle Käthe Dorsch, in Dresden war Grethe Volckmar die lebenstrotzende Obristenwitwe, die vordem Barbara Blomberg geheißen hatte und das Kaiserliebchen Karls V. gewesen war. Und die Darstellerin spielte Anfang der vierziger Jahre noch in einer anderen heiteren Köstlichkeit: Sie war Maria Theresia in dem Lustspiel *Die Nacht in Siebenbürgen* des Ungarn Nikolaus Asztalos, das der Wiener Friedrich Schreyvogel für die deutsche Bühne adaptiert hatte.

Während Madame Kegel vor dem lang ersehnten Wiedersehen mit ihrem Sohn Juan d'Austria steht, dem Kaisersproß und Sieger von Lepanto, hat Maria Theresia vollauf damit zu tun, einen sich anbahnenden Palavatsch zu verhindern, der droht, weil der Adjutant des Kaisersohnes dort mit einer jungen Witwe eine Nacht in Siebenbürgen verlebte. Die schließliche Aufklärung des Falles führt dazu, dass nicht nur die Liebenden zueinander finden, sondern auch Maria Theresia und ihr Sohn Josef.

Als Grethe Volckmar diese beiden Rollen spielte – *Madame
Kegels Geheimnis* war 1940 in Dresden uraufgeführt worden –,
lag eine nahezu fünfundzwanzigjährige Bühnentätigkeit hinter
ihr. Die 1896 geborene Darstellerin stammte wie der Dresdner
Opernchef Dr. Karl Böhm aus Graz, der Hauptstadt der Steier-
mark, und hatte ohne elterliche Widerstände den Schauspielerberuf ergreifen können. Ihre kraftvolle Art und körperliche
Stattlichkeit prädestinierten sie für vitale Frauengestalten,
seien sie nun Königinnen oder Bäuerinnen, und so folgten in
ihrem ersten Engagement in Reichenberg in Nordböhmen
(1917–1920) auf Shakespeares widerspenstige Katharina, Gerhart Hauptmanns Rose Bernd und Grillparzers Sappho, Figuren
von Anzengruber, Schönherr und Nestroy. Ihnen gab sie auch
in den vier Jahren ihrer Tätigkeit am Volkstheater Wien Profil
und Leben (1920–1924). Während eines Gastspiels in Teplitz-
Schönau wurde ein Münchner Theateragent auf sie aufmerksam und empfahl sie dem Sächsischen Staatstheater. Seit 1925
gehörte Grethe Volckmar dem Dresdner Ensemble an, debütierte mit Hebbels Brunhild, war Gerhart Hauptmanns Griselda
und Frau John (*Die Ratten*), die Goneril in *König Lear*, Margarete von Parma (*Egmont*), Elisabeth (*Götz von Berlichingen*),
Lessings Sittah (*Nathan der Weise*), Meroe (*Penthesilea*), Gertrud (*Hamlet*), Emilia (*Othello*), Hedwig Tell, Julia Imperiali

(*Fiesco*), Kurfürstin (*Prinz Friedrich von Homburg*), Isabella
(*Die Braut von Messina*) und zuletzt Klytämnestra in Gerhart
Hauptmanns *Iphigenie in Aulis*. Alle diese und zahlreiche weitere Rollen waren gespeist aus einem unerschöpflichen Kraft-
quell. »Im Dreigestirn der Heroinen – Antonia Dietrich, Alice
Verden, Grethe Volckmar – war sie vor allem die Vertreterin
volkstümlicher Heldinnen.« So charakterisiert sie ihre Kollegin
Traute Richter, und diese Einschätzung trifft nicht minder auf
ihre Madame Kegel und Maria Theresia zu. In der *Nacht in Siebenbürgen* war sie als Kaiserin »so wienerisch echt, wie man es
nur wünschen kann, ganz Herrscherin, ganz Mutter, ganz Frau,
mit Hoheit heiter, sprühend von Lebenslust und frischer Tat-
kraft – fraglos die beste denkbare Erfüllung der Rolle« (Dresdner Anzeiger).

Der Bombenangriff auf die Stadt brachte sie um ihre Wohnung. Sie fand Zuflucht in Süddeutschland, doch der Glanz
ihrer Dresdner Zeit stellte sich weder in München (Kammerspiele), noch in Freiburg i. Br. oder in Saarbrücken wieder ein.
1981 starb sie vierundachtzigjährig in einem Altersheim in
Garmisch.

Antonia Dietrich

Von allen Dresdner Staatsschauspiel-Mitgliedern war Antonia
Dietrich wohl das »dienstälteste«. Sie kam nach einer einjährigen Verpflichtung am Komödienhaus Wien neunzehnjährig an
die Dresdner Bühne (1919, nach erfolgreichem Gastspiel als
Gretchen) und blieb ihr mehr als ein halbes Jahrhundert verbunden.

Antonia Dietrich war für ihre Kollegen und ohne Zweifel
auch fürs Publikum eine Autorität. Ihr hohes Berufsethos, ihre
Selbstdisziplin, Arbeitsmoral und Einsatzbereitschaft nötigten
jedem Achtung und Respekt ab. Zu ihren künstlerischen Vorzügen gehörten eine genaue Figurenzeichnung und eine hohe
Sprechkultur, die zwar die Wiener Herkunft und Schule (Burg-
theaterstil) nicht verleugnen konnte, ihrer Stimme aber Weich-
heit und Musikalität verlieh.

Antonia Dietrich (links) und Lotte Gruner in *König Ottokars Glück und Ende* (1941)

Es wäre ein müßiges Unterfangen, alle Mädchen- und Frauenrollen, die sie in der Elbestadt gespielt hat, aufzulisten. Ihr wurden, wie kaum einer anderen jugendlichen Darstellerin, Möglichkeiten geboten, »sich alle Traumrollen der Weltliteratur, beinahe zweihundert in den über fünfzig Jahren ihrer Zugehörigkeit zum Ensemble, zu erobern« (Emil Ulischberger). Zu ihrem umfangreichen Repertoire gehörten – oft in mehreren Inszenierungen – von Shakespeare: Cordelia, Cressida, Julia, die widerspenstige Katharina, Ophelia, Beatrice (*Viel Lärm um Nichts*); von Goethe: Gretchen, Stella, Klärchen, Iphigenie; von Schiller: Amalia, Luise Miller, Elisabeth (*Don Carlos*), Thekla und Gräfin Terzky (*Wallenstein*), die Jungfrau von Orleans, die Braut von Messina. Als Maria Stuart »gewann sie eine Kraft des Ausdrucks, des inneren Leuchtens, die schlechthin vollkommen war (...) und wohl kaum ihresgleichen finden wird an deutschen Bühnen« (Hellmut Fleischhauer). Sie war Grillparzers Hero (*Des Meeres und der Liebe Wellen*), Hebbels Kriemhild (*Die Nibelungen*) und Kleists Natalie (*Prinz Friedrich von Homburg*), um nur diese klassischen Rollen, die ihre eigentliche Domäne waren, zu nennen. Noch Anfang der vierziger Jahre sahen sie die Dresdner als Iphigenie, Cleopatra, Lady Macbeth, Minna von Barnhelm und als Penthesilea, über die es im Dresdner Anzeiger hieß: »Wir bewundern an dieser umfangreichen, schwersten, darstellerischen Leistung vor allem die großartige sprecherische Gestaltung, in der sich Glut und Verhaltenheit wunderbar vereinigen, mit der sie bis zuletzt die gewaltigen Bögen, die wuchtigen Blöcke und Kleist'-schen Sätze überlegen beherrscht, mit der sie im Verlaufe von zwei Stunden ein tragisch-heroisches Frauenschicksal von außerordentlichen Maßen nicht nur darstellt, sondern auch in seinen unausgesprochenen Tiefen glaubhaft macht, gerade im Menschlichen, im Gefühl.«

War Antonia Dietrichs Übergang ins Charakterfach schon mit Rollen wie Lady Macbeth (1944) eingeleitet worden, erfolgte nach dem Krieg und ihrer Rückkehr ans Staatstheater 1950 eine konsequente Fortsetzung dieser Entwicklung. Sie erschloss sich Aufgaben wie die U, die Löwin in Weisenborns dramatischer Ballade *Lofter oder das verlorene Gesicht*, die Tragödin Alexandra in Anouilhs *Colombe*, Bernarda Alba, Wassa Schelesnowa, Dürrenmatts alte Dame, Frau Jenny Treibel. Und sie wusste im komischen Fach zu bestehen und große Wirkungen zu erzielen, so als Lydia Barbant in dem Kriminalstück *Inspektor Campbells letzter Fall*.

Ob vor, während oder nach dem Krieg (wo sie 1945 als Sittah an der Eröffnungsvorstellung *Nathan der Weise* beteiligt war), immer gab sie auch eigene Vortragsabende und konnte einer großen Zuhörerschar sicher sein.

Die 1900 in Wien geborene Schauspielerin starb 1975 in ihrer Theaterheimat Dresden.

Stella David

Im Unterschied zu anderen Dresdner Bühnenkünstlern, für die das Sudetenland eine freilich oft wichtige Zwischenstation auf ihrem künstlerischen Weg darstellte, war Stella David in dieser Region beheimatet. Sie stammte aus Leitmeritz an der Elbe. In dieser Stadt, in der sie 1883 geboren wurde und die Klosterschule besuchte, stand das »älteste, nämlich schon 1822 eröffnete, Provinztheater Böhmens« (Kurt Honolka), das den dreizehntausend deutschsprachigen Einwohnern neben Schauspiel auch Operette bot. Mit fünfzehn Jahren besuchte Stella David in Köln ihre Schwester, die am dortigen Stadttheater eine gefeierte Sängerin war. Ihr Talent wurde entdeckt, und nach einer Ausbildung am Kölner Konservatorium folgte eine zehnjährige Bühnentätigkeit am Rhein (Köln, Bonn, Mainz). 1911 ging sie ans Leipziger Schauspielhaus, dann ans Dresdner Albert-Theater und 1914 abermals nach Leipzig, bevor sie 1923 am Staatlichen Schauspielhaus die Stelle der verstorbenen Maximiliane Bleibtreu (einer Schwester der Burgschauspielerin Hedwig Bleibtreu) einnahm.

In einem Interview nach ihrer Lieblingsrolle gefragt, antwortete sie: »Schreiben Sie um Gottes willen so kurz wie möglich, ich spiele doch schließlich nur Begleitrollen.« (Dresdner Neueste Nachrichten) Das war stark untertrieben, denn künstlerische Aufgaben wie die beiden berühmten Marthes – Rull und Schwerdtlein – oder die Daja (*Nathan der Weise*) waren wohl nicht als »Begleitrollen« zu bezeichnen. Die gab es natürlich in den einundzwanzig Jahren, die Stella David dem Ensemble angehörte, zahlreich, und immer wieder wurde sie ob ihrer vielseitigen Verwendbarkeit mit solchen Aufgaben betraut. Doch ihr Start in Dresden begann – wie damals üblich – mit Gastspielen auf Anstellung. Als Frau des Gemeindedieners Seifert (*Kater Lampe*) zeigte sie, dass sie es verstand, »eine Fülle scharf beobachteter Einzelzüge zu einem geschlossenen Bilde zusammenzufügen«. Und im *Faust* bot sie eine andere Auffassung der Marthe Schwerdtlein, als man sie in Dresden kannte. »Sie packte das ›schändlich-kupplerische Weib‹ unbarmherziger an, als wir es sonst hier sehen. Nichts ist bei ihr

Stella David und Horst Bogislav von Smelding in
Die beiden Klingsberg (in der Mitte: Gerda Basarke)

triebhaft, alles Berechnung (...) Bei der Bleibtreu etwa wirkte
die Klage über den Tod des ersten Mannes durchaus echt, bei
Frau David ist sie Heuchelei, ihre Wirkung auf den stattlichen
Gast im Wams auf roter Seide genau berechnet.« (Dresdner
Volkszeitung)

Eine ihrer ersten Rollen in Dresden war die Mutter Baumert
in *Die Weber*, gefolgt von der fetten Kupplerin (*Sechs Personen
suchen einen Autor*), der Morphinistin Sidonie Knobbe (*Die Ratten*) und der Brandnerin in der Uraufführung des bayrischen
Volksstückes *Der Brandner Kaspar schaut ins Paradies*. In Erich
Kästners Lustspiel *Das lebenslängliche Kind* gab sie die unentbehrliche tantenhafte Hausdame, die alles falsch oder im falschen Augenblick sagt und so schöne Geschichten ohne Poin-
ten erzählen kann. In Shakespeares *Richard III.* war sie die
Anna, in *Minna von Barnhelm* die Dame in Trauer und in den
Journalisten Frau Piepenbrink.

194

Zu besonderer Popularität brachte es die viel beschäftigte und beliebte Darstellerin durch ihre zahlreichen Märchenrollen und ihre Typen in Volksstücken. Ob Bräuwirtin (*Der Holledauer Schimmel*), Meisterin (*Schneider Siebenstreich*) oder das Holzweiblein (*Der Verschwender*) – Stella David wird in keiner noch so kleinen Episode übersehen. Und sie spielte alles mit einer Leidenschaft und Hingabe, die den Erfolg garantiert.

1945 – nach der Zerstörung der Stadt – übersiedelte sie zu ihrem Sohn in die Schweiz, wo sie 1950 starb.

Erich Ponto

Er war einer der profiliertesten Dresdner Darsteller, von einer ungewöhnlichen Gestaltungskraft und Wandlungsfähigkeit. Er konnte die gegensätzlichsten Rollen gleichermaßen überzeugend spielen, und er machte keinen Unterschied zwischen Chargen und dominierenden künstlerischen Aufgaben. Auch war er von allen Dresdner Schauspielern zweifellos der populärste, doch seine Bekanntheit erstreckte sich nicht nur auf diese Stadt. Im gesamten deutschsprachigen Raum kannte man ihn – nicht zuletzt durch viele Filmrollen – und sein Name galt als Begriff für große Darstellungskunst. Wenn Ponto auf der Leinwand zu sehen war, konnte man ein besonderes Erlebnis erwarten. Nicht anders bei seinen Bühnenauftritten. Sein langjähriger Dresdner Kollege Paul Hoffmann sagte von ihm in einer Gedenksendung zum 80. Geburtstag seines Kollegen im Süddeutschen Rundfunk: »Man unterschied nicht, ob es eine große oder eine kleine Rolle war, wenn er sie spielte, war es eine Hauptrolle.«

Erich Ponto, 1884 geboren, stammte aus Lübeck und sollte ursprünglich Apotheker werden. Nach einer dreijährigen Pharmazie-Ausbildung mit anschließendem praktischen Jahr wechselte er nach München zur Universität, wo er die für sein Leben folgenreiche Entscheidung traf: »Nach langem Hin und Her fand ich einen großen Nagel, hing den Apotheker daran auf und trat an der Hand eines sicheren Lehrers, ehrfürchtig und bewusst zugleich, auf die Bretter, die die Welt bedeuten.«

Erich Ponto als *Richard III.* (1935)

(50 Jahre Reichenberger Stadttheater) So beschreibt er selbst
diesen Schritt. Nach seiner Ausbildung bei Hans Lackner in
München folgten Engagements in Passau, Reichenberg in
Nordböhmen und Düsseldorf, bevor er 1914 ans Königliche
Hoftheater in Dresden verpflichtet wurde, wo sich sein Aufstieg
zu einem der bedeutendsten deutschen Schauspieler, wie es in
einem Almanach von 1946/47 hieß, vollzog.

Er spielte in klassischen und modernen Stücken, auch in der
Operette und den alljährlichen Weihnachtsmärchen und gab

eigene Vortragsabende. Zu seinem umfangreichen Repertoire gehörten in den zwanziger und dreißiger Jahren der Mephisto, Molières Geiziger, Kleists Dorfrichter Adam, Büchners St. Just, Lessings Marinelli, Nathan und Wirt (*Minna von Barnhelm*), Schillers Franz Moor, Rösselmann (*Wilhelm Tell*), Shakespeares Puck, Polonius, Shylock, Thersites (*Troilus und Cressida*), Richard III. und Gerhart Hauptmanns Schluck (*Schluck und Jau*), sowie eine Fülle von heiteren Stücken, die angeführt werden von Schneider Wibbel (den er auch im Film spielte) und dem Geheimrat Schlüter in Erich Kästners Lustspiel *Das lebenslängliche Kind*.

Seit 1927 trat er auch in Berlin auf. Sein großer Erfolg als Bettlerkönig Peachum in der Uraufführung der *Dreigroschenoper* von Brecht/Weill (1928) zog Gastverträge an das Theater am Schiffbauerdamm nach sich, ohne seine künstlerischen Bindungen an Dresden zu lockern. Von 1936 bis 1944 gehörte er gastweise zum Ensemble des Deutschen Theaters und der Kammerspiele Berlin. In diese Zeit fielen auch zahlreiche Filmverpflichtungen, unter anderem seine wohl bekannteste Rolle: der Pauker »Schnauz« in der *Feuerzangenbowle*.

Nach dem Zusammenbruch des Hitlerstaates gehörte Ponto in Dresden zu den Aktiven der ersten Stunde, die sich um den Neubeginn der Theater bemühten. Und bereits am 10. Juli – zwei Monate nach dem Ende des Krieges und fünf Monate nach dem Feuersturm, in dem auch er seine Wohnung verlor und gesundheitlich zu Schaden kam – kehrte er als *Nathan der Weise* auf die Bühne zurück. Integer und politisch unbescholten, wie er die zwölf braunen Jahre überlebt hatte, wurde ihm im Oktober 1945 das Amt des Generalintendanten der »Bühnen der Landeshauptstadt Dresden« angetragen, das er bis Ende 1946 innehatte. Zu den Rollen, die er nach dem Kriege spielte, gehörten der Striese (*Der Raub der Sabinerinnen*), Schuster Voigt (*Der Hauptmann von Köpenick*), Oberlehrer Krull (*Die Kassette* von Carl Sternheim), Gemeindediener Seifert (*Kater Lampe*) und Großvater Northrup (*Der Tod auf dem Apfelbaum* von Paul Osborn), über den die Presse urteilte: »Herz und Mitte der Aufführung ist Erich Ponto (...) Meisterlich beherrscht er die ganze Skala der Töne und Gebärden zwischen dem Senilen,

Lebenslustigen, Kindischen und Polternden, Querköpfigen, Pfiffigen, zwischen dem Herzlichen, Innigen, Hilflosen und dem Herrischen, Auftrumpfenden, Verschlagenen. Wie er mit dem Enkel lebt, spielt, scherzt und mit ihm gemeinsame Sache gegen Tod und Tante macht, wie er den Tod überlistet, die Zweifler und Feinde an der Nase herumführt und endlich ins Bockshorn jagt – das überzeugt unmittelbar als großes, wirksames Theater.« (Die Union)

1947 verließ er wegen kleinlicher Querelen durch städtische und staatliche Instanzen die Elbestadt und wechselte nach Stuttgart. Er war Mitglied des Württembergischen Staatstheaters und trat auch in München, Göttingen und Wuppertal auf. Zu seinen letzten Rollen gehörten der Shylock und der Nathan, den er seit 1954 in Stuttgart spielte. Ihm wurden Ehrungen und Auszeichnungen (unter anderem das Bundesverdienstkreuz) zuteil, und er blieb ein gefragter Darsteller in Filmateliers und Rundfunkanstalten. In über siebzig Filmen und vielen Radiosendungen hat er mitgewirkt.

Erich Ponto starb 1957 in Stuttgart.

Paul Hoffmann

Der 1902 in Barmen/Rheinland geborene Schauspieler zählte neben Erich Ponto zu den Spitzen und Stützen des Dresdner Ensembles. Sein Gestaltungsradius war breit gefächert: Er umfasste Bösewichte und Beaus, Aristokraten und Bürgerliche, Gelehrte und Bohemiens, ob in klassischen oder in modernen Stücken. Auch in der Operette wusste er zu überzeugen, und seine Dichterlesungen galten als gefragte Veranstaltungen.

Hoffmann, schlank und von blendender Erscheinung, besaß erstaunliche Bühnenpräsenz und zog sofort die Aufmerksamkeit des Publikums auf sich – ohne Mätzchen oder nachhelfende »Drücker«. Sein Charme war entwaffnend, seine Diktion souverän, modern und geistig geschliffen, sein Timbre fesselte. Er hatte das Rollenfach inne wie Gustaf Gründgens in Berlin, das es damals wohl an jeder großen Bühne gab: Peter Lühr in Leipzig, Waldemar Leitgeb in Stuttgart und Werner Hinz in

Hamburg, um nur einige zu nennen. Fast alle Inszenierungen mit Paul Hoffmann bedeuteten feste Spielplanpositionen und garantierten meist auch eine lange Laufzeit der Stücke. Der *Hamlet* etwa stand sieben Jahre auf dem Spielplan.

Hoffmann studierte nach dem Abitur Kunstgeschichte, Germanistik und Philosophie, als der Direktor des Würzburger Stadttheaters in einer Studentenaufführung auf ihn aufmerksam wurde und ihn engagierte. »Ich versuchte zunächst mein Studium nebenbei fortzusetzen, gab diesen Vorsatz aber bald auf und ging ganz und endgültig zur Bühne, ohne auch nur eine Stunde dramatischen Unterricht gehabt zu haben. Es folgten dann Engagements in Aachen, Düsseldorf, Köln, Hamburg, und unter Iltz war ich am Reußischen Theater in Gera verpflichtet. Dort sah mich Paul Wiecke als Soldat im *Grabmal des unbekannten Soldaten*, was mein Engagement an das Staatstheater Dresden zur Folge hatte.« (Künstlerbuch der Sächsischen Staatstheater zur 1. Reichs-Theaterfestwoche in Dresden)

Das war 1927, als im Dresdner Ensemble Lücken entstanden waren durch den Tod von Lothar Mehnert und Alexander Wierth, von deren Repertoire bald Rollen auf den Fünfundzwanzigjährigen übergehen sollten. Doch zunächst erstreckte sich seine Beschäftigung auf keine dominierenden Aufgaben: Er ist Laertes in der *Hamlet*-Inszenierung, die Gerhart Hauptmann 1927 in einer eigenen Stückbearbeitung in Dresden besorgt hatte und in der diese Figur arg gestutzt war; er spielt den Paris (*Troilus und Cressida*), einen Offizier – neben Adolf Wohlbrück – in Gerhard Menzels *Toboggan*, den Herzog von Cornwall (*König Lear*), Barrère (*Dantons Tod*) und den Derwisch im *Nathan* (1929), der Julius Ferdinand Wollf zu dem kritischen Einwand veranlasste: »Man fragt sich: warum musste in dem einen Fall in dieser von Gielen künstlerisch mit solcher Innigkeit durchgearbeiteten, wirklich hervorragenden Aufführung die Tradition des tanzenden Derwischs aufrecht erhalten werden? Paul Hoffmann ist zudem nicht der Sprecher, der diese Koloraturpartie künstlerisch beherrscht. Weder zu Saladin, noch zu Nathan führt von dieser unbehaglichen, rein äußerlichen Betulichkeit auch nur die leiseste Möglichkeit einer Beziehung. Die Episode blieb zudem so völlig humorlos, dass sie glücklicherweise alsbald vergessen war (...) Aber das Charakterbild des Al Hafi dürfte natürlich nicht fehlen.«

Ein Verriss wie dieser wird sich in den folgenden Jahren nicht wiederholen, denn Hoffmann fand schon bald seine Linie als Charakterspieler und Bonvivant und leistete in diesen Fächern Außerordentliches. Zu seinem Repertoire gehörten der Franz Moor (*Die Räuber*), der Bacon in Ferdinand Bruckners *Elisabeth von England* und der Don Juan in Grabbes *Don Juan und Faust*. Auch die komische Seite seines Talents kann er zeigen, so als Musikant Schlender in Eichendorffs Lustspiel *Die Freier* und als Abenteurer und Windbeutel Riccaut in Lessings *Minna von Barnhelm* (1935). Und dann geht es gewissermaßen Schlag auf Schlag aufwärts. Sein Hamlet – in der Kiesau-Neuinszenierung des Stückes 1937 – gerät zu einem Triumph für ihn und löst einen Beifallssturm aus, »wie wir ihn seit Jahren nicht mehr erlebt haben«, heißt es in den Dresdner Neuesten Nachrichten. Sein Benedikt (*Viel Lärm um Nichts*) mit Antonia Dietrich beeindruckt durch geistige Brillanz, Eloquenz und Gewandtheit – Eigenschaften, die er auch in anderen Rollen zur Geltung bringen kann wie dem charmanten Charly in *Der Lügner und die Nonne*. Seit 1938 spielte Hoffmann in der *Faust*-Neuinszenierung, die zum fünfundzwanzigjährigen Bestehen des Schauspielhauses im Spielplan erschien, auch – alternierend mit Ponto – den Mephisto. Doch im Unterschied zu Ponto, dessen Mephisto als »Spottgeburt aus Dreck und Feuer« bestach, gab ihn Hoffmann als weltmännischen Galan. »Er ist kein Mephisto der brutalen Sinnlichkeit und Körperlichkeit, sondern ein Mephisto des ätzenden Wortes, des bösen Intellekts. Geradezu im Konversationston hat er seine Rolle angelegt; seine Reden sind nicht Hiebe, sondern Stiche, sie kommen nicht aus den dämonischen Abgründen der Hölle, sondern fast aus einem diabolischen Salon, sehr gewandt, sehr scharf, sehr schnell, nie fehlend, oft graziös, dass man kaum noch die Brutalität merkt (...) Dieser Mephisto ist sozusagen ein geistreicher Feuilletonist der Hölle.« (Dresdner Anzeiger)

Mit Hamlet hatte er »eine erste große Station der künstlerischen Reife endgültig erreicht« (Dresdner Anzeiger), und diese

Götz von Berlichingen (1940): Paul Hoffmann (links) und Friedrich Lindner

Höhe wusste er zu halten. Als Lukull (*Kirschen für Rom*) war er – halb Koch, halb Feldherr – Held und Sieger des Abends; als Fiesco, den er als einen Mann zwischen echter und gespielter Leidenschaft gab, lieferte er ein »Meisterstück an Eleganz, Wandlungsfähigkeit und Kraft des Spiels« (Hellmut Fleischhauer). Er faszinierte als Tausendsassa Konrad Bolz in den *Journalisten* und verlieh dem Dirigenten Paulus Allmann (*Ich brauche Dich*) so viel Lockerheit und Überlegenheit, dass man ihm Egoismus und Berufseitelkeit nachsehen musste.

Zu ganz großer Form lief Paul Hoffmann im Zusammenspiel mit Erich Ponto auf: In Gerhart Hauptmanns Dramatischer Phantasie *Der Weiße Heiland* machten er als Eroberer Cortez und Erich Ponto als Kaiser Montezuma die Aufführung zum Ereignis.

Anfang der vierziger Jahre stellte sich Hoffmann auch als Regisseur vor. Vier Inszenierungen brachte er bis zur Schließung der Theater heraus, darunter so selten gespielte Werke wie *Das Fräulein von Scuderi* (Otto Ludwig) und Hölderlins Trauerspiel *Der Tod des Empedokles* (mit ihm in der Titelrolle).

Längst war man auch andernorts auf ihn aufmerksam geworden. 1938 wirkte er als Weislingen neben Heinrich George als Götz von Berlichingen bei den Heidelberger Festspielen mit. Die Berliner Volksbühne holte ihn 1939 für eine Hauptrolle in einer Komödie und 1942 als Marinelli (*Emilia Galotti*), und am Deutschen Theater Berlin, zu dessen Ensemble er gastweise seit der Spielzeit 1941/42 gehörte, spielte er die Titelrolle in Shakespeares *Antonius und Cleopatra*. In Dresden war er in diesem Stück der Pompejus gewesen. Hoffmann gestaltete eigene Vortragsabende (Lessing, Dichter über das Theater, Hölderlin) und wurde seit 1936 auch im Film beschäftigt. Etwa fünfzehn Streifen sind es, in denen er bis 1945 mitwirkte. Die wenigsten davon lassen allerdings etwas von seinen Vorzügen und seiner Unverwechselbarkeit erkennen.

Das Kriegsende erlebte Hoffmann in Meiningen, wo er am dortigen Theater zum Wiederbeginn des Spielbetriebs als Schauspieler und Regisseur beitrug. Im September 1945 kehrte er nach Dresden zurück, stand noch in drei Rollen auf der Bühne der Tonhalle, machte auch eine Inszenierung, bevor er ans Staatstheater Stuttgart wechselte. Es folgten vielseitige Rollen- und Inszenierungsangebote, ein imponierender Aufstieg bahnte sich an. Hoffmann spielte in München, Wien (Theater in der Josefstadt), am Zürcher Schauspielhaus, war von 1952 bis 1957 Schauspieldirektor am Württembergischen Staatstheater (mit dem er 1956 ein Gastspiel *Maria Stuart* in Dresden absolvierte), inszenierte in Berlin (Schlossparktheater), ging 1959 als Schauspieler ans Wiener Burgtheater und wurde 1968 bis 1971 dessen Direktor als Nachfolger von Ernst Haeusserman.

Er erhielt die Ehrentitel Kammerschauspieler und Hofrat und wurde zum Professor ernannt. Zu seinen zahlreichen Auszeichnungen gehörten das Bundesverdienstkreuz, die Josef-Kainz-Medaille, der Grillparzer-Ring und der Ehrenring der Stadt Wien.

Paul Hoffmann starb 1990 in der Donaustadt. Eine seiner letzten Rollen war der Attinghausen in der Peymann-Inszenierung des *Wilhelm Tell*.

Walther Kottenkamp

Er war einer der meistbeschäftigten Dresdner Schauspieler. Nur selten fehlte sein Name in der Besetzungsliste. Der korpulente Westfale mit der sonoren Stimme galt als äußerst vielseitiger Darsteller: Sowohl schwere Helden- und Väterrollen als auch Komiker wusste er überzeugend zu gestalten. Als Herbert Ihering ihn 1926 in Georg Kaisers Virtuosenstück *Zweimal Oliver* in Dresden sah, stellte er fest: »Walther Kottenkamp, wohl ein neues Mitglied, fällt als Chefarzt sofort durch Eindringlichkeit und Sachlichkeit des Tones auf. Er füllt den konstatierenden Bericht des Psychiaters mit schauspielerischer Energie, ohne mimische Einlagen nötig zu haben.« Und Martin Hellberg sah in dem neuen Kollegen einen »unserer aufgehenden Sterne«.

Kottenkamps beruflicher Werdegang verlief alles andere als geradlinig. 1889 in Bielefeld geboren, wo er auch seine Schul- und Jugendjahre verlebte, verfiel er, wie er bekannte, dem Theater als Vierzehnjähriger, nachdem er zum ersten Mal eine Klassikeraufführung gesehen hatte. »Versuche in bürgerlichen Berufen, wie Besuch einer Lehrervorbildungsanstalt, danach

Walther
Kottenkamp in
Der Strom
(1943)

technische Lehre als Volontär einer Werkzeugmaschinenfabrik, schlugen fehl. Endlich begann ich mit siebzehn Jahren ohne besondere Vorbildung am Sommertheater Bielefeld meine künstlerische Laufbahn, die aber bald – am Stadttheater Iserlohn – mit einer Kündigung wegen Talentlosigkeit endete. Es folgte der resultatlose Besuch einer Handelsschule, danach der zweite künstlerische Anlauf.« (Künstlerbuch der Sächsischen Staatstheater zur 1. Reichs-Theaterfestwoche in Dresden) Der führte ihn durch fünfzehn Engagements, bis er 1925 in Dresden Fuß fasste.

Wie Stella David musste er sich seinen Platz im Ensemble nicht erst »erspielen«, er nahm ihn sofort ein und verkörperte Titelrollen, Hauptrollen, Chargen und Märchenfiguren. Zu seinem umfangreichen und vielseitigen Repertoire gehörten im Laufe seiner einundzwanzigjährigen Zugehörigkeit zum Staatsschauspiel der Wilhelm Tell, Götz von Berlichingen, Junker Tobias von Rülp (*Was Ihr wollt*), der Maurerpolier John (*Die Ratten*), Graf Gloster (*König Lear*), Falstaff (*Die lustigen Weiber von Windsor*), Oberst Berg (*Die Journalisten*). Zu seinen Paraderollen, wenn eine solche Klassifizierung bei einem so herausragenden Darsteller wie Walther Kottenkamp überhaupt angebracht ist, sind in Dresden der Oberst Kottwitz (*Prinz Friedrich von Homburg*), der Musikus Miller, der Republikaner Verrina (*Fiesco*), der Wachtmeister Werner (*Minna von Barnhelm*) und der Waffenschmied Theobald (*Das Kätchen von Heilbronn*) zu zählen. In beiden letztgenannten Rollen trat er auch auf den (Reichs-)Festspielen in Heidelberg auf. Sein Haudegen Kottwitz wurde von der Presse als »prachtvoll« bezeichnet: »(S)eine große Szene im letzten Akt, rührend und soldatisch zugleich, gehört zu den besten und echtesten der ganzen Aufführung.« (Dresdner Anzeiger)

Nach dem Krieg stand Kottenkamp dem neugebildeten Ensemble noch eine Spielzeit zur Verfügung, gab den Patriarchen in der Eröffnungsinszenierung *Nathan der Weise*, abermals den Miller, den Kohlenhändler Meiners in der Uraufführung *Das Abgründige in Herrn Gerstenberg* von Axel von Ambesser und den Baptista in der *Widerspenstigen Zähmung*, bevor er nach Stuttgart und Hamburg überwechselte. Seine

Absicht, wieder ins Dresdner Ensemble zurückzukehren, wurde durch seinen Tod vereitelt. Vierundsechzigjährig starb er 1953 in Stuttgart.

Willi Kleinoschegg

Für den 1885 in Göstin bei Graz geborenen kraftvollen Darsteller wurde der Besuch eines Passionsspiels schicksalhaft, weil er vehement die Liebe zum Theater und zum Schauspielerberuf weckte. Er berichtet über seine ersten künstlerischen Schritte: »Wohl ausgebildet durch die Reichert'sche Hochschule und Professor Alexander Strakosch, sollte ich zum Herbst ins

Willi Kleinoschegg

erste Engagement starten. Heimlich ging ich zu einem Agenten, der mich dem Direktor aus Iserlohn vorsprechen ließ. Ich war jung und sprach den Hans in der *Jugend* von Halbe. Der Erfolg war sehr eigenartig – ich sollte engagiert werden, aber nicht als Jugendlicher, meine erste Rolle sollte der Shylock im *Kaufmann von Venedig* sein. Ich war darüber so betroffen, dass ich mechanisch den Kontrakt unterschrieb. Aber das Donnerwetter folgte auf dem Fuße. Professor Strakosch zweifelte arg an meinem Verstande, und ich musste sofort die Verpflichtung lösen, was mir leicht gelang, weil ich noch nicht einundzwanzig Jahre, also minderjährig war. – So ist mir das großzügige Engagement entgangen, und ich begann in Bielefeld bei Norbert Berstel, der sein Theater eine Kirche nannte, als kleiner Chargenspieler meine Laufbahn als dritter Bürger in *Julius Cäsar*.« (Der Freiheitskampf) Dem Bielefelder Engagement schlossen sich weitere nach Jena, Aachen und Wien an, die ihn auch an das Dresdner Albert-Theater führten und 1915 schließlich ans Königliche Hoftheater. Eine seiner ersten Rollen im neuen Haus in der Ostra-Allee war als Partner von Hermine Körner und Erich Ponto der Grenzjäger in Karl Schönherrs *Weibsteufel*, eine Rolle, für die der junge Steiermärker nach Meinung der Dresdner Nachrichten »Kraft und Leidenschaft zu bieten« hatte.

Er spielte zunächst das Fach des jugendlichen Helden mit Aufgaben wie Romeo, Carlos, Ferdinand, Cäsar (*Die Braut von Messina*), fand später den Übergang zum Ersten Helden und zum Charakterspieler. Nach dem Melchtal im *Tell* kam er zum Stauffacher und Geßler, nach dem Kosinsky zum Karl Moor, aus dem Valentin wurde der Faust und aus dem Max Piccolomini der Feldmarschall Illo. Kleinoschegg war über anderthalb Jahrzehnte hinweg König Claudius im *Hamlet*, Bruno Mechelke (*Die Ratten*), aber auch Klosterbruder im *Nathan* (1929), aus dem er – wie ein Kritiker fand – »eine künstlerische Kostbarkeit« zu machen verstand, »ein Urbild von frommer Einfalt, völlig ohne Betonung des Komischen, ein deutscher Landsknecht in die Kutte gesteckt, aus der er nun treuherzig wie ein kluger, doch sanfter Wachhund herausschaut. Ein Meisterbild.« (Felix Zimmermann)

Der Leim in *Lumpazivagabundus*, Peer Gynt, Kent (*König Lear*), Lerse (*Götz von Berlichingen*) und der Kunz von Kaufungen (*Das Spiel vom Prinzenraub*) sind weitere Rollen auf seinem Weg zu einem der profiliertesten Dresdner Darsteller, was er in so gegensätzlichen Aufgaben wie Cardillac (*Das Fräulein von Scuderi*), Pastor Moser (*Die Räuber*), Feldmarschall Dörfling (*Prinz Friedrich von Homburg*) und dem Krogstadt (*Nora*) unter Beweis gestellt hat.

Die Nachkriegszeit sah Kleinoschegg zunächst am Kreistheater Glauchau, bis er 1947 ins Dresdner Ensemble zurückkehrte. Er spielte unter anderem den Unternehmer Birling in Priestleys *Ein Inspektor kommt*, König Philipp (*Don Carlos*), Professor Sonnenbruck und eine Rolle, die vor allem durch ihn und seine Darstellungskunst Leben gewann: den Lenin in *Das Glockenspiel des Kreml*, den er auf Einladung Brechts 1952 als Gast in der Aufführung des Stückes im Berliner Ensemble ebenfalls gab. Auch bei der DEFA wurde er beschäftigt, zuletzt in dem Film *Pole Poppenspäler* nach Theodor Storm.

Willi Kleinoschegg gehörte nahezu vierzig Jahre dem Staatsschauspiel an. 1955 starb er in seiner Wahlheimat Dresden.

Die großen Alten:
Friedrich Lindner und Bruno Decarli

Ihre bedeutenden künstlerischen Leistungen lagen zwar in den zwanziger und dreißiger Jahren, doch ihr Ruhm strahlte weit darüber hinaus: Friedrich Lindner und Bruno Decarli. Sie waren beide gleichaltrig, aber zu verschiedenen Zeiten ans Dresdner Schauspiel gekommen.

Friedrich Lindner

Die künstlerische Laufbahn Friedrich Lindners, der aus einem alten Bauerngeschlecht in Waldeck in Westfalen stammt, begann in Stralsund. Sein Weg führte ihn über Erfurt und Köln zunächst nach Berlin, wo er »je zwei Jahre am Königlichen Schauspielhaus und im Theater an der Königgrätzer Straße« spielte (Der Freiheitskampf). 1913 wurde er Mitglied des Dresdner Hoftheaters, doch sein Start war – weil falsch eingesetzt – wenig überzeugend. Nach weiteren tastenden Versuchen fand dieser feinnervige Künstler seine Linie und Zugang zu Figuren »von gesprungener Seele und tiefem Leiden des Herzens« (Die Union). Er reifte zum Interpreten von Rollen wie Tasso, Hamlet, Orest, Clavigo, Prinz Friedrich von Homburg, Richard II., Strindbergs Unbekanntem (*Nach Damaskus*) und Tscharudatta in *Vasantasena* – zu diesem Auftritt schrieb der Dresdner Anzeiger 1922: »Lindner, adlig in jeder Bewegung, und menschlich tief ergreifend, durchlief die ganze Skala wechselnder Empfindungen vom keuschesten Liebesglück zur wilden Verzweiflung des unschuldig Verurteilten, vom heldischen Dulden angesichts des schimpflichen Todes zur umjubelten Verklärung des erlösenden Schlusses.«

Auch im komischen Fach bewährte er sich, ob als verwachsener Geselle Merkel (*Kater Lampe*) oder als Zimpel im *Schneider Wibbel*. Bei allem Respekt vor seinen großen Leistungen wurde allerdings eine Eigenart von ihm in der Presse wiederholt bemängelt: seine melodiöse Sprechweise. Es bereitete ihm, der über eine fabelhafte Technik und reiche stimmliche Mittel verfügte, offensichtlich Mühe, »jene gefährliche Klippe des Ariengesanges der Rede« zu überwinden, wie Friedrich Kummer Lindners Diktion bezeichnete. Friedrich Lindner war ein gebildeter und bildungshungriger Schauspieler, dessen Interesse an Literatur ihn auch in weit entfernte Städte zu Uraufführungen fahren ließ, um Werke und Dichter zu entdecken. Obwohl er einen großen Einfluss auf Menschen ausübte, mied er »bis zur Seltsamkeit das breite Forum, und es schuf ihm, nach hallenden Erfolgen auf der Bühne, sichtbar Qual, sich noch als Mensch den Zuschauern zeigen zu müssen, da er mit dem Künstler alles hingegeben hatte« (Die Union).

In den dreißiger Jahren stand er nicht mehr sehr häufig auf der Bühne. Er spielte den alten Merenberg (*König Ottokars Glück und Ende*), den Ämilius Lepidus (*Antonius und Cleopatra*), den Bischof von Bamberg (Götz von Berlichingen) und den Präsidenten von Walter (*Kabale und Liebe*), über den Hellmut Fleischhauer urteilte: »Es ist in dieser glänzenden Darstellung so viel vollkommene Erfüllung der Rolle und zugleich ein so persönlicher Zug, dass man diese energievolle, überaus zügige und wirklich beherrschende Leistung des ausgezeichneten Schauspielers als eine ideale Gestaltung vor Augen hat.«

1943 ging Friedrich Lindner – auch er hatte den Titel Staatsschauspieler erhalten – nach fünfundvierzigjähriger Bühnentätigkeit – dreißig davon in Dresden – in den Ruhestand. Er starb im Januar 1955 in Niederbröl im Regierungsbezirk Köln.

Bruno Decarli

Als Sohn des Dresdner Hofopernsängers Eduard Decarli 1877 in Dresden geboren und bei Julius Jaffé ausgebildet, kam er 1895 zur Bühne. Nach Engagements in Meiningen, Gera und

Bruno Decarli

Stettin wurde er 1901 als Heldenspieler an das Königliche Hoftheater Dresden verpflichtet. 1907 wechselte er zu Otto Brahm nach Berlin und 1908 an das Leipziger Stadttheater. Im Jahre 1912 ist er wieder in Berlin als Arthur Schnitzlers *Professor Bernhardi* in dem von Victor Barnowsky geleiteten Kleinen Theater zu sehen. »Sehr gelungen und wirksam, in jeder Nuance verkörperte der aus Leipzig berufene Bruno Decarli die Gestalt des Professor Bernhardi. Man sah einen Professor und fühlte einen Menschen«, urteilte Emil Faktor im Berliner Börsen-Courier.

Vier Jahre später brachte Max Reinhardt in seinem Deutschen Theater Georg Büchners *Dantons Tod* zur hauptstädtischen Erstaufführung. Als Partner von Ferdinand Bonn (Danton) und Werner Kraus (St. Just), spielte Bruno Decarli den Robespierre, den Julius Hart als die »eindrucksvollste, am vollkommensten gepackte und am gründlichsten durchschaute Figur« betrachtete. Und Stefan Großmann schrieb in der Vossischen Zeitung: »Reinhardt hat prachtvoll mit seinen Leuten gearbeitet. Am fruchtbarsten mit Decarli, der den Robespierre gibt, als den starren Schulmeister der Revolution, als den sittsamen Musterknaben der Erhebung, als den unerbittlichen Dogmatiker von 1793. Schon sein Gesicht scheint erstarrt, unheimlich sein bebrilltes Auge, beängstigend die kaltblütige Unbewegtheit der Stimme.« Decarli wirkte auch in der Uraufführung des Stückes *Der Bettler* von Reinhard Johannes Sorge im Deutschen Theater 1917 mit und nahm während des Ersten Weltkrieges an einer Gastspielreise mit dem Reinhardt-Ensemble nach Schweden, Dänemark, Holland und der Schweiz teil.

Als gereifter und renommierter Darsteller, der sich auch im Stummfilm einen Namen gemacht hatte, kehrte er 1923 ins Dresdner Ensemble zurück, und mit am Anfang seines zweiten Engagements in der Elbestadt stand eine Aufführung, die zu den größten Skandalen in der Geschichte des Hauses an der Ostra-Allee führte: Ernst Tollers *Hinkemann* mit Bruno Decarli in der Titelrolle (1924). Im gleichen Jahr spielte er mit Alice Verden in dem Stück *Nju* von Ossip Dymow, und es konnte ihm schmeicheln, in der Kritik zu lesen: »Decarli ist nun die mächtige, starke, immer und immerfort auftretende Stütze des

210

Staatstheaters, das ohne ihn gar nicht mehr denkbar ist; in jeder Premiere steht er da, sicher und zuverlässig und stilbildend. Diesmal übertraf er sich selbst.« (Dresdner Volkszeitung)

Er spielte den Ersten Schauspieler im *Hamlet*, den Odoardo Galotti, Faust, Hector (*Troilus und Cressida*) und den König Lear (1929). Noch Anfang der vierziger Jahre waren sein Repertoire und seine Beschäftigung umfangreich: der Kurfürst (*Prinz Friedrich von Homburg*), Andreas Doria (*Fiesco*), Maximilian (*Die Räuber*), Aprippa (*Antonius und Cleopatra*), der Doge von Venedig (*Othello*) oder Kaiser Maximilian (*Götz von Berlichingen*); hinzu kamen kleinere Aufgaben in Lustspielen wie *Schneider Wibbel*.

Und noch etwas ist an dem Schauspieler Bruno Decarli bemerkenswert: Er gehörte zu jenem Kreis bürgerlicher Intellektueller, die 1925 in Dresden den »Bund der Freunde des neuen Rußland« gründeten, dem auch Friedrich Bienert, Direktor der Hafenmühle, und eine große Anzahl bekannter Dresdner Persönlichkeiten angehörten. Auch war Decarli Mitglied der USPD. Vielleicht sind diese Tatsachen der Grund, dass er bei der Verleihung des Titels Staatsschauspieler, den er ohne Zweifel verdient hätte, unberücksichtigt blieb.

Nach 1945 stand Decarli den Bühnen der Landeshauptstadt noch ein Dreivierteljahr zur Verfügung, dann zwang ihn seine Krankheit, die künstlerische Tätigkeit aufzugeben. Er siedelte zu Verwandten nach England über, wo er 1950 starb.

Die Heldendarsteller:
Gothart Portloff und Heinz Klingenberg

Gothart Portloff

Der 1899 geborene Gothart Portloff versuchte sich in zwei bürgerlichen Berufen, bevor er Schauspieler wurde. Der gebürtige Dresdner mit einer starken Neigung zur Natur orientierte sich zunächst auf die Landwirtschaft und kam nach dem Einjährigen auf ein Mustergut bei Meißen in die Lehre. Ein Studium in

Leipzig schloss sich an, das aber bald zum Umsatteln in die Fachrichtung Germanistik führte. Die Inflation brachte die Fabrik des Vaters in Schwierigkeiten und rief den Studiosus zur Mitarbeit. »Und so wurde ich ein Kaufmann. Man sagt sogar, ich sei ein ›guter Verkäufer‹ gewesen. Nur – mich befriedigte diese Arbeit nun ganz und gar nicht. Also ließ ich mich eines Tages von Kiesau prüfen. Ich sprach vor. Ich gefiel. Er bildete mich aus. Ein neues Leben begann.« (Männer und Frauen der Dresdner Schaubühne)

Sein erstes Engagement war Stolp in Hinterpommern, wo das Ensemble im Schützenhaus auftrat und nach Portloffs Einschätzung aus »begabten Anfängern und guten Aufhörern« bestand. Seine Verpflichtung erstreckte sich auch auf die Mitwirkung im Chor, wenn mal eine Oper einstudiert wurde. Dann führten ihn Wanderjahre an die Theater in Harburg, Darmstadt (unter Carl Ebert), Stuttgart, St. Gallen und Coburg. 1935 wurde er ans Dresdner Schauspielhaus als Erster Held verpflichtet. In den folgenden Jahren fielen ihm an Rollen der Hohenzollern (*Prinz Friedrich von Homburg*), Schweizer (*Die Räuber*), Horatio (*Hamlet*) und Marquis Posa (*Don Carlos*) zu sowie die ganz großen Fachrollen: Thellheim, Othello, Götz von Berlichingen, Faust und Antonius (*Antonius und Cleopatra*). In seinen Augen waren diese Figuren Aufgaben, in die man hineinwachsen und die man sich von Mal zu Mal intensiver erarbeiten muss. Als Faust zeigte er vorherrschend grüblerische Versonnenheit und weniger zornige Verzweiflung. Vitale Eindeutigkeit und explosive Gewalt kennzeichneten seinen Othello und als Antonius war er – wie die Presse fand – »ein großer Feldherr (...), herrschgewohnt, und ein Mann, der sich und seine Welt verschwendet um die Liebe der Ägypterin. Wie in wildem Rausch kämpft er um die Herrschaft, ebenso wie um Lebensgenuss, stürzt sich in den Strudel des Untergangs im Bewusstsein seines großen Gefühls.« (Dresdner Anzeiger)

Von einer anderen Seite lernte ihn das Publikum kennen als machtbesessenen Gianettino Doria (*Fiesco*) und als Peter Doorn (*Der Strom*), der seinen jüngsten Bruder um das Erbe gebracht hat. Diese Charakterrollen leiteten zu seinem Streckmann (*Rose Bernd*) über, den er nach dem Krieg an den Büh-

212

nen der Landeshauptstadt Dresden spielte. Von großer Eindringlichkeit war auch sein Bulle in Günther Weisenborns Schauspiel *Die Illegalen*. Noch einmal zeigte er sich in *Der Widerspenstigen Zähmung* als Erster Held (Petrucchio), bevor er im Oktober 1946 an die Dresdner Volksbühne überwechselte, wo er in der Rolle des Theaterdirektors Hassenreuther (*Die Ratten*) einen großen Erfolg feiern konnte. 1948 verließ er Dresden, um eine vertragliche Bindung mit dem Stadttheater Hildesheim einzugehen, wo er unter anderem den Malvolio in Shakespeares *Was Ihr wollt* spielte.

Heinz Klingenberg

Dieser Schauspieler hatte bereits eine erfolgreiche Entwicklung hinter sich, als er 1935 ins Dresdner Ensemble kam. Über seinen Werdegang gibt er selbst Auskunft: »Meine Heimat ist Westfalen, am Teutoburger Wald. Nach der Schulzeit ging ich zunächst nach Tübingen und München, um dort Germanistik zu studieren. In München nahm ich aber schon Schauspielunterricht und ging 1927 – ohne Doktor – ins Engagement. Ich war unter anderem am Schauspielhaus in Leipzig und am Kölner Stadttheater engagiert. Von dort wurde ich ans Deutsche Theater in Berlin engagiert und spielte als erste Rolle den König im *Welttheater* (Hofmannsthal). Im Schillertheater spielte ich unter anderem den Prinz Heinz in Heinrich IV. und in der Volksbühne den Dunois (*Jungfrau von Orleans*). Meine erste Filmrolle war der junge tropenkranke Offizier in *Herrin der Welt* mit Brigitte Helm. Die zweite der *SA-Mann Brand* und die letzte einer der beiden Brüder in dem Film *Zwischen Himmel und Erde*.« (Dresdner Anzeiger)

Seine Biografie bis Dresden spiegelt das Schicksal eines begabten Schauspielers wider, der sich in den politischen Wirren und Umbrüchen der Zeit zu orientieren sucht, ohne seine Karriere aus dem Auge zu verlieren. Er steht 1933 in einer Reinhardt-Inszenierung neben Josef Danegger (Meister), Luis Rainer (Tod), Hermine Körner (Welt), Helene Thimig (Weisheit) und der Sängerin Jarmila Novotná (Schönheit) auf der

Bühne, und er lässt sich für die Titelrolle des Propagandafilms *SA-Mann Brand* gewinnen, worüber seine Ehe mit Hertha Thiele – Darstellerin in *Mädchen in Uniform* und *Kuhle Wampe* – zerbricht.

Sein Dresdner Engagement ist für den schlanken, dunkelblonden Heldendarsteller mit der wohl klingenden Stimme ungemein ertragreich. Er spielt an jugendlichen Rollen, was das Repertoire bietet und – so möchte man hinzufügen – was »gut und teuer« ist. Er ist Valentin (*Faust*), Laertes (*Hamlet*), Cassio (*Othello*), Macduff (*Macbeth*), Franz von Sickingen (*Götz von Berlichingen*), Achill (*Penthesilea*), Don Carlos, Orest, Tasso, Gyges, der Prinz von Homburg und Ferdinand von Walter. Und immer wieder rühmen die Rezensenten sein feuriges Temperament, sein starkes männliches Gefühl, sein edles Pathos und seine stilistische Sicherheit. Zu seinen Paraderollen gehört der Räuberhauptmann Karl: »In Klingenbergs Karl Moor

Werner Hessenland, Grethe Volckmar,
Gerda Zinn und Heinz Klingenberg (von li. nach re.)
in *Die Nacht in Siebenbürgen*

paart sich in harmonischem Zusammenklang der schwärmerische Idealismus des jugendlichen Weltverbesserers und das trotzige Kämpfertum des Rebellen und Räubers. Er macht die glühende Leidenschaft Karls glaubhaft, entwickelt aber auch klar und überzeugend dessen innere Wandlung zur Erkenntnis des falschen Weges.« (Dresdner Neueste Nachrichten)

Auch in Konversationsstücken bewährte er sich, und Anfang der vierziger Jahre meldete sich abermals der Film. Nach dem Krieg stand Heinz Klingenberg dem Dresdner Ensemble noch eine Saison zur Verfügung. Er spielte in der Tonhalle das erste Gegenwartsstück mit Partnerin Monika Bode: *Kibiw* von Gerhard T. Buchholz (was so viel hieß wie: Kann ich bei ihnen wohnen?). Und er gab den Petrucchio in *Der Widerspenstigen Zähmung*.

1946 wechselte er aus privaten Gründen an das Landestheater Darmstadt, dann ans Hamburger Schauspielhaus und die Hamburger Kammerspiele zu Ida Ehre, wo sich auch der Film wieder meldete.

Der 1905 in Bielefeld geborene, in Dresden sehr geschätzte Darsteller starb 1957 in Schweinfurt.

Zwei Darsteller mit »Sondergenehmigung«: Paul Paulsen und Luis Rainer

Unter den Mitgliedern des Staatsschauspiels befanden sich zwei Darsteller, die nach den »Rasse-Gesetzen« des Dritten Reiches als »Mischlinge 1. Grades« galten, da sie – obwohl selbst »Arier« – mit einer Jüdin verheiratet waren. Um ihren Beruf weiterhin ausüben zu können, mussten sie um eine »Sondergenehmigung« nachsuchen, die an eine bestimmte Bühne gebunden war und jederzeit widerrufen werden konnte. Im Dresdner Schauspiel betraf das Paul Paulsen und Luis Rainer.

Paul Paulsen

1882 in Halle an der Saale geboren, sollte er nach dem Besuch des Gymnasiums Kaufmann werden, doch er entschied sich für den Schauspielerberuf, ließ sich bei Hans Zillich vom Stadttheater ausbilden und begann seine Theaterlaufbahn an der Meininger Hofbühne. Weitere Stationen waren Naumburg, Krefeld, Rudolstadt, Halle, Liegnitz und 1908 das Deutsche Theater Berlin. Dort sahen ihn Graf Seebach und Geheimrat Zeiß als Don Carlos und verpflichteten ihn im Jahre 1913 nach Dresden.

Paul Paulsen

In dem ausgewogenen und profilierten Ensemble musste sich der schlanke Darsteller erst seinen Platz suchen. Über den Gottlieb Hilse (*Die Weber*) und andere kleinere bis mittlere Aufgaben kam er schließlich zum Horatio (*Hamlet*), Agamemnon (*Troilus und Cressida*) und zum Wagner im *Faust*, der ihn durch seine Dresdner Jahre begleitet. Bis 1945 wird er zwar nicht dominierend eingesetzt, doch er hat über Jahre hinweg »seine« Rollen: den Maler Romano (*Fiesco*), Daniel (*Die Räuber*), Bruder Martin (*Götz von Berlichingen*), Schwarz (*Die Journalisten*) und den Mönch in *Der Lügner und die Nonne*. Zahlreiche Episoden in Klassikern und Konversationsstücken reichern sein Repertoire an. Und es gelingt ihm, seine Frau und sich über die Nazizeit zu retten.

Nach dem Zusammenbruch des Hitler-Staates setzte er sich mit Erich Ponto, Alfons Mühlhofer, Peter Hamel und Albert Fischel für den Wiederbeginn des Spielbetriebs ein und wurde an den Bühnen der Landeshauptstadt Dresden Erich Pontos Stellvertreter – ein Amt, das die Funktion des Verwaltungsdirektors einschloss und ihn kaum noch zum Spielen kommen ließ. Das wurde ihm erst wieder möglich nach dem Ausscheiden aus dieser Verpflichtung. Unter Martin Hellbergs Regie spielte er ab 1949 den Kaiser Maximilian (*Götz von Berlichingen*), Escalus (*Maß für Maß*), den Salisbury (*König Johann*) und eine Rolle, die ihn noch einmal ins Zentrum des Bühnengeschehens stellte: den Ingenieur Sabelin in *Das Glockenspiel des Kreml*. Auch der Attinghausen (*Wilhelm Tell*) brachte ihm einen schönen Alterserfolg.

Paul Paulsen starb 1963 in Dresden.

Luis Rainer

1885 in Brixen in Südtirol geboren und in Innsbruck aufgewachsen, begann er schon sehr jung bei der Tiroler Exl-Bühne, bevor er zum Stadttheater Innsbruck und von 1911 bis 1915 ans Stadttheater Zürich wechselte. Er setzte seine Laufbahn in Berlin bei Max Reinhardt fort, spielte 1921 im Großen Schauspielhaus unter Karl Heinz Martins Regie den Spiegelberg in den *Räubern* als »brandfuchsroten Lumpen« (Emil Faktor), gehörte auch zum Ensemble des Theaters in der Josefstadt Wien und wirkte bei den Salzburger Festspielen mit. 1922 verkörperte er in der Uraufführung von *Das Salzburger Große Welttheater* von Hugo von Hofmannsthal neben Alexander Moissi (Bettler), Helene Thimig (Weisheit) und Sybille Binder (Schönheit) den Tod – »durchaus gespenstisch«, wie Raoul Auernheimer meinte: »Es ist diesmal kein deutscher Tod wie im *Jedermann*, sondern einer, der in spanischer Kavalierstracht auftritt und der seine Opfer mit eleganter Grausamkeit fällt. Übrigens versteht es der Künstler, seine traurige Aufgabe auf die geistreichste Art zu variieren.« Und Alfred Polgar fand: »Man kann nicht graziöser unheimlich sein.«

Luis Rainer nahm an den Amerika-Tourneen des Reinhardt-Ensembles teil. Über Düsseldorf kam er dann 1929 ans Dresdner Staatsschauspiel. Seine breit gefächerte darstellerische Palette ließ ihn in Charakterrollen ebenso bestehen wie im komischen Fach. Auch musikalische Werke bereiteten ihm nicht die geringsten Schwierigkeiten. Er gab den König Philipp in Bruckners *Elisabeth von England* (1931) und lieferte eine köstliche Studie als österreichischer Generalstabsoffizier in der Operette *Traum einer Nacht* (1933). »Von den (Spielern) hätte Luis Rainer wohl den stärksten Beifall verdient. Was er als Offizier, dann als Zauberkünstler und wieder als Offizier an Kunst und Geschicklichkeit einsetzte, war kaum für möglich zu halten.« (Wolfgang Schumann) Ein Jahr später zeichnete er in Eichendorffs Lustspiel *Die Freier* als Hofrat Fleder das Bild eines Sonderlings von rührend-grotesker Prägung. Und er begeisterte das Publikum in der Titelrolle der Uraufführung des Volksstücks *Der Brandner Kaspar schaut in Paradies* von Joseph Maria Lutz. »Rainer ist ein Brandner Kaspar, den man nicht beschreiben kann, den man sehen muss. Gelassen im Bewusstsein achtzigjähriger Jugend, verschmitzt, um es mit Tod und Teufel aufzunehmen, ein ganzer bayrischer Weltmensch von unbändiger Lust am Leben, dabei naiv und herzensgut.« (Hellmut Fleischhauer)

Zur Eröffnung der Spielzeit 1936/37 verkörperte er die Titelrolle in Schillers *Wallenstein*-Trilogie und baute »die schon in den Piccolomini angedeuteten genialischen und manchmal fast pathologischen Züge seines Wallenstein zu einem fesselnden Seelengemälde von starker Leuchtkraft aus« (Dresdner Anzeiger).

1937 erhielt er für Dresden die Sondergenehmigung, blieb noch zwei Jahre in der Elbestadt und folgte 1940 einem Ruf von Gustaf Gründgens ans Berliner Staatstheater. 1941 nahm er, der bisher italienischer Staatsbürger gewesen war, die »deutsche Staatsbürgerschaft an, ließ sich 1942 scheiden und erhielt im Mai 1943 den Bescheid, dass seiner ›ordentlichen Mitgliedschaft zur Reichstheaterkammer‹ nun nichts mehr im Wege stünde« (Bärbel Schrader).

Nach dem Krieg trat er nur gastweise auf. Er starb 1963.

Ein Père noble: Carl Günther

Er stammte wie Antonia Dietrich aus Wien und konnte phonetisch seine Herkunft nicht verleugnen. 1940 war er – zunächst gastweise und ab Spielzeit 1941 fest – ins Ensemble gekommen, hatte eine gewisse Popularität durch seine Filmtätigkeit mitgebracht und repräsentierte durch seine distinguierte Art in seinen Rollen das, was man als nobel bezeichnet.

Carl Günther, 1885 geboren, war nach seiner Schauspielausbildung an Wiener Bühnen aufgetreten und in Hamburg, München und Berlin engagiert. Befragt, weshalb er die Reichshauptstadt mit der sächsischen Residenz vertauscht habe, ließ er durchblicken, dass er Gefahr lief, »als interessanter Mann im Frack, als eleganter Causeur auf der Bühne typisiert zu werden« (Werner Dopp). In Dresden brachte er diesen Typ zwar auch in Konversationsstücken zur Geltung (*Frühlingswind*, *Der blaue Strohhut*), daneben aber standen künstlerische Aufgaben wie der Dr. Rank (*Nora*), der Herzog im *Tasso*, Flottwell (*Der Verschwender*) und der alte Klingsberg.

Sein Dresdner Start war die Titelrolle in *Onkel Theodor* der schwedischen Autorin Selma Lagerlöf. Im Mittelpunkt ihres 1840 spielenden und nach ihrer Erzählung »Flaumvögelchen« entstandenen Stückes steht der reiche Hüttenbesitzer Theodor, dessen Neffe, ein eitler Süßholzraspler und selbstgefälliger Mitgiftjäger, es auf Annemarie, das Flaumvögelchen, abgesehen hat und dem Onkel Theodor das liebenswerte Mädchen am allerwenigsten überlassen möchte. Und so finden schließlich die lauteren und reinen Herzen zueinander. Carl Günther machte gute Figur in dieser stimmungsvollen Biedermeier-Komödie. »Man hat großes Vergnügen und schönen Gewinn an dieser Darstellung«, hieß es in einer Zeitung. Ähnliche Freundlichkeiten waren auch über den alten Klingsberg zu lesen, der freilich beim schönen Geschlecht gegenüber seinem Sohn den Kürzeren zieht. Er beeindruckte als Dr. Rank und als Herzog von Ferrara. »Günther als Herzog ist ein Bild von einem Manne, mit nobler Charakterisierungskunst gespielt als eine reife, herrschgewohnte Persönlichkeit, die sich der Kraft ihres Wesens im besten Sinne bewusst ist.« (Dresdner Anzeiger)

Carl Günther
als Herzog von Ferrara
in *Tasso*

Nach dem Krieg ging Carl Günther in seine Heimatstadt zurück, wo er am Theater in der Josefstadt und in den Kammerspielen auf der Bühne und – wie schon vor 1945 – auch vor der Kamera stand. Er starb 1951.

Die jugendlichen Charakterspieler: Werner Hessenland und Alfons Mühlhofer

Werner Hessenland

Er stammte tatsächlich aus dem Hessenland, aufgewachsen ist er jedoch in Ostpreußen. Nach den Vorstellungen des Vaters, eines Chemikers, Erfinders und Hochschullehrers, sollte der Sohn ebenfalls eine akademische Laufbahn einschlagen, doch schon während seines Germanistik-Studiums in München vertauschte er zeitweise den Hörsaal mit dem Bühnenraum. In einer studentischen Theatergruppe wurde Otto Falckenberg,

220

der Talente-Entdecker und geschätzte Direktor der Münchner Kammerspiele, auf ihn aufmerksam, und der Sprung auf die Bretter, die fortan die Welt für den begabten Nachwuchsdarsteller bedeuten sollten, gelang. Nach vier Jahren München folgten Engagements in Königsberg, der väterlichen Wirkungsstätte, Karlsruhe und schließlich in Danzig, wo er zur ersten Darstellergarde gehörte und an die großen Charakterrollen herankam. Er spielte den Mephisto und Shakespeares Richard III. – Aufgaben, mit denen er in Dresden, wohin er 1937 wechselte, nicht rechnen konnte. Doch nach zwei Jahren galt als erwiesen, dass sich Hessenland seine Position im Ensemble gesichert hatte. Von entscheidender Bedeutung hierbei war sein Franz Moor in der Neuinszenierung des Stückes 1939. Die Presse urteilte: »Ungeheuer reich ist der Ausdruck seiner mimischen und gestischen Charakteristik dieses Unmenschen, die sich nie in die unechten Gebärden des ›Theaterbösewichts‹ verliert. Es rührt einen schon wie giftiger Hauch an, wenn er zu Beginn den Vater mit schmeichlerischem Wort umlauert. Es würgt einen, wenn man ihn maskenlos im Selbstgespräch beobachtet. Eiskalt aber fährt sein Siegesgeschrei, der durch das Schloss hallt, einem ins Blut. Und dann steigert Hessenland die Entwicklung des von den Wahngespinsten der eigenen Bosheit und von den Furien des bösen Gewissens Gepeitschten zu erregendster Wirkung.« (Dresdner Neueste Nachrichten)

Auch den Wurm (*Kabale und Liebe*) wusste er psychologisch so zu vertiefen, dass die Figur das Hautgout des »Gummisohlenintriganten« verlor. Im *Tasso* war er ein verschlossener, doch zielstrebig agierender Antonio, in der *Nacht in Siebenbürgen* ein spröder, distanzierter Thronfolger Josef (ohne jedoch kalt und gleichgültig zu sein) und in Kleists *Prinz Friedrich von Homburg* beeindruckte er als Graf von Sparren, dessen Bericht vom Tod des braven Froben, der dem Kurfürsten das Leben rettete, ohne effekthaschende Deklamation auskam.

Hessenland erschien den Regisseuren aufgrund seiner markanten Erscheinung – schlank, schmales Gesicht – für viele Rollen prädestiniert, wie etwa Olearius in Goethes *Götz*, den Dichter im *Faust*-Vorspiel auf dem Theater, Calcagnio im *Fiesco* oder Karlos in Goethes *Clavigo* und in der Komödie *Clavigos*

Erbe, wo er unauffällig im Hintergrund die diplomatischen Fäden zog – doch als Liebhaber trat er nicht in Erscheinung.

Nach dem Krieg findet sich sein Name nicht mehr im Ensemble der Bühnen der Landeshauptstadt Dresden. Hessenland schlägt sich in der »Provinz« durch, inszeniert in Bautzen, taucht am Gewerkschaftstheater Pirna auf. Dann spielt er an den Städtischen Bühnen in Köln.

Der 1909 in Höchst/Main geborene Schauspieler war nach 1945 auch im Film zu sehen. Er starb 1979 in Troisdorf bei Bonn.

Alfons Mühlhofer

Wenn die Bezeichnung Komödiant nicht abschätzig im Sinne von Versteller oder Heuchler verstanden wird, sondern vor allem Eigenschaften meint wie Wandlungsfähigkeit, Vielseitigkeit und Lebendigkeit, dann war Alfons Mühlhofer wohl der begnadetste Komödiant des Dresdner Ensembles. Kaum ein anderer Darsteller verfügte über eine so breite Ausdrucksskala wie er, der komische und tragische Elemente neben- und gegeneinander zu stellen vermochte. Diese Übergänge gelangen ihm mühelos, was er als Narr, den er in verschiedenen Stücken spielte, immer wieder unter Beweis stellte. Das Vordergründige gepaart mit Hintersinn, das Ponto so exzellent zum Ausdruck bringen konnte, zeigte auch Mühlhofer in manchen Rollen. Dabei gehörten zu seinen künstlerischen Aufgaben bis 1945 nicht die großen Charakterrollen wie Franz Moor, Marinelli, Jago oder Mephisto. Es sind die nicht weniger wichtigen Rollen des zweiten Fachs, in denen er aber »unfehlbar sich höchst königlich bewährt« hat (Hamlet).

Alfons Mühlhofer, klein von Statur, schmächtig, mit scharf geschnittenem Gesicht, gehörte zu der in den Staatstheatern nicht gerade geringen Zahl von gebürtigen Dresdnern. Der Vater, Logenschließer im Schauspielhaus, unterstützte und förderte die unverkennbaren Theaterneigungen des Sohnes, und bereits mit sechzehn Jahren stand Alfons Müller, der sich fortan Mühlhofer nennen sollte, auf der Bühne. Er war ein Zeitungsjunge in Ernst Tollers Schauspiel *Hinkemann* (1924), das einen Theaterskandal heraufbeschwor und abgesetzt werden musste.

An seine Schauspielausbildung bei Georg Kiesau schloss sich eine dreijährige Verpflichtung an das Stadttheater Meißen an, wo er die Vielseitigkeit seiner Begabung entwickeln und weiter ausbauen konnte. Seine Lehrjahre setzte er bis 1936 an deutschsprachigen Bühnen der Tschechoslowakei fort. Er spielte unter anderem in Teplitz, Saaz, Pilsen, Budweis, Eger, Reichenberg und Komotau, wobei er sich – wie Martin Hellberg zu berichten weiß – das »Fach der guten Rollen« eroberte, das für ihn in Brüx zum Beispiel »vom Major Thellheim bis zum armen Schlucker Schluck in Gerhart Hauptmanns *Schluck und Jau*« reichte (Martin Hellberg). An einer dieser sudetendeutschen Bühnen passierte auch jener Vorfall, den eine Zeitung für berichtenswert hielt: »Bei der sonntäglichen Aufführung von Schönherrs *Weibsteufel* ereignete sich im Komotauer Stadttheater ein schwerer Bühnenunfall. Als im letzten Akt die Darsteller des ›Mannes‹ und des ›Grenzjägers‹ miteinander rauften, entfiel dem einen Schauspieler der Dolch, welcher sich in einen umgefallenen Stuhl derart einklemmte, dass die Spitze nach« oben gerichtet war. Der Schauspieler Alfons Mühlhofer, der den ›Mann‹ gab, stürzte der Rolle gemäß zu Boden- und durch einen unglücklichen Zufall in den Dolch hinein. Er erlitt eine schwere Verletzung am rechten Oberschenkel, spielte aber trotzdem seine Rolle zu Ende. Nach der Vorstellung wurde er in das Brüxer Krankenhaus gebracht.« (Sozialdemokrat)

Nach sechs Jahren böhmischer Provinz kehrt Mühlhofer an seinen Ausgangspunkt zurück und erhält ein Engagement als jugendlicher Charakterspieler am Staatstheater Dresden. Er übernimmt die Lustige Person und Hexe im *Faust*, und zeigt im *Schneider Wibbel* eine eindrucksvolle Charakterstudie als Geselle Zimpel, der für seinen Meister ins Kaschot geht und dort stirbt. Mühlhofers Darstellung dieses armen Kerls beeindruckte die Kritik: »Sein Spiel ist, zumal in Mimik und Geste, an eindringlicher Echtheit nicht zu übertreffen; da sind einzelne kleine Szenen auf dem Schneidertisch oder wie er hüstelnd in seine Kammer schleicht, die etwas geradezu Erschütterndes haben, wie er überhaupt umhergeht als ein graues Memento an die Grausamkeit des Lebens.« (Hellmut Fleischhauer)

Momente von dieser Eindringlichkeit und der starken Ausprägung der Eigenart einer Figur finden sich in allen Mühlhofer-Rollen, sofern es der Text hergab. Der Spiegelberg ist hier zu nennen (*Die Räuber*), der Schmock in den *Journalisten* und der Muley Hassan im *Fiesco*. In den *Journalisten* vermied er jede Karikierung der Figur, jede Denunziation und Abwertung dieses jüdischen Journalisten, was die Kritik wohl erwartet hatte, wenn es von Mühlhofers Schmock hieß, er sei »ungewohnterweise ganz brav und sentimental aufgefasst.« Ähnlich verfuhr er bei Muley Hassan, den er – als Diener seines jeweiligen Herrn – mit katzenhafter Beweglichkeit und Geschäftssinn ausstattete und ihm dabei etwas Buffoneskes mitgab, wobei – wie die Presse monierte – »das Element der afrikanischen Tücke nicht so stark herausgearbeitet ist« (Dresdner Anzeiger).

Zu besonderer Popularität brachte es Mühlhofer durch seine Mitwirkung in den jährlichen Weihnachtsmärchen. Mal ist er ein Holzwurm, mal ein Professor und mal das tapfere Schneiderlein, das die Prinzessin Zimperliene gewinnt. Und neben seiner Tätigkeit im Theater unterrichtete er wie Peter Hamel, Lotte Gruner, Werner Hessenland und Rudolf Schröder an der Schauspielschule den künstlerischen Nachwuchs.

1945 gehörte er zu den Mitbegründern des Dresdner Theaters und er spielte in der Eröffnungsvorstellung *Nathan der Weise* (10. Juli) wie zu seinem Debüt in Meißen den Derwisch. Die folgenden Aufgaben kennzeichnen seine große Zeit in Dresden: Tartuffe, Onkel Wanja, Zwirn (*Lumpazivagabundus*), Figaro (*Der tolle Tag*), Marinelli (*Emilia Galotti*), schließlich der Mephisto. Daneben erste eigene Inszenierungen und Filmverpflichtungen. Höhepunkt seiner Dresdner Jahre ist Shakespeares *König Johann* (1950), in der Regie seines Jugendfreundes Martin Hellberg.

Alfons Mühlhofer, 1907 geboren, starb 1952 in seiner Heimatstadt Dresden.

Zwei naturburschenhafte Liebhaber:
Peter Hamel und Gert Keller

Peter Hamel

Gebürtig aus der Rheinpfalz stammend, hatte er in Ludwigsha-
fen das Gymnasium besucht und bereits während der Schulzeit
Schauspielunterricht genommen. Sein Lehrer – wie auch der
des gleichaltrigen Carl Raddatz – war Willy Birgel, bis Mitte der
dreißiger Jahre Protagonist am Nationaltheater Mannheim.
Hamels erstes Engagement führte ihn nach Gießen; es folgten
Köln, Krefeld und Bremen. 1937 gastierte er am Staatstheater
Dresden als Rudenz in *Wilhelm Tell*. Den Eindruck, den er hinterließ, vermittelt Hellmut Fleischhauer: »Eine frische Begabung, eine jugendlich schlanke und straffe, sehr vorteilhafte

Peter Hamel

Erscheinung, ein schon recht sicherer und offensichtlich ehrgeiziger Darsteller. Sein Rudenz war echt im jugendlichen Trotz und sympathisch im jugendlichen Feuer, im ganzen eine erfreuliche Talentprobe, wenngleich der Darsteller vor allem sprachlich noch längst nicht fertig ist.«

Sein erfolgreiches Gastspiel führte zur Festverpflichtung für das jugendliche Fach. Hamel spielte vor allem Naturburschen, und diese Rollen kamen seinem Naturell sehr entgegen. Sein Einstieg in diese Richtung erfolgte als Michael Hellriegel in Gerhart Hauptmanns Glashüttenmärchen *Und Pippa tanzt* während seiner ersten Dresdner Spielzeit (November 1937), an dessen Ende mit dem Gesellen Mölfes in *Schneider Wibbel*, der sich Hoffnungen auf die angeblich verwitwete Meisterin macht, und mit dem Stranz in *Prinz Friedrich von Homburg* weitere charakteristische Aufgaben standen. Sie sollten auch in den folgenden Jahren zu seinem Repertoire gehören wie der Georg in *Götz von Berlichingen* (1940), Schuftele in den *Räubern*, Schüler im *Faust*, Bellmaus (*Die Journalisten*) und der um seine Erbschaft gebrachte Jakob Doorn in Max Halbes *Der Strom*.

Zu Hamels Dresdner Erfolgen Anfang der vierziger Jahre zählte auch – neben seinen Gestalten in Weihnachtsmärchen, mit denen er sich in die Herzen der Kinder gespielt hatte – der junge Klingsberg, der sich ganz in den Fußstapfen des Vaters bewegt, diesen aber an Verwegenheit letztlich übertrifft, und der Dr. Max Hoffmann in Hans Schweikarts Lustspiel *Ich brauche Dich*. Mit dezenter Zurückhaltung zeigte Hamel einen angeblichen Liebhaber, der die Angebetete zwar verehrt, jedoch nicht als Lückenbüßer fungieren möchte. Er wertete seinen Part zusätzlich auf, indem er sein eigener Begleiter am Flügel war – Zeugnis seiner Musikalität, die ihn schon bald neue künstlerische Wege einschlagen ließ. Gefragt nach seiner Lieblingsrolle gab er 1943 zur Antwort, dass er seinen Platz eher am Regiepult sähe. In Reichenberg in Nordböhmen war er zu diesem Zeitpunkt bereits durch mehrere Gastinszenierungen hervorgetreten. Dort war auch seine Operette *Die Liebesbrücke* mit der Musik von Bernhard Eichhorn uraufgeführt worden. »Da es uns aber – wie wir das Schauspielhaus kennen – in Dresden kaum vergönnt sein wird, die Entdeckung des Regisseurs Hamel bestätigt zu sehen, wird man damit rechnen müssen, dass er die längste Zeit bei uns war«, kommentierte der Interviewer der Dresdner Neuesten Nachrichten. Sein Ausscheiden aus dem Staatstheater war damit vorprogrammiert, nicht aber sein Weggang aus der Stadt. Er wechselte als Spielleiter und Darsteller an das Theater des Volkes. Durch die Theaterschließung blieb das Engagement folgenlos. Hamel kam erst nach dem Zusammenbruch des Hitler-Staates in Dresden zur Regie, doch nun gleich mehrfach. Er brachte Zuckmayers *Hauptmann von Köpenick*, die Uraufführung von Axel von Ambessers Spiel *Das Abgründige in Herrn Gerstenberg*, Aristophanes' *Lysistrata* in eigener Bearbeitung und Rosenows Komödie *Kater Lampe* heraus.

Nach dem Weggang aus der Elbestadt 1946 eröffneten sich ihm auch Möglichkeiten der Opernregie: Er inszenierte *Carmen* an der Bayrischen Staatsoper (1947) mit Georg Solti am Pult. Dann folgten Regieaufgaben an den Münchner Kammerspielen, in Hamburg, Essen, Nürnberg und am Staatstheater Stuttgart. Auch beim Film bewährte er sich: Er spielte an der Seite von Hildegard Knef, Hans Söhnker, Willy Fritsch und Fritz Odemar in Rudolf Jugerts *Film ohne Titel* (1947) und inszenierte mit Gertrud Kückelmann, Gunnar Möller und Erich Ponto den Streifen *Hans im Glück* (1949).

Der am 7. Dezember 1911 in Mannheim geborene Darsteller und Regisseur starb 1979 in Sellhuben am Chiemsee.

Gert Keller

»In Berlin geboren, jedoch als ›echter‹ Berliner von schlesischen Großeltern abstammend, verlebte ich meine Jugend und Schulzeit in der Reichshauptstadt. Kein Theaterkind, aber von Kind auf theaterbesessen, war ich selbstverständlich frühzeitig stolzer Direktor eines Puppentheaters. Als solcher wurde ich zwölfjährig für eine Laienspieltruppe ›entdeckt‹. Fast unmerklich wurde nun Liebhaberei zur ernsten und einzigen Lebensaufgabe, für die ich mich durch ein gründliches Schauspielstudium vorbereitete. Als Zwanzigjähriger stand ich in Frankfurt a. M. zum ersten Male auf einer großen Bühne, in einer kleinen Rolle freilich, als blutjunger, zum Schafott verurteilter Edelmann in *Dantons Tod*. Aber was bedeutete das für mich.« (Dresdner Anzeiger)

Mit diesen Worten stellte sich der 1908 geborene Schauspieler in der Dresdner Presse vor. Er hatte schon einige künstlerische Stationen durchlaufen, war in Konstanz, Augsburg, Zittau, Stralsund, Halberstadt und Bremen engagiert gewesen, bevor das Angebot zu einem Gastspiel als Don Carlos 1938 aus Dresden kam. Seine erste Aufgabe im Staatstheater war der Lelio in Paul Ernsts *Pantalon und seine Söhne*. Liebhaberrollen sind es vor allem, die dem schlanken, gut aussehenden Darsteller zufallen. Mit dem Leander in Grillparzers *Des Meeres und der Liebe Wellen* nahm er Presse und Publikum für sich ein: »Keller gibt dem Leander einen Glutstrom jugendlich-feuriger Liebe, der zumal in der nächtlichen Szene im Turm hinreißend ist; er spielt mit kaum gebändigter Naturkraft, mit freiströmender Leidenschaft – ein prachtvoller Gegensatz zu der scheuen Liebe der Priesterin, insofern ein überzeugender Träger der Handlung.« (Hellmut Fleischhauer)

Aus dem bisherigen Repertoire übernahm er den Kosinsky (*Die Räuber*), den Franz (*Götz von Berlichingen*), bald auch den Pylades in Goethes *Iphigenie*. 1940 besetzte ihn Georg Kiesau in *Der Lügner und die Nonne* mit dem Udo und in Gerhart Hauptmanns Schauspiel *Die Tochter der Kathedrale* als Prinz Peter, nachdem er in der Neuinszenierung von Goethes *Clavigo* (1939) den Beaumarchais gespielt hatte. Weitere Aufgaben waren der Bourgognino (*Fiesco*), der Romain (*Clavigos Erbe*), und er stand abermals als Don Carlos während der Schillerwoche im Juni 1943 auf der Bühne. Er sollte nur diese eine Vorstellung spielen, denn das Stück verschwand vom Spielplan.

Nach dem Krieg ist Gert Keller am Staatstheater in München, in Berlin (Theater am Kurfürstendamm) sowie in Baden-Baden (SWF) aufgetreten.

228

Die jugendlichen Utilités:
Christian Schmieder
und Horst Bogislav von Smelding

Sie waren beide in den verschiedensten Fächern eingesetzt und demzufolge in vielen Stücken beschäftigt. Zu ihren Aufgaben gehörten Charakterrollen und Chargen der unterschiedlichsten Art, und während Christian Schmieder auch jugendliche Komiker bediente, tendierte Horst Bogislav von Smelding mehr zum Bonvivant, doch Utilités, ohne die ein Theater nicht auskommt, waren sie aufgrund ihrer vielfältigen Einsatzmöglichkeiten beide:

Christian Schmieder

Der 1907 in Dresden geborene Darsteller, dessen Vater Kassendirektor in den Staatstheatern war, besuchte das König-Georg-Gymnasium und wollte ursprünglich Architekt werden. Nach dem Entschluss, die Bühnenlaufbahn einzuschlagen, kam er als Volontär ans Schauspielhaus und studierte nebenher Gesang und Bühnenmalerei. Seine Lehrjahre führten ihn an mehrere kleine Bühnen, zuletzt nach Altona/Harburg. Seit 1933 zum Dresdner Ensemble gehörend, spielte er in klassischen und modernen Stücken und bediente auch die Operette. Er war der Robert von Hartenau in Künnekes *Glückliche Reise*, aber auch der Kleinstadtpolizist in *Schneider Wibbel*, Frosch in Auerbachs Keller (*Faust*), der köstliche Hellseher in *Der Lügner und die Nonne*, und er verkörperte mit Lust und Freude Räuber, Bären und andere Gestalten im Märchen.

Zu seinen herausragenden Leistungen gehörten der Hermann in den *Räubern*, der Muley Hassan (*Fiesco*) und der unsympathische Samsthanaka in *Vasantasena*, den er grotesk und diabolisch anlegte. »Dieser Königsschwager ist die komplizierteste Gestalt des Ganzen: komisch-läppische Figur und Inbegriff des Bösen zugleich. Schmieder vereint diese beiden Elemente auf eine drastische Weise zu origineller Wirkung durch

Christian Schmieder

eine bemerkenswert scharfe, wendige und treffende Charakteristik.« (Dresdner Anzeiger)

Der Schauspieler gehörte dem Dresdner Theater bis 1945
an. Nach dem Krieg spielte er in Frankfurt am Main, wo er 1972
starb.

Horst Bogislav von Smelding

Dieser Darsteller hatte bereits mehrere Bühnenstationen
durchlaufen (Tribüne und Theater am Nollendorfplatz Berlin,
Schauspielhaus Zürich), bevor er 1933 ans Dresdner Komödienhaus kam und 1936 zum Staatstheater überwechselte. Eine
seiner ersten Aufgaben war 1937 der Rosenkranz in Kiesaus
Hamlet-Inszenierung. Es folgten der Liebetraut in *Götz von
Berlichingen*, Schwarz (*Die Räuber*), Rittmeister von der Golz
(*Prinz Friedrich von Homburg*), Hofmarschall von Kalb (*Kabale
und Liebe*), der Gutsbesitzer Sanden (*Die Journalisten*) und
zahlreiche Aufgaben in Konversationsstücken. Zu seinen profiliertesten Rollen ist der Bürgermeistersohn Moritz in Selma
Lagerlöfs *Onkel Theodor* zu zählen, der es auf die Erbschaft
seines Onkels, des reichen Hüttenbesitzers, abgesehen hat,

wobei er seine Verlobte Annemarie als Köder benutzt. »Heikel und schwierig die darstellerische Aufgabe von Smeldings mit dem eitlen, überheblichen Neffen Moritz; mit selbstverleugnender Sorgfalt und großer Intensität der schattierenden Färbung spielt er ihn, ebenso überzeugend wie richtig in der Wirkung und im Verhältnis zum Ganzen.« (Dresdner Anzeiger)

In *Ich brauche Dich* zeigte der Darsteller einen nüchternen, jedoch nicht trockenen Geschäftsmann, der humor- und verständnisvoll mit seinem Putchen von Ehefrau (Lotte Gruner) umgeht, die ihren Exgatten (Paul Hoffmann) immer noch betüteln zu müssen meint, und im *Verschwender* lieferte er eine ergötzliche Studie des manirierten und naturschwärmerischen Chevalier Dumont, dessen Szene mit dem von Stella David gespielten Holzweiblein zu den amüsantesten der Aufführung gehörte.

Horst B. von Smelding gestaltete mehrere Vortragsabende, die seine Eignung und Fähigkeit auch auf diesem Gebiet bezeugen.

Nach der Zerstörung der Stadt verliert sich seine Spur.

Die Sentimentale:
Virginia Dulon

Virginia Dulon hat sich konkurrenzlos fast das gesamte Dresdner Rollenangebot der Sentimentalen seit ihrem Eintritt ins Staatstheater 1936 zu eigen machen können und – ausgeprägter als ihre jugendlichen Kolleginnen – eine spielplanbeherrschende Stellung zumindest im klassischen Repertoire eingenommen. Sie war Schillers Amalia, Leonore (*Fiesco*) und Luise Miller, Goethes Gretchen und Marie (*Götz von Berlichingen*), Kleists Prinzessin Natalie (*Prinz Friedrich von Homburg*), Lessings Emilia Galotti, Shakespeares Ophelia, Desdemona und Oktavia (*Antonius und Cleopatra*) und Grillparzers Hero (*Des Meeres und der Liebe Wellen*). Auch in heiteren Konversationsstücken fiel der eine oder andere Part auf sie wie in *Die beiden Klingsberg* oder *Die Eisheiligen*.

Ihre Lehrjahre hatte Virginia Dulon in Hamburg (Kleines Schauspielhaus), Berlin (Preußisches Staatstheater) und Rostock absolviert, bevor sie mit der Ophelia in der *Hamlet*-Neuinszenierung 1937 die Serie ihrer Frauenrollen in Dresden eröffnete. Die Presse hob wiederholt und nicht nur bei dieser Rolle – ihr zartes Wesen, ihre Mädchenhaftigkeit und Klarheit des Gefühls hervor, freilich bei der Luise mit der Einschränkung: »In ihrer sehr sorgsamen, genauen und schlichten Art gibt sie ein Seelenbild, das sich durch Wahrheit, Würde und Empfindung gleichermaßen auszeichnet, auch wenn ihm eine starke und erregende Vertiefung noch fehlt.« (Hellmut Fleischhauer)

Nachhaltigen Erfolg hatte Virginia Dulon in Gerhart Hauptmanns szenischer Romanze *Die Tochter der Kathedrale* (1940), in der sie als »glückliches Symbol der Liebe und des Lebens« im Mittelpunkt stand, »voll aparten Liebreizes, voll fraulichen Glücks verhalten und empfindungsvoll. Eine schöne Erfüllung der Gestalt.« (Dresdner Anzeiger)

Die 1910 geborene Darstellerin gehörte dem Ensemble bis Kriegsende an. Sie heiratete Prinz Ernst Heinrich, einen Sohn des letzten sächsischen Königs Friedrich August III., und lebt in Irland.

Drei junge Damen:
Lotte Gruner, Manja Behrens und Edna Vihrog

Sie besetzten das jugendliche Fach im Schauspielhaus, waren aber grundverschieden. Auch ihr Eintritt ins Ensemble erfolgte zu unterschiedlichen Zeiten. In vielen Stücken wirkten wenigstens zwei von ihnen mit. Und wenn es im alljährlichen Weihnachtsmärchen ein Geschwisterpaar zu spielen galt, konnte man sicher sein, Lotte Gruner und Edna Vihrog zu begegnen. Trug in dem Stück auch noch eine Fee zum guten Gelingen des Ganzen bei, war zudem mit Manja Behrens zu rechnen. Alle drei hatten im Staatsschauspiel feste Positionen inne.

Lotte Gruner, Manja Behrens und Edna Vihrog (von li. nach re.) in
Die Enttäuschung der Melissinde

Lotte Gruner

Sie selbst schilderte ihren Weg zum Theater so: »Ich bin in
Dresden geboren und aufgewachsen und fasste schon als Kind,
nachdem ich das erste Weihnachtsmärchen gesehen hatte,
eine glühende Liebe zum Theater. Ich wurde dann von der verstorbenen Maximiliane Bleibtreu und von Georg Kiesau ausgebildet und mit achtzehn Jahren an das Sächsische Staatstheater
verpflichtet.« (Künstlerbuch der Sächsischen Staatstheater zur
1. Reichs-Theaterfestwoche in Dresden)

Sie kam 1924 – zusammen mit dem Kiesau-Schüler Martin
Hellberg – ans Haus und wurde mit den unterschiedlichsten
künstlerischen Aufgaben betraut. Sie hat, um bei der alten
Fach-Einteilung zu bleiben, Muntere gespielt, Naive, auch
Liebhaberinnen und ihre vielseitige Verwendbarkeit in Hauptrollen wie Chargen bewiesen. Die kleine, dunkelhaarige Darstellerin wusste Kinderrollen und junge Frauen, »Biester« und
arme Teufel gleichermaßen überzeugend zu gestalten, und
ihre ausgelassenen Märchenbuben besaßen – nach Ansicht
eines Kritikers – »nicht minder große Volkstümlichkeit in Dresden (...) als beispielsweise Walther Kottenkamps Riesen, Stella
Davids Hexen und Manja Behrens' Prinzessinnen.« (Dresdner
Neueste Nachrichten) Besonders gern wurde sie als Kammer-

kätzchen besetzt, und das über viele Jahre in zahlreichen Stücken, so in Eichendorffs *Die Freier*, Kotzebues *Die beiden Klingsberg*, Grillparzers Tragödie *König Ottokars Glück und Ende* und natürlich als Lessings Franziska (*Minna von Barnhelm*).

Mit am Beginn ihrer Dresdner Verpflichtung stand eine künstlerische Aufgabe von großem Reiz für eine junge Darstellerin: das Ännchen in Max Halbes Liebesdrama *Jugend*, das Dresden im Oktober 1925 zum 60. Geburtstag des Autors herausbrachte. Mit ihrer Leistung schaffte Lotte Gruner den Sprung in die Unentbehrlichkeit für das Ensemble. »Lothar Mehnert hat als Spielleiter eine Vorstellung zur Reife geführt, die zu den besten des Schauspielhauses gehört«, fand Friedrich Kummer im Dresdner Anzeiger.

1930 schloss sich nach kleineren Aufgaben wie der Sidonie Knobbe (*Die Ratten*) die ägyptische Königin in Bernard Shaws Historie *Cäsar und Cleopatra* an. 1932 ist sie in Gerhart Hauptmanns Märchendrama *Die versunkene Glocke* als Rautendelein ein elbisches Wesen, frisch sinnenhaft, schmiegsam und leichtfüßig, ohne allerdings das Naturhafte der Figur ganz zu treffen, wie die Presse fand.

Als Partnerin von Erich Ponto hatte sie 1936 in den *Vier Gesellen* von Jochen Huth Gelegenheit, sich einen Regierungsrat vom Finanzamt zu angeln, und in Tirso de Molinas *Don Gil von den grünen Hosen* (1940) war sie als Ines »die Grazie in Person« (Dresdner Anzeiger). Zu ihren beeindruckenden Episodenrollen vor 1945 gehörte die Saaltochter in Curt Goetz' Lustspiel *Der Lügner und die Nonne*, die sie so gab, wie vom Autor charakterisiert: »Sie ist jung, hübsch, sauber, wie aus dem Ei gepellt und strohdumm.« Eine köstliche Type.

1943 erschien Ibsens *Nora* unter dem Titel *Ein Puppenheim* im Spielplan und bot außer für Manja Behrens auch ihr die Möglichkeit, ein ganz anderes Gesicht zu zeigen. Ihre Frau Linde, eine sorgenvolle und stille Kleinbürgerin, überzeugte durch Schlichtheit und Unaufdringlichkeit. In schönem Gegensatz dazu stand Lotte Gruners Mila, die asiatische Geliebte des Lukull (*Kirschen für Rom*) in ihrer schlangenhaften Geschmeidigkeit und exotischen Wildheit.

Nach dem Krieg musste Lotte Gruner eine unfreiwillige Unterbrechung ihres Engagements in Kauf nehmen, kehrte aber im April 1948 ins Ensemble zurück, dem sie bis Anfang der sechziger Jahre angehörte. Aus familiären Gründen übersiedelte sie nach München, wo sie bis zu ihrem Tod 1984 lebte. Ihre letzte Ruhestätte fand die 1906 geborene Schauspielerin auf eigenen Wunsch in ihrer Heimatstadt Dresden.

Manja Behrens

Diese Darstellerin, acht Jahre jünger als Lotte Gruner, stammt ebenfalls aus Dresden und ging auch hier zur Schule. Ihre Mutter Maria Lichtenegg gehörte als Hofschauspielerin zum Dresdner Ensemble. Bereits mit fünfzehn Jahren stand Manja Behrens auf der Bühne – in Dresdens Volkswohltheater in dem Stück *Die zärtlichen Verwandten* von R. J. Benedix. Dann folgte die Schauspielausbildung bei Dr. Waldemar Staegemann, einem als Darsteller wie Sänger gleichermaßen geschätzten Künstler. 1935 – sie ist gerade einundzwanzig Jahre alt – gelingt der Sprung ans Dresdner Staatstheater. Obwohl sie vor allem das klassische Repertoire studiert hatte, wurde sie vorzugsweise in modernen Lustspielen eingesetzt. Sie spielte Rollen, in denen sie blendend aussehen konnte, Eindruck machte, sympathische Jugendlichkeit zeigte und einfach gefiel. Und das nicht nur auf der Bühne, sondern auch im Film, denn während ihrer ersten Dresdner Jahre drehte sie unter Jürgen von Altens Regie *Stärker als Paragraphen*, einen psychologischen Kriminalfilm um das Problem der Schweigepflicht für Rechtsanwälte (mit Paul Hartmann als Partner) und die Liebesromanze *Susanne im Bade* (mit Hans Schlenck, Ursula Herking und Erika von Thellheim), beide 1936.

Einen Schritt nach vorn brachte sie ihre Darstellung der Marianne in dem Bühnenstück *Die vier Gesellen* (1936). In diesem Lustspiel um eine Mädchenfirma, die die vier Geschäftsinhaberinnen in puncto Liebe auf eine harte Probe stellt, hat Manja Behrens nach Ansicht des Dresdner Anzeigers »wohl zum ersten Male eine Rolle, in der ihre natürliche Frische und herbe Mädchenhaftigkeit heiter und ernst zugleich sein kann.« Nicht nur in diesem Stück ist Paul Hoffmann ihr Partner; sie spielt mit ihm auch in *Flitterwochen* und in *Kirschen für Rom*. Längst hat sie sich ihren Platz im Ensemble gesichert, und der umfasst nicht nur das elegante Konversationsstück, in dem sie nach wie vor großen Erfolg hat, sondern künstlerische Aufgaben von Belang. 1937 ist sie die Pippa in Gerhart Hauptmanns Glashüttenmärchen *Und Pippa tanzt* mit Erich Ponto als Wann, der auch in dem italienischen Volksstück *Ein Windstoß* ihr Partner ist. Sie spielt die Rosalinde (*Wie es Euch gefällt*), die Fee Cheristane (*Der Verschwender*), Marina im *Weißen Heiland* und 1942 die Nora. Diese Aufgabe bildet gewissermaßen den Übergang zu Manja Behrens' Nachkriegstätigkeit in Dresden, die ihr nun die »großen« Rollen beschert. Zunächst ist sie Shakespeares widerspenstige Katharina und Molières Dorine (Tartuffe), dann Gretchen, Antigone, Iphigenie, Minna von Barnhelm und Maria Stuart. 1954 wechselt sie von der Elbe an die Spree, spielt an der Berliner Volksbühne, am Berliner Ensemble und am Maxim-Gorki-Theater. Zu ihren herausragenden Leistungen dieser Jahre sind die Frau John (*Die Ratten*) 1956, die Claire Zachanassian (*Der Besuch der alten Dame*) 1965 und die Wassa Schelesnowa 1967 zu zählen. Auch im Film wusste sie sich zu platzieren, so in Konrad Wolfs *Die Sonnensucher*, Frank Beyers *Karbid und Sauerampfer* und in Wolfgang Staudtes *Kirmes*.

Die 1914 geborene Schauspielerin lebt heute in Berlin.

Edna Vihrog

Sie war klein, zierlich und füllte das Fach der Naiven aus, ohne darauf festgelegt zu sein. Die in Afrika Geborene und in Rinteln an der Weser Aufgewachsene machte als Schauspielerin eine weniger aufregende Karriere als ihre Schwester Jessie, die durch den Film bekannt wurde.

Nach Engagements an mehreren Bühnen – unter anderem in Münster in Westfalen – kam sie 1939 ans Dresdner Staatsschauspiel. Ihr Start war eine Dienstmädchenrolle in *Flitter-*

wochen, doch schon bald schloss sich Kleists Kätchen von Heilbronn an. »Nach Charlotte Strauchs und dann Hedda Overbecks Weggang spielt es jetzt Edna Vihrog (...) Mit einer hellen, frischen – ein klein wenig berlinerischen – Diesseitigkeit und Verständigkeit macht sie aus dem Kätchen ein Mädchen, das in ihrer selbstvergessenen, heimlichen und fröhlichen Liebe alles andere ist als ›krankhaft‹ (...) So steht sie als wesentliche Kraft sicher und schön in der eingespielten Aufführung.« (Hellmut Fleischhauer)

Einen Erfolg konnte sie auch in *Der Lügner und die Nonne* verbuchen, wo sie die Novize mit dem Baby, das ihr nicht gehört, spielte und den richtigen Ton zwischen liebenswürdiger Naivität und liebesbedürftiger Weiblichkeit traf. Sie war die Iras in *Antonius und Cleopatra* und die Haitang im *Kreidekreis* des Johannes von Günther. Und sie eroberte sich das Publikum mit ihren Märchenrollen. In Selma Lagerlöfs selten gespielter Komödie *Onkel Theodor* gewann sie als Annemarie nicht nur das Herz des Hüttenbesitzers, den Carl Günther gab. Auch die Presse war von ihr eingenommen: »Sehr reizvoll passt Edna Vihrogs Flaumvögelchen zu ihm, zart und entzückend in ihrer fast kindlichen Erscheinung, überaus anziehend auch in dem feinen Herzenston des Mädchens, das zu einer starken und unbedingten Liebe erwacht, rührend, klar und tapfer zugleich.« (Dresdner Anzeiger)

Edna Vihrogs Engagement endete mit der Schließung der Theater.

Salondamen:
Gerda Zinn und Ruth Wolfsperger

Die eine kam 1941, die andere ging, kurzzeitig jedoch waren beide gleichzeitig im Ensemble. Gerda Zinn gehörte seit August 1939 zum Staatsschauspiel und wusste in Rollen zu überzeugen, die der jugendlichen Salondame zuzuordnen sind: so als Adelheid in *Götz von Berlichingen* (1940), als verwitwete Frau von Alvinczi, die die Nacht in Siebenbürgen verursacht hat, und als Fotis, die orientalische Gegenspielerin des Lukull

Ruth Wolfsperger

(*Kirschen für Rom*). 1942 wechselte sie ans Schauspielhaus Hamburg. Die entstandene Vakanz besetzte Ruth Wolfsperger, die von den Städtischen Bühnen Köln kam. Eine ihrer ersten Aufgaben in Dresden bekam sie in dem Stück *Der Kaiser und die Hermannsschlacht* von Hans Schwarz, ein Stück um die Niederlage des Varus im Teutoburger Wald, das ganz im nationalsozialistischen Sinne den Sieg der Germanen über die Römer, die Fremdländischen, feiert. Hoffmann als Regisseur hatte Ruth Wolfsperger mit der dirnenhaften Kaisertochter besetzt, die sich durch Sinnenreiz und Abscheulichkeit gleichermaßen hervortut.

Eine wesentlich bedeutungsvollere Aufgabe fiel ihr in den *Journalisten* als Adelheid Runeck zu, deren weiblichem Charme und Geschick der wendige Redakteur Bolz schließlich erliegt. Eine Glanzrolle von ihr war auch die Julia Bach in dem Lustspiel *Ich brauche Dich*, abermals mit Paul Hoffmann als Partner.

An klassischen Aufgaben gingen die Leonore Sanvitale (*Tasso*) und die Adelheid in *Götz von Berlichingen* auf sie über. 1943 übernahm sie in den beiden *Don Carlos*-Aufführungen während der Schillerwoche die Prinzessin Eboli und bestach sowohl durch verhängnisvolle Schönheit wie durch Leiden-

238

schaft. Eine Prinzessin aus dem Geschlechte der Eboli spielte sie auch in dem in Dresden uraufgeführten Stück um den Maler El Greco *Die Dame mit dem Weißfuchspelz* von Josef Nowak. Diese schillernde Frauengestalt, die um die Gunst des berühmten Malers buhlt, dabei keine Intrigen scheut, gab der Darstellerin noch einmal Gelegenheit, das ganze Spektrum ihrer Ausdrucksmittel und -möglichkeiten einzusetzen. Und nicht nur das: »Wie sie die kostbaren Kostüme trägt, ist eine Sehenswürdigkeit für sich«, stellte Der Freiheitskampf fest.

Ruth Wolfsperger gehörte bis 1945 zum Ensemble.

Die ganz Jungen:
Traute Richter und Erik Schumann

Sie waren die jüngsten unter den jugendlichen Darstellern des Dresdner Ensembles: Traute Richter und Erik Schumann (und wenn es für den künstlerischen Nachwuchs noch eines Ansporns bedurft hätte, den Sprung auf die viel beschworenen Bretter, die die Welt bedeuten, in jungen Jahren zu wagen – sie lieferten den Beweis dafür, dass es möglich war). Beide kamen 1942 ans Staatstheater: Traute Richter aus Wien, Erik Schumann aus Dresden.

Traute Richter

Sie wurde 1924 in Alt-Rohlau bei Karlsbad geboren und am Wiener Reinhardt-Seminar ausgebildet, hatte in Salzburg durch ihr Gretchen im *Urfaust* auf sich aufmerksam gemacht und debütierte in der Elbestadt achtzehnjährig mit der Vasantasena.

Dieses dem König Shudraka zugeschriebene Stück hatten der Dresdner Schriftsteller Kurt Martens und seine Tochter, die Indologin Hertha Martens, neu übersetzt. Rudolf Schröder brachte es als orientalischen Bilderbogen phantasievoll auf die Bühne. Die Handlung dreht sich um das Schicksal der schönen

Traute Richter,
Zeichnung von
Ernst Hassebrauk

und klugen Bajadere Vasantasena und des edlen, durch Wohltaten verarmten Brahmanen Tscharudatta, die einander lieben, doch bis zur ehelichen Zweisamkeit mancherlei Prüfungen bestehen müssen.

Es war ein nicht geringer Glücksfall für eine Anfängerin, mit einer solchen gewichtigen künstlerischen Aufgabe betraut zu werden, die sie nach Meinung der Presse durchaus meisterte. »Traute Richter ist impulsiv genug, das zärtlich flatternde Herz der Vasantesena vor sich herzutragen. Sie gewinnt damit mindestens den Glanz und die äußere Gestalt dieses Mädchens und – vielleicht – auch einen leisen Schimmer von dem Sich-Verschwenden in selbstentrückter seelischer Hingabe.« (Werner Dopp)

Diesem vielversprechenden Dresdner Start folgten Rollen in Stücken wie *Clavigos Erbe*, *Torso* und *Die Dame mit dem Weißfuchspelz*, worin sie die Schwester des Malers El Greco spielte.

240

Nach der Schließung der Theater wurde sie – wie auch andere Künstler – zu Rüstungsarbeiten dienstverpflichtet. Nach dem Zusammenbruch des Hitler-Staates war sie zunächst in Zittau engagiert, wo sie sich ihr Fach erspielen konnte, bevor sie 1949 nach Dresden zurückkehrte, und nun im Staatstheater eine Stellung einnahm, die zu ihrer großen Zeit wurde. Stationen auf diesem Weg waren die Hero (*Viel Lärm um Nichts*), Mariane (*Maß für Maß*), die widerspenstige Katharina, Minna von Barnhelm, Gretchen, Leonore d'Este und schließlich die Frau von Stein in Peter Hacks' Monodrama, in der sie über dreihundert Mal auf der Bühne stand. Es folgten an »Paraderollen« die Irrenärztin Fräulein von Zahnd (*Die Physiker*), die Diana in *Retro* (*Einmal Moskau und zurück*) und als erfolgreicher Abstecher ins Musiktheater die Gräfin vom Naschmarkt in der Leubener Staatsoperette.

Ihr früher Tod 1986 bedeutete auch das Ende einer theatergeschichtlichen Ära in Dresden, in deren Tradition sie stand und sich verstand.

Erik Schumann

Sein Start war von nicht geringerer Leuchtkraft als der Traute Richters, wenngleich er mit keiner stücktragenden Rolle anfing. Die fiel ihm erst im März 1943 zu, als er nach dem Schüler im *Faust* den Jakob in Max Halbes Schauspiel *Der Strom* übernahm, was die Presse registrierte: »Der junge Schauspieler, aus dem Dresdner Konservatorium hervorgegangen, ist schon wiederholt aufgefallen; in zwar kleinen Rollen wurde er angesetzt, aber stets zeigte sich eine frische, ernste Eigenart, naturburschenhaft, um einen Fachausdruck zu gebrauchen, aber offensichtlich zum Idealisch-Heldischen strebend. Hier ist echte, starke Begabung, die sich mit vortrefflichen stimmlichen und darstellerischen Mitteln paart. Die Rolle im *Strom* zeigte das nun vollends: in vielen wesentlichen Zeitpunkten war da alles schon fertig: das Schwärmerische und Gehemmte, das trotzige Aufbegehren und die dumpfe Führungslosigkeit. Eine gute, überzeugende Leistung.« (Dresdner Anzeiger)

Nach dem Krieg konnte er die vom Rezensenten apostrophierte Neigung zum Idealisch-Heldischen voll entfalten. Er spielte den Ferdinand von Walter, den Urfaust, Don Carlos, Tranio (*Der Widerspenstigen Zähmung*) und zahlreiche Rollen in zeitgenössischen Stücken. Im Juli 1948 verließ er die Elbestadt, war an westdeutschen Theatern gastweise verpflichtet, so am Bayrischen Staatsschauspiel, und hat in zahlreichen Filmen gespielt (unter anderem in *Himmel ohne Sterne* von Helmut Käutner).

Der 1923 in Grechwitz, einem Ort in Thüringen, geborene Schauspieler lebt heute in der Nähe von München.

Dank

Die vorliegende Publikation fußt auf Vorleistungen, die zu diesem Thema von vielen Seiten erbracht worden sind. Doch zwei Arbeiten zum Theater im Dritten Reich sind es insbesondere, die den Verfasser zu diesem Buch ermutigt haben: »Das Theater im NS-Staat« von Boguslaw Drewniak und »Theater im ›Dritten Reich‹«, herausgegeben von Henning Rischbieter. Diese und weitere Titel, die sich als hilfreich erwiesen, sind in den Literaturangaben aufgeführt.

Bei der Erschließung der Quellen und Bereitstellung der Materialien fand der Verfasser große Unterstützung: in der Sächsischen Landesbibliothek/Staats- und Universitätsbibliothek Dresden und der ihr angeschlossenen Deutschen Fotothek, im Archiv der Stadt Dresden, in den Archiven des Staatsschauspiels und der Sächsischen Staatsoper Dresden. Den umsichtigen Mitarbeitern dieser Institutionen ist der Verfasser zu Dank verpflichtet. Das gilt auch für Gabriele Zimmermann, Radebeul, Prof. Joachim Herz, Dresden, und Dr. Bärbel Schrader, Berlin.

Dank schuldet der Verfasser ferner Frau Eva Doering-Ponto für ihre Bereitschaft, das Buch mit einer Vorbemerkung einzuleiten, und den Mitarbeitern des Henschel Verlags.

Ein besonderer Dank gilt den Anregern dieses Buches, Charlotte Küter und Paul Lewitt, mit denen sich der Verfasser freundschaftlich und kollegial verbunden wusste, und nicht zuletzt seiner Frau, die ihn bei allen technischen Arbeiten liebevoll unterstützt hat.

Abschließend sei an dieser Stelle eines Mannes gedacht, dem es zu danken ist, dass die Archive der Sächsischen Staatstheater wieder auf einen Materialfundus zurückgreifen können. Der Radebeuler Lehrer Otto Sohrmann hat als fleißiger Theatergänger und besessener Theaterfreund Kritiken aus Dresdner Zeitungen, die er jahrzehntelang zusammengetragen und aufbewahrt hat, den Archiven der Staatstheater übereignet. Diese private Sammlung stellt heute – nach der Vernichtung großer Materialbestände im Februar 1945 – eine wichtige Quelle zur Dresdner Theatergeschichte dar. Sie war auch dem Verfasser von Nutzen.

Berlin, April 2002

Zum Autor

Dr. Hansjörg Schneider (geb. 1925) hat nach seiner Schauspielausbildung in Dresden ab 1947 am Theater als Schauspieler, Dramaturg, Regisseur und Intendant gearbeitet. Es folgte ein Studium der Germanistik und der Theaterwissenschaft in Berlin. Von 1968 bis 1990 war er als Wissenschaftlicher Mitarbeiter an der Akademie der Künste Berlin (Ost) tätig. Er hat zahlreiche Bücher zu Themen der deutschen Emigration und zum Nachkriegstheater in Dresden veröffentlicht. Sein letztes Buch »Erich Ponto. Ein Schauspielerleben« ist im Jahre 2000 im Henschel Verlag erschienen.

Ausgewählte Literatur

Adolph, Paul: Vom Hof- zum Staatstheater. Zwei Jahrzehnte persönlicher Erinnerungen an Sachsens Hoftheater, Königshaus, Staatstheater und anderes, Dresden 1932 (Verlag C. Heinrich).

Biele, Peter: Traute Richter, die Dresdner Schauspielerin in ihren Briefen, Bd. 1: Ja, jetzt ist's nun passiert (1996), Bd. 2: Das war's, meine Lieben (1999), Querfurt (Dingsda-Verlag).

Böhm, Karl: Ich erinnere mich genau. Autobiographie, hrsg. von Hans Weigel, 3. Auflage, München 1974 (Deutscher Taschenbuchverlag).

Busch, Fritz: Aus dem Leben eines Musikers, Berlin 1971 (Henschel Verlag).

Courtade, Francis/Pierre Cadars: Geschichte des Films im Dritten Reich, München und Wien 1975 (Hanser Verlag).

Dresden in der Weltwirtschaftskrise. In: Dresdner Hefte, hrsg. vom Dresdner Geschichtsverein e. V. (Eigenverlag), 12. Jg., Heft 39 (3/94).

Drewniak, Boguslaw: Das Theater im NS-Staat. Szenarium deutscher Zeitgeschichte 1933–1945, Düsseldorf 1983 (Droste Verlag).

Derselbe: Der deutsche Film 1938–1945. Ein Gesamtüberblick, Düsseldorf 1987 (Droste Verlag).

Dussel, Konrad: Ein neues, ein heroisches Theater? Nationalsozialistische Theaterpolitik und ihre Auswirkungen in der Provinz, Bonn 1988 (Bonvier Verlag).

Fischer, Harald: »Was gestrichen ist, kann nicht durchfallen.« Trauerarbeit, Vergangenheitsverdrängung oder sentimentale Glorifizierung? Wie sich Schauspieler an ihre Arbeit im Dritten Reich erinnern. In: Theater heute, Heft 9 (September 1989).

Goebbels, Joseph: Tagebücher 1924–1945, hrsg. von Ralf Georg Reuth, 2. Aufl., München 1992 (Piper Verlag).

Derselbe: Die Tagebücher von Joseph Goebbels, Sämtliche Fragmente, hrsg. von Elke Fröhlich im Auftrag des Instituts für Zeitgeschichte und in Verbindung mit dem Bundesarchiv, Teil I, Aufzeichnungen 1924–1941, München 1987 (K. G. Saur).

Hellberg, Martin: Die bunte Lüge. Erinnerungen eines Schauspielers, Berlin 1974 (Henschel Verlag).

Derselbe: Im Wirbel der Wahrheit. Lebenserinnerungen eines Theatermannes 1933–1951, Berlin 1978 (Henschel Verlag).

Derselbe: Mit scharfer Optik, Berlin 1982 (Henschel Verlag).

Höntsch, Winfried: Opernmetropole Dresden, Amsterdam 1996 (Verlag der Kunst).

Ihering, Herbert: Theaterstadt Berlin. Ein Almanach, Berlin 1948 (Bruno Henschel und Sohn).

Derselbe: Von Reinhardt bis Brecht. Vier Jahrzehnte Theater und Film, 3 Bde., Berlin 1958 (Bd. 1) und 1961 (Bd. 2 und 3) (Aufbau Verlag).

In jenen Tagen ... Schriftsteller zwischen Reichstagsbrand und Bücherverbrennung. Eine Dokumentation, Leipzig und Weimar 1983 (Gustav Kiepenheuer Verlag).

Kerr, Alfred: Mit Schleuder und Harfe. Theaterkritiken aus drei Jahrzehnten, hrsg. von Hugo Fetting, Berlin 1981 (Henschel Verlag).

Klausnitzer Ralf: »Wir rücken die Burgen unseres Glaubens auf die Höhen des Kaukasus«. »Reichsdramaturg« Rainer Schlösser zwischen Jena-Weimar und Führerbunker. In: Zeitschrift für Germanistik, Neue Folge 2, 1999 (Peter Lang).

Kummer, Friedrich: Dresden und seine Theaterwelt, Dresden 1938 (Verlag Heimatwerk Sachsen v. Baensch-Stiftung).

Laux, Karl: Nachklang. Autobiographie, Berlin 1977 (Verlag der Nation).

Pommerin, Reiner (Hg.): Dresden unterm Hakenkreuz, Köln, Wien und Weimar 1998 (Böhlau Verlag) [= Dresdner historische Studien 3].

Prieberg, Fred K.: Musik im NS-Staat, Frankfurt am Main 1982 (Fischer Taschenbuch Verlag).

Rathkolb, Oliver: Führertreu und gottbegnadet. Künstlereliten im Dritten Reich, Wien 1991 (Österreichischer Bundesverlag).

Reich-Ranicki, Marcel: Mein Leben, Stuttgart und München 1999 (Deutsche Verlagsanstalt).

Rischbieter, Henning (Hg.): Theater im »Dritten Reich«. Theaterpolitik Spielplanstruktur NS-Dramatik von Thomas Eicher, Barbara Panse und Henning Rischbieter, Seelze-Velber 2000 (Kallmeyersche Verlagsbuchhandlung).

Rosenheim, Richard: Die Geschichte der Deutschen Bühnen in Prag 1883–1918, Prag 1938 (Heinrich Mercy Sohn).

Rühle, Günther: Theater für die Republik 1917–1933 im Spiegel der Kritik, Frankfurt am Main 1967 (S. Fischer Verlag).

Derselbe: Zeit und Theater, Bd. 1–6, Frankfurt am Main 1980 (Ullstein Materialien).

Schneider, Hansjörg: Hoffnung zwischen Trümmern. Dresdner Theater nach 1945, Dresden 1999 (Hellerau Verlag).

Derselbe: Erich Ponto. Ein Schauspielerleben, Berlin 2000 (Henschel Verlag).

Schum, Alexander: Theater in bewegter Zeit. Erinnerungen und Begegnungen, Teil 1, Saarbrücken 1973 (Verlag Die Mitte) [= Schriftenreihe des Saarländischen Kulturkreises 5].

Ulischberger, Emil: Schauspiel in Dresden. Ein Stück Theatergeschichte von den Anfängen bis in die Gegenwart in Wort und Bild, Berlin 1989 (Henschel Verlag).

Vollnhals, Clemens (Hg.): Sachsen in der NS-Zeit, Leipzig 2002 (Gustav Kiepenheuer Verlag).

Weinschenk, Harry Erwin: Wir von Bühne und Film, Berlin 1939 (Limpert Verlag).

Wulf, Joseph: Theater und Film im Dritten Reich. Eine Dokumentation, Gütersloh 1964 (Sigbert Mohn Verlag).

Derselbe: Literatur und Dichtung im Dritten Reich. Eine Dokumentation, Frankfurt am Main, Berlin, Wien 1983 (Ullstein Verlag).

Derselbe: Musik im Dritten Reich. Eine Dokumentation, Frankfurt am Main, Berlin, Wien 1983 (Ullstein Verlag).

Zweig, Stefan: Die Welt von Gestern. Erinnerungen eines Europäers, Frankfurt am Main 1979 (Fischer Taschenbuch).

Quellen und Archive

Aktenzeichen unerwünscht. Dresdner Musikerschicksale und nationalsozialistische Judenverfolgung 1933–1945, bearbeitet von Agata Schindler, mit einer Einleitung von Sylvia Rogge-Gau, Dresden 1999.

Deutsche Bühnenjahrbücher Jg. 41 (1930) bis 55 (1944).

300 Jahre Dresdner Staatstheater, Berlin 1967 (Henschel Verlag).

Dresdner Jahrbuch 1942, zusammengestellt von Dr. Herbert Roth, Dresden o. J.

Jahrbücher der Sächsischen Staatstheater Jg. 1929/30 bis 1931/32 und Fortsetzung als: Rückblick auf die Spielzeit 1932/33 bis 1942/43.

Künstlerbuch der Sächsischen Staatstheater zur 1. Reichs-Theaterfestwoche in Dresden (1934). Im Auftrage der Generalintendanz, hrsg. von Dr. Alexander Schum (Buchdruckerei der Wilhelm und Bertha von Baensch-Stiftung, Dresden-A).

Diverse Zeitungen und Zeitschriften von 1931–1945.

Archiv der Sächsischen Staatsoper Dresden.

Archiv der Stadt Dresden.

Archiv des Staatsschauspiels Dresden.

Deutsche Fotothek der Sächsischen Landesbibliothek.

Sächsische Landesbibliothek/Staats- und Universitätsbibliothek Dresden.

Zentrales Staatsarchiv der DDR Potsdam (jetzt: Bundesarchiv Koblenz, Außenstelle Potsdam), Bestand ProMi.

Personenregister

Hebbel, Friedrich 30, 88, 92, 169, 173, 189, 192
Heerdegen, Edith 139
Heesters, Johannes 47, 60, 157
Heger, Franz 77, 85
Heger, Robert 123
Heidrich, Walter 151, 153
Heinrich XLV., Erbprinz von Reuß 17
Heldenmeier, Alfred 36, 40
Helke, Fritz 99 f., 165 f.
Hellberg, Martin 75, 203, 217, 223 f., 233
Helm, Brigitte 213
Helwig, Paul 107, 160
Henckels, Paul 61
Hendrichs, Willy von 149
Henlein, Konrad 152
Henschke, Heinz 155
Herbst, Margarete 123
Herking, Ursula 58, 235
Hermecke, Hermann 163 f.
Herrmann, Joseph 126, 144
Herz, Joachim 130
Heß, Rudolf 142
Hessenland, Werner 40, 52 f., 84, 214, 220 ff., 224
Hildebrand, Hilde 61, 159
Hindenburg, Paul von 66
Hinrichs, August 148
Hintze, Carl Ernst 80, 95
Hinz, Werner 198
Hirzel, Max 126
Hitler, Adolf 42, 66, 68, 77, 79 f., 82, 92, 95, 100, 113, 117, 131, 148, 153, 169, 227
Höflich, Lucie 146
Hölderlin, Friedrich 35, 201 f.
Hömberg, Hans 93, 110
Höngen, Elisabeth 31, 126
Hörbiger, Attila 132
Hörbiger, Paul 132
Hofmannsthal, Hugo von 117, 213, 217
Hofmüller, Max 129
Hoffmann, E. T. A. 187
Hoffmann, Paul 9, 32 ff., 36, 40 f., 44, 48, 56, 58 f., 90, 93, 107 f., 110 f., 134, 139, 159 f., 167, 170, 181, 184, 187, 195, 198–202, 231, 236, 238

Hollaender, Victor 162
Hollaender, Friedrich 162
Homer 48
Honolka, Kurt 193
Horn, Rudolf 48
Horstwig, Maria 149
Hotter, Hans 133
Horváth, Ödön von 75
Huber, Gusti 61
Huch, Ricarda 70
Huch, Rudolf 90
Hugenberg, Alfred 66
Hugo, Victor 123
Humperdinck, Engelbert 45
Huth, Jochen 108, 234

Ibsen, Henrik 80, 93, 145, 165, 166, 234
Ihering, Herbert 71, 158, 203
Iltz, Walter Bruno 199

Jaffé, Julius 209
Jähnig, Max 16, 152
Jannings, Emil 132
Jardin, Hermann 156 f., 164
Janáček, Leoš 177
Jary, Michael 149
Jedermann, Helene 48
Jessel, Leon 154, 162
Johst, Hanns 69, 79, 103
Jugert, Rudolf 227
Jung, Helene 121, 126

Kaergel, Hans Christoph 79, 97 ff., 99
Kästner, Erich 108, 146, 194, 197
Käutner, Helmut 58, 60, 242
Kahn, Edgar 148
Kainz, Josef 202
Kaiser, Georg 38, 67, 71, 78, 143, 146, 149, 158, 203
Kálmán, Emmerich 154, 162
Karén, Inger 28, 124, 126, 142
Keilberth, Joseph 140, 177
Keller, Gert 32 f., 84, 134, 170, 225, 227 f.
Keller, Gottfried 59
Kerr, Alfred 186
Kienzl, Wilhelm 31
Kiesau, Georg 15, 32 f., 77, 84, 89–91,

Mackeben, Theo 155
Mahler, Gustav 135
Malberg, Joachim 18
Mahlke, Vera 31
Mahnke, Adolf 33, 119, 122, 129, 170,
    181
Mann, Heinrich 67
Mann, Thomas 28, 70, 139
Marenbach, Leny 59
Marischka, Ernst 157
Marschner, Heinrich 150
Martens, Hertha 239
Martens, Kurt 239
Martin, Ernst 109
Martin, Karl Heinz 217
Massary, Fritzi 155
Massenet, Jules 129
Max, Dora 149
May, Karl 153
Mayerhofer, Elfie 58
Mehnert, Lothar 84, 199, 234
Meinhard, Carl 186
Mendelssohn-Bartholdy, Felix 90
Menzel, Adolph 61
Menzel, Gerhard 199
Merz, Hermann 143
Meyer, Alfred 84
Meyer, Conrad Ferdinand 48
Michael, Friedrich 167
Millöcker, Karl 129, 148, 155, 163
Mohaupt, Richard 122, 130
Möller, Alfred 159, 186
Möller, Gunnar 227
Mörike, Eduard 53
Moissi, Alexander 135, 146, 217
Molière (eigentl.: Jean-Baptiste
    Poquelin) 92, 197, 236
Molina, Tirso de 234
Molnár, Ferenc (Franz) 158
Monteverdi, Claudio 31, 118, 125, 130
Mordo, Renato 158
Moreto y Cavana, Agustín 92
Moser, Hans 59, 61, 132
Mozart, Wolfgang Amadeus 26, 31,
    118, 126, 131, 135, 139 f., 177
Mühlhofer, Alfons 17, 25, 40, 42, 44,
    84, 131, 181, 217, 220, 222 ff.
Müller, Adolf 36

Müller, Robert 146
Müller, Walter 133
Müller-Schlösser, Hans 167
Muck, Karl 135
Mussi, Ferdinand 150
Mutschmann, Martin 70, 85 f., 126,
    148, 177

Nedbal, Oskar 163 f.
Neher, Caspar 123, 128
Neppach, Gino 31
Nestroy, Johann 93, 189
Neumann, Angelo 134–137
Neuner, Robert (d. i. Erich Kästner)
    108
Neurath, Konstantin Freiherr von 139
Nicolai, Otto 119
Niebergall, Ernst Elias 96
Nilsson, Sven 28, 121, 123, 126, 142
Nikisch, Arthur 136
Nikisch, Nora 68
Niessner, Toni 133
Novotná, Jarmila 213
Nowak, Josef 239
Nowak, Bruno 153
Nufer, Wolfgang 77 f., 84, 86, 94

Odemar, Fritz 227
Offenbach, Jacques 162
Oppelt (Pg.) 180
Orff, Carl 31, 118, 178, 125, 130, 178
Osborn, Paul 197
Overbeck, Hedda 89

Pabst, Heinz 158–161
Panse, Barbara 79, 99
Papen, Franz von 66
Pattiera, Tino 108
Patzak, Julius 133
Paudler, Maria 159
Paul, Jean 48
Pauli, Josef 135
Paulsen, Paul 84, 215 ff.
Peymann, Claus 56, 202
Pflanzl, Heinrich 126
Pfitzner, Hans 89, 130, 141
Piccaver, Alfred 135
Piel, Harry 59

Bildnachweis: